KB036019

방송문화진흥총서 98

과학 저널리즘의 세계

일본과학기술저널리스트회의 엮음

박성철·오카모토 마사미 옮김

한울
아카데미

이 도서의 국립중앙도서관 출판시도서목록(CIP)은 e-CIP홈페이지(http://www.nl.go.kr/ecip)에서 이용하실 수 있습니다. (CIP제어번호 : CIP2010000995)

日本科學技術ジャーナリスト會議 編

科學ジャーナリズムの世界

眞實に迫り，明日をひらく

化學同人

역자 서문

    2005년 말을 뜨겁게 달구었던 황우석 사태는 한국 언론 현장에서 과학 저널리즘이 거의 완벽하게 고사했음을 확인하는 고통스러운 시간이었다. 1990년대 말 경제위기 이후 언론사들이 앞다투어 과학 관련 취재 부서를 조직도에서 지워버리기 시작한 지 약 15년 만이었다. 몇몇 뜻있는 과학 기자가 있었지만, 그들은 산업부나 사회부에서 외로운 더부살이를 감내해야 했다.

    황우석 보도는 과학적 연구결과로부터 시작되었지만, 곧 학교와 법원, 병원 사이를 오가는 '사건의 블랙홀' 속으로 빠르게 빨려 들어갔다. 저널리즘에서 '과학'은 흔적조차 찾기 어려워졌지만 아무도 그것을 안타까워하지 않았다. 오히려 남아 있는 흔적을 지우는 데 열심이었다.

    과거보다 더 많은 과학자가, 더 훌륭한 연구성과를, 더 많이 쏟아내고 있었지만, 아무도 그것에 대비하지 않았고 제대로 된 경고 한 번 없었다. 매일매일 폐부 깊숙이 향유하고 매 순간 의존하면서도, '과학'은 그저 어렵고 복잡한 '사건'일 뿐이었다.

    그즈음 쓸쓸히 서가에 꽂혀 있던 이 책을 만났다. 저널리즘의 기본과

원칙이 나라마다 다를 이유가 없었을 뿐 아니라 일본의 신문 시장은 우리와 유사한 점이 너무 많았다. 그러나 한 신문사의 과학부 기자가 40명에 이르고, 워싱턴에 과학담당 특파원을 별도로 두고 있다는 점에서 일본과 우리의 현실은 많이 달랐다.

　무엇보다도 그들은 '의심스럽다면 경고해야' 하며, '불확실한 것은 언론보도를 통해 재점검'하도록 해야 한다는 원칙을 가지고 있다. 바로 저널리즘의 기본이다. 일본 언론은 이 원칙을 과학에 '왜' 그리고 '어떻게' 적용할지 충분히 고민해왔다.

　이러한 고민과 공감대가 한국 언론에도 있었더라면 과학과 과학자에게 접근하는 방법과 시각이 지금과 달랐을 것이다. 광우병 보도가, 그리고 신종 플루와 멜라민에 대한 기사가 우리가 경험했던 것과는 조금 달랐을지도 모른다. 물론 그러한 변화는 기자와 언론사만이 아니라 정부·학계·국민 모두의 관심과 이해 속에서 가능한 것이리라.

　이 책은 신문의 과학 기사만이 아니라 방송의 과학 프로그램, 과학 잡지 등 다양한 매체를 다루고 있다. 또한 의학, 생명과학, 환경 등 다양한 분야를 포괄하여 과학 저널리즘을 폭넓게 조망하고 있다. 일본과학기술저널리스트회의 소속의 현직 언론인들이 직접 쓴 글이라는 점에서 생동감을 느낄 수 있다.

　현직 언론인들이 쓴 글인 만큼 현장감을 살리고자 가능한 한 본래의 표현과 용어를 그대로 옮기려고 했다. 과학커뮤니케이션을 공부한 한 명의 번역자와 일본어를 모국어로 쓰는 또 한 명의 번역자가 한 문장 한 문장씩 토론해 나갔다. 간혹 의견이 모이지 않을 때는 토론에 더 많은 시간을 할애하는 방법을 택했다. 그럼에도 어색한 표현, 거친 문장이 많이 눈에 띈다. 독자들의 질정을 기다린다.

모쪼록 이 책이 '과학의 시대에 과학을 외면하는' 한국 언론에 잠시라도 성찰의 시간을 만들어줄 수 있다면 좋겠다. 이 책의 출간을 후원해 준 방송문화진흥회에 감사드린다. 또한 어설픈 번역을 다듬어준 도서출판 한울의 윤순현 과장님과 박근홍 님에게도 더 없는 감사의 마음을 전한다.

2010년 2월 22일

박성철 · 오카모토 마사미

일본과학기술저널리스트회의(JASTJ)는 1992년 도쿄에서 열린 제1회 과학저널리스트세계회의를 계기로 1994년 7월에 설립되었습니다. 이제 막 열다섯 살이 된 젊은 단체입니다. 이 책은 설립 10주년을 기념하는 의미로 발간한 것입니다. 기자, 편집자, 영상 제작자뿐만 아니라 연구자나 과학 교육자, 행정관 등도 JASTJ의 회원이 될 수 있기 때문에, 이 책은 넓은 의미의 과학 커뮤니케이터를 위한 과학 보도의 가이드북을 목표로 하고 있습니다.

이 책을 통해 앞으로의 사회에서 큰 책임을 완수할 과학 저널리스트의 자부심과 열의를 여러분도 아시게 될 것으로 생각합니다. 급속하게 발전 중인 한국의 여러분 생각도 똑같지 않을까 싶습니다.

도쿄에서 열린 국제과학저널리스트회의에 한국 참가자도 있었지만, 유감스럽게도 양국 과학 저널리스트 간의 조직적이며 지속적인 교류는 현재 없습니다. 일본 언론에서는 한국이나 중국의 과학 기술 뉴스가 유럽과 미국의 뉴스에 비해 그리 많지 않은 편입니다. 근래에 배아줄기세포를 둘러싼 연구자의 연구윤리 위반이 크게 보도되었을 뿐입니다.

지구온난화나 산성비 등의 환경 문제에서부터 동아시아의 비핵화 문제 같은 사회적 이슈까지, 한국과 일본의 저널리스트가 협력해야 할 과제는 적지 않다고 생각합니다. 우선은 평소 뉴스정보의 교환을 시작으로 기자의 교류, 공동 취재, 공동 심포지엄 등으로 발전해나갈 수 있기를 바랍니다.

JASTJ는 2007년 4월 오스트레일리아 멜버른에서 개최된 제5회 과학저널리스트세계회의에서 한국과학기자협회와 자매협회가 되었습니다. 또한 사이언스영상학회(SVS) 등 과학 영상 분야에서도 한일 간 교류가 시작되고 있습니다. 이번에 JASTJ의 출판물에 주목해주신 것을 기쁘게 생각합니다. 『과학 저널리즘의 세계』 한국어판이 한국의 저널리스트들에게 조금이라도 도움이 되기를 바랍니다.

이 작은 책이 양국 협력의 새싹이 되기를 기원하며, 앞으로 한국 저널리스트의 저작이 일본어로 번역되거나 공동작업의 성과가 출판되는 날이 오기를 꿈꾸고 있습니다.

2009년 7월 1일
일본과학기술저널리스트회의 회장
다케베 슌이치(武部俊一)

머리말

일본에는 대략 수백 명이 넘는 과학 저널리스트와 과학 저술가가 신문, 텔레비전, 라디오, 잡지와 서적을 비롯한 다양한 출판물, 그리고 인터넷 등에서 활동하고 있다. 이러한 미디어를 통해서 시시각각 그들이 전해주는 과학 기술과 관련된 뉴스와 해설 등 다양한 정보를 접할 수 있다. 그러나 과학 저널리스트들이 어떻게 뉴스를 전달하고 논의하고 어떠한 생각을 가졌는지는 잘 알려지지 않는다. 신문이나 잡지의 활자, 혹은 영상이나 음성의 배후에 있는 과학 저널리즘의 구조에 대해 독자나 시청자가 알 기회는 거의 없다.

오늘날 과학 기술이 우리 생활에 미치는 영향은 더욱 증가하고 있다. 예를 들어 최근의 광우병이나 신종인플루엔자의 발생을 둘러싼 사회 현상을 보면 잘 알 수 있다. 또한 휴대전화의 경이로운 보급은 개인의 정보 환경을 변화시키고, 젊은이들의 대인관계에도 영향을 미치고 있다. 가정에 진입한 인터넷은 일상생활의 상식이나 관습까지 바꿔가는 추세다. 그렇다면 20년 또는 30년 후에 사회는 어떻게 변화될 것인가.

이 책은 이러한 21세기 초입의 시대 상황 속에서 과학 기술 뉴스에 관심을 가진 사람들을 독자로 상정(想定)한 저널리스트들이 직접 기술하고 이야기한 것이다. 과학 저널리스트를 지향하는 젊은이나 과학박물관 및 과학관의 학예연구원과 해설원, 혹은 대학교·연구기관·기업에서 과학기술 분야를 홍보하는 담당자가 읽어보길 바란다.

  기획과 편집을 맡은 일본과학기술저널리스트협회는 1994년 7월에 설립되었다. 저널리스트나 커뮤니케이터로서의 실력 향상을 도모하기 위해 개인들이 자발적으로 참여하는 단체이며, 과학 저널리즘에 관심이 있는 과학자와 기업인 등도 참여하고 있다.

  이번에 협회 설립 10주년을 기념해서 과학 저널리즘의 가이드북을 준비하게 되었다. 출판위원회에서는 30명이 넘는 회원을 중심으로 했으며, 필요에 따라 비회원에게도 협력을 요청하여 이 책을 펴냈다. 이 분야에서는 전례가 없는 상당히 충실한 작업이었다고 생각하지만, 그렇다고 과학 저널리즘이 안고 있는 모든 문제를 망라한 것은 아니다. 우리가 앞으로 다뤄야 할 많은 중요한 주제들이 아직 남아 있다. 독자 여러분의 구체적이고 신랄한 지적과 비판은 이후의 활동에 큰 도움이 될 것이다. 그리고 이 책의 내용은 개별 필자의 책임으로 쓰였으며, 본 협회의 의견은 아님을 밝히고자 한다.

2004년 6월
출판위원회 일동

차례

1부 지금 왜 과학 저널리즘인가

2부 과학을 전달하는 미디어

6부 좌담회: 과학 저널리즘의 현장에서

7부 일본 과학 저널리즘의 역사

1부 지금 왜 과학 저널리즘인가

1장
과학 저널리즘의 새로운 사명

마키노 겐지(牧野賢治)

일상에서 만나는 과학 기술

2004년 이른 봄의 어느 날, 텔레비전을 켰더니 'GMC(유전자 변형 농작물)'에 대한 문제가 거론되고 있었다. GMO에 대한 연구와 보급을 추진해도 괜찮은 것인지에 대한 정답은 불투명한 채로 사태가 진행되고 있는 듯하다. 그리고 신문에는 체외수정된 수정란을 진단하여 성별을 구분해준 산부인과 의사에 대한 뉴스가 1면 톱을 장식했다. 최근에는 신종 인플루엔자가 확산 중이라는 뉴스가 연일 보도되고 있다. AIDS(에이즈), HIV(에이즈 바이러스)에 이어서 BSE(광우병), SARS(중증급성호흡기증후군) 등 영문 약자로 된 질병들이 계속 이어지고 있다. 또 남미 파타고니아의 빙하가 녹아 많이 줄어든 사진이 신문지면 전체를 장식하고, 스위스의 스키장에서는 눈 부족 문제를 걱정하기 시작했다고 한다. 지구온난화의 동향이나 대책 지연이 우려된다.

여러 가지 걱정거리나 문제점이 있다 해도, 우리의 생활은 과학 기술이 가져 온 문명사회의 다양한 편리함 속에서 삶을 영위하고 있다. 이러한 문명사회는 이제 과학 기술 없이는 존속할 수 없을 것이다. 최근 일본 사회는 청소년이 이과(理科)계 과목을 싫어하는 경향, 그리고 시민이 과학에 무관심한 것에 대해 우려하고 있으며, 사회적으로도 문제가 되고 있다. 왜냐하면 실제 우리 일상생활은 과학 기술에 전면적으로 의존하고 있으며 사회구조도 과학 기술을 기반으로 성립되어 있기 때문이다. 예를 들어 젊은이들에게서 휴대전화를 빼앗는다면 무슨 일이 일어날까? 그들은 어찌할 바를 모를 것이다. 컴퓨터가 홀연히 사라지는 날을 상상해보자. 사회 시스템은 틀림없이 붕괴할 것이다. 사람들은 기술의 혜택으로 가득 찬 일상생활의 배후에 있는, 과학 기술이 역사적으로 수행해온 역할을 잊고 있다.

20세기에 경이로운 발전을 이룬 과학 기술은 현대사회의 진로를 결정하게 되었다. 그러나 불행하게도 과학 기술은 선(善)을 만드는 동시에 악(惡)도 만들어냈다. 선은 수많은 '편리함'으로, 악은 ABC 병기(핵병기·생물병기·화학병기)로 상징된다. 21세기의 인류는 과학 기술을 잘 다루게 될 '성숙의 세기'를 갈망한다. 하지만 과학 기술의 선·악에 대한 판별은 더욱 어려워지고, 선이라고 생각했던 것이 악이 되기도 한다. 현대를 상징하는 IT(정보기술)는 매우 편리하기는 하지만, 취약성을 내포하는 정보사회를 가져옴에 따라, 이전에는 생각할 수도 없었던 네트워크 범죄가 빈발하게 되었다. 21세기의 키워드는 '불확실성의 시대', '불투명한 시대'이며, 그것은 과학 기술에도 적용된다.

매일의 뉴스 속에 차지하는 과학 기술 관련 보도의 비율은 의료와 환경을 포함하면 20~30% 가까이 이르는 것으로 보인다. 여전히 뉴스의 중심은 정치와 경제 그리고 사회이며 그 비중은 크게 변하지 않을 것이다. 이것은 모두 우리의 삶과 직결되는 세상의 움직임 그 자체이기 때문이다. 그 외에도, 국외화제나 생활, 스포츠, 예능 뉴스가 있다. 그것들과 비교하면 과학 기술 관련 뉴스는 독자들에게 친근하게 여겨지지 않으며 '구색 맞추기'에 지나지 않는다고 오랫동안 말해져 왔다. 그러나 최근에는 '주요' 뉴스들에서도 과학 기술적인 측면이 많이 포함된다. 즉, 단역이 주인공이 될 기회가 많아지고 있다. 예를 들어, 신종인플루엔자 확산 사건 같은 큰 사건은 다양한 요소를 내포하고 있다. 새들(조류) 사이에서 유행하는 새로운 인플루엔자 그 자체는 과학의 연구 주제이지만, 그것이 인간에게 감염되면 의학이나 공중위생의 문제가 된다. 그리고 양계업자들의 막대한 피해는 사회·경제적인 문제가 된다. 쇠고기 부족에 이어 닭고기도 부족해지면, 우리 식생활에 직접적인 충격을 줄 수도 있다. 이처럼 최근의 과학 기술 뉴스는 사회적인 영향력의 도달 범위를 점차 확장하고 있으며, 단순한 과학 기술 뉴스의 비율은 상대적으로 감소하는 것으로 보인다.

과학 저널리즘이란 무엇인가

이 책에서 다루는 과학 저널리즘이란 과학·기술·의학·건강·환경 등을 포함한 광범위한 뉴스 영역을 포괄한다. 그러나 일본어로 흔히 쓰이는 '과학 기술'이라는 용어(그리고 '과학 기술 저널리즘'이라는 용어 역시)에는 의학 분야가 제외된다. 과거 과학기술청(科學技術廳) 시대부터 내려오는 관행에 따라 과학 기술에 의학은 포함되지 않는 것으로 보는 경향이 있기

때문이다. 하지만 여기에서는 '과학 저널리즘'을 좀 더 포괄적으로 정의하려 한다. 영어로는 '사이언스 저널리즘(science journalism)'이라고 하는데, '사이언스'라는 용어는 '사이언스 슈퍼 하이스쿨(サイエンス スーパーハイスクール)'과 같이 이미 일본어로 꽤 보급되어 있지만, 이 책에서는 '과학'을 사용한다.

'과학 저널리즘'이란 용어의 의미를 명확히 해보자. '저널리즘'의 본질은 세상에서 일어나는 여러 가지 일들을 널리 전달하고, 필요하면 분석하고 해설이나 논평을 더하는 작업이다. 과학 저널리즘도 예외가 아니다. 대상이 '과학'(기술·의학·의료·환경을 포함한)이라는 점에 그 특수성이 있을 뿐이다.

과학 저널리즘의 사회적인 역할은 과학에 관한 중요한 정보를 시민에게 전달해서 그들이 과학에 대한 풍부한 교양을 쌓도록 함으로써 그들과 관계되는 과학 문제들에 대한 이해력·판단력·문제해결 능력을 향상시키는 데 이바지하는 것이다. 이를 통해 시민사회와 과학 기술의 건전한 발전이 이루어질 것이다. 이런 목표를 달성하고자 과학 저널리스트는 과학 뉴스를 전달하고 논평하는 것이다.

과학 저널리즘의 주요 역할을 알기 쉽게 설명하기 위해 글쓴이는 최근에 알려진 '과학 커뮤니케이션의 사면체(四面體) 모델'을 이용하고자 한다. 〈그림 1-1〉을 살펴보자.

사면체의 네 꼭짓점을 각각 시민(사회), 과학자(과학자 공동체, 학회), 정부(행정조직), 산업(기업집단)이라고 하고, 그 사이를 쌍방향의 화살표로 연결한다. 화살표는 과학 기술에 관련되는 정보의 흐름을 나타내며, 각각은 과학 커뮤니케이션(과학 정보의 전달)을 의미한다. 과학 저널리즘은 각각의 화살표와 관련이 있는데, 주된 활동 무대는 ① 시민 ⇔ 과학자, ② 시민

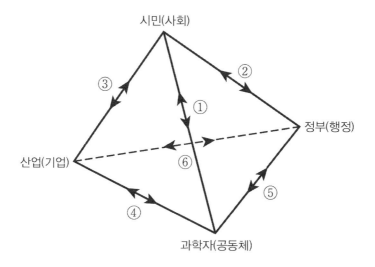

〈그림 1-1〉 과학 커뮤니케이션의 사면체 모델

⇔ 정부, ③ 시민 ⇔ 산업의 세 가지이다. 상징적으로 설명하면, ①은 '과학 기술의 발견·발명', ②는 '과학 기술 정책', ③은 '제품'에 대한 각각의 뉴스와 논평이라고 요약할 수 있을 것이다.

　과학 기술에 관한 정보는 사회 구석구석에 가득 차 있다. 예를 들어 과학 커뮤니케이션에 관한 한 보고서에 따르면, ① 자연현상에 관한 보도, ② 과학 기술의 활동과 성과에 관한 보도, ③ 과학 기술 지식의 해설, ④ 과학 기술의 지식을 활용한 엔터테인먼트, ⑤ 과학 기술의 지식을 사용한 보도·표현, ⑥ 과학 기술 용어를 이용한 보도·표현 등으로 분류될 수 있다. ①과 ②, ③은 쉽게 이해될 수 있다. ④는 퀴즈 프로그램, ⑤는 식품 안전성의 문제, ⑥은 한때 유행한 '퍼지(fuzzy)'라는 말을 예로 들면 이해할 수 있을 것이다. 여기서 알 수 있듯이, 과학은 문화이기도 하다. 일본 고유의 과학 문화가 지난 100년 사이에 뿌리내렸다. 다만 그것이 바람직한 것인가는 별개의 문제이다.

미국의 주목받는 새로운 움직임

과학 저널리즘의 역사는 일본에서도 꽤 오래되었다. 문명개화와 때를 같이하여 한꺼번에 흘러들어온 구미 과학 기술의 성과는 메이지 시대 사람들의 이목을 끌었다. 신문에는 과학 뉴스가 실리기 시작했다. 과학 계몽서를 쓴 후쿠자와 유키치(福澤諭吉)를 과학 저널리스트로 보는 과학사 연구자도 있을 정도다. 다이쇼(大正, 1912~1926)~쇼와(昭和, 1926~1989) 초기의 뛰어난 수필가이자 물리학자인 데라다 도라히코(寺田寅彦)는 신문과 잡지에 과학 칼럼을 기고했다. 그 당시 과학 기술 뉴스는 신기함으로 인해 상당한 뉴스 가치가 있었다. 그러나 본격적인 과학 저널리즘의 개막은 1950년대 이후라고 할 수 있을 것이다. 여기서는 '과학 저널리즘의 새로운 사명'에 초점을 맞춰 논의하고자 한다.

냉정하게 생각해보면, 과학 저널리즘은 불가사의한 존재이다. 과학 저널리스트들은 최근 10여 년 사이에 세계회의를 여러 차례 개최했다. 많은 나라에 과학 저널리스트들의 연대 조직이 존재한다. 일본에는 '일본과학기술저널리스트회의'(1994년 설립)가 있다. 2003년에는 세계과학저널리스트연맹도 정식으로 발족했다. 저널리즘(저널리스트)의 세계에서 특정 뉴스 분야의 단체가 국내·외에서 활발하게 조직되어 활동하는 일은 매우 드물다. 그러나 이것은 어떤 의미로는 과학 저널리즘의 후발성을 나타내는 것이기도 하다.

오늘날까지 일본의 과학 저널리즘은 저널리즘 세계에서 '외톨이' 또는

〈그림 1-2〉 영국 · 미국 · 일본의 과학 저널리스트 협회지

(좌) 미국과학저술가협회, ≪Science Writers≫
(중) 영국과학저술가협회, ≪the Science Reporter≫
(우) 일본과학저널리스트회의, ≪JASTJ NEWS≫

'이단아' 취급을 받아왔다. 대학마다 매스컴, 신문, 저널리즘 등의 학과는 있어도, 과학 보도는 거의 연구대상이 되지 못했다. 미국에서는 과학 저널리즘의 실천은 물론이고 교육과 연구가 20년 이상 활발하게 진행되었으며, 50여 개 대학에 관련 교육과정이 설치되어 있다. 그것은 미국 같은 저널리즘 왕국에서만 가능한 일이다. 그러나 영국처럼 규모는 작아도 완전히 독립된 연구 분야로 자리 잡은 곳도 있다.

미국 과학 저널리즘의 선구자들은 70여 년 전에 자신들의 직업적인 정체성을 확립하고자 조직을 만들기 시작하여(현재의 미국과학저술가협회, NASW), 과학 저널리즘을 오늘날의 사회적인 지위까지 끌어올렸다. 다른 후발국들은 수십 년 전 미국의 상황을 재현하고 있다. 특히 일본에서는 21세기 이후에야 간신히 과학 저널리즘에 대한 사회적인 관심이 높아지

는 추세이다.

그런데 최근 미국 과학 저널리즘의 세계에 지각변동이 일어나고 있다. 1980년대에는 신문 등의 주류 과학 저널리즘이 전성기를 누렸으나, 지금은 '과학 홍보 저널리즘'이 더 크게 주목을 받고 있다고 한다(21장 참조). 이러한 경향은 많은 문제를 내포한 것으로 보인다.

단역에서 주인공으로

지금까지 일본에서는 과학 저널리즘에 대한 사회적인 평가가 전혀 높지 않았으며, 되려 낮았다고 해도 과언이 아닐 것이다. 물론 평론가들의 눈이 엄격하기 때문에 그러한 평가가 내려진 것인지도 모른다. 텔레비전에서는 NHK가 노력하고 있으며 위성방송에는 사이언스채널도 있다. 그러나 민간방송은 아직 이에 대한 관심이 희박하다. 대중적인 잡지도 과학과는 거리를 두고 있다. 1983년에는 10여 종에 이르던 과학 잡지 가운데 현재까지 발행되는 것은 3종에 지나지 않는다. 그러한 상황 속에서 신문의 과학 기사는 계속 유지되어왔다. 오늘날 과학 뉴스의 중요성은 이론의 여지가 없으며, 과학면(과학이나 기술, 의학, 환경의 특집 페이지)은 점차 자리를 잡아가고 있다. 그러나 "지금 만족할 수 있는 상태인가?"라고 묻는다면, 그렇다고 말할 수는 없다. '현재는 중간 정도의 수준이다. 최고 수준을 목표로 해야 한다'고 생각한다. 그렇게 판단한 이유는 무엇일까?

21세기 들어 과학 기술은 더욱 '불확실'하고 '불투명'한 것이 되고 있다고 이미 지적한 바 있다. 그러한 시대에 과학 저널리즘은 시민에게 과학 기술 정보를 전달하고 판단의 근거를 제공하는 것과 동시에, 정보가 의미하는 바를 종합적으로 분석하고 해설해서 논평해야 한다고 생각한다. 미리 예측하고 준비하게 하는 역할도 기대되는 것이다. 이러한 과학 저널리즘의 기능은 성숙한 저널리즘이 갖추고 있어야 할 사회적 역할일 것이다.

여기서 바람직한 과학 저널리즘의 조건 여섯 가지를 제시한다.

① 다양한 매체를 통해서 활발하게 이루어진다.
② 제공하는 정보의 양이 많다.
③ 정보의 질(내용)이 좋다.
④ 그 활동이 사회적으로 높게 평가된다.
⑤ 과학과 사회의 건전한 발전에 공헌한다.

이상의 다섯 가지의 조건에 덧붙여 다음의 여섯 번째 조건은 과학 저널리즘이 더욱 주목해야 한다.

⑥ 저널리즘이 본래 가지고 있어야 할 '감시견(watch dog)'적인 기능, 즉 권력 비판적인 기능을 가져야 한다. 바로 과학 활동에 대한 건전한 비판 정신이다.

과학기술의 비중이 증가하고 있는 현대사회에서 과학 저널리즘의 가장 중요한 역할은 무엇일까? 그것은 과학기술 정책에 대한 건설적인 비판과 과학자의 독선이 되기 쉬운 '연구지상주의'를 논의의 장으로 끌어내어 미래를 내다볼 수 있는 능력을 갖추는 것이다.

몇 차례에 걸친 국제 비교 조사에 의하면, 과학에 대한 일본인의 관심도는 항상 가장 낮은 수준에 있다. 과학식자율(science literacy)도 그리 높지 않다. 이런 조건에서는 민주적인 사회의 자율적 시민으로 성장할 수 없다. '과학기술창조입국'을 국시로 하여 과학 기술의 높은 수준을 자랑하는 나라인데 어째서 이렇게 된 것인가. 아마 우리는 몇 가지 실수를 거듭해왔을 것이다. 그래서 1990년대 후반부터 재건 작업이 시작되었다. 과학 저널리즘(과학 저널리스트)도 예외가 아닐 것이다. 단역에서 주목받는 주인공이 될 기회가 늘어남과 동시에 그 책임도 커지고 있다.

21세기의 과학 저널리즘에서는 '국제성', '쌍방향성', '매력성'이 요구되고 있다. 각각 '세계화적 발상', '시민의 관점 중시', '읽지 않고는 견딜 수 없을 정도로 재미있는 내용'이라고 바꿔 표현할 수 있을 것이다. 여기서 과학 저널리스트의 역할은 매우 중요하다. 이 책에 칼럼을 기고한 많은 과학 저널리스트는 각자의 관점에서 일본 과학 저널리즘의 현황과 과제를 언급하고 있다. 이것은 일본 과학 저널리즘의 과거 50년 역사를 되짚어보고 정리하는 것이며, 궁극적으로는 새 출발의 선언이기도 하다.

한 번뿐인 자신의 인생을 현명하게 살고자 하는 시민에게 과학에 대한 교양은 매우 중요한 요소라고 생각한다. '과학 저널리즘'은 이를 돕는 것이다. 스포츠에 대한 교양은 스포츠를 즐기려면 필수이다. 과학은 스포츠와 같이 즐기는 것뿐만 아니라, 현명하게 살기를 바라는 사람들에게는 분명히 도움이 될 것이다.

2장
과학은 시민에게 잘 전달되고 있는가

호사카 나오키(保坂直紀)

과학이 제대로 전달되지 않는다

2002년 가을, 일본의 과학계는 반가운 소식으로 들떠 있었다. 10월 8일, 고시바 마사토시(小柴昌俊) 도쿄대 명예교수의 노벨물리학상 수상이 발표됨으로써 3년 연속으로 일본인이 노벨상을 받게 되었기 때문이다. 다음 날, 그 기쁨도 가시기 전에 이번에는 시마즈(島津) 제작소에서 근무하는 젊은 기업 연구자 다나카 고이치(田中耕一)의 노벨화학상 수상이 결정되었다. 같은 해에 두 명의 일본인이 노벨상을 받는 것은 처음 있는 일이었다. 많은 노력이 있었음에도 노벨상 수상자가 많지 않은 일본의 과학계에 밝은 미래를 느끼게 했다.

한쪽은 도쿄대 명예교수이며 10년 전부터 노벨상 후보로 거명되던 유명한 베테랑 연구자, 다른 한쪽은 43세의 평범한 회사원 주임. 물론 이들

자료: ≪요미우리신문≫

두 사람의 연구 실적에 우열이란 없지만, 이럴 때 신문은 어느 쪽에 더 매력을 느낄까? 당연히 신문은 평범한 회사원인 다나카 쪽에 많은 지면을 할애했다. 이것은 신문뿐만 아니라 텔레비전도 마찬가지였다. 평소에는 자연과학이나 노벨상은 거의 다루지 않던 와이드 뉴스쇼까지 다나카를 쫓기 바빴다.

  ≪요미우리신문≫에 보도된 고시바와 다나카 관련 기사 건수를 조사해 본 결과, 노벨상을 받게 된 이유에 대한 설명에서는 고시바와 다나카 사이에 거의 차이가 없었다. 그런데 그 이외의 관련 기사에서는 다나카 쪽의 기사가 더 많았다. 고시바가 도쿄대학 명예교수인 것에 대해 별도로 설명한 신문은 없었으나, 다나카가 기업의 일개 연구자인 점, 갑작스러운 수상 결정으로 기뻐하면서도 상당히 당황하고 있다는 점 등은 대다수 신문이 상세히 기사화했다. 저널리즘의 관점에서 볼 때 도쿄대학의 중진 연구자

가 노벨상을 받는 것은 그다지 진기(珍奇)하지 않지만, 기업의 주임직에 있는 젊은 사람이 노벨상을 받게 되었다는 것은 놀랄 만하다. 더구나 다나카가 쑥스러워하는 듯한 모습의 사진은 정말 아마추어 같아서 친밀감이 느껴진다. 한마디로 다나카는 '그림'이 된다. 이처럼 연구 실적 이외에 '인물'의 부분에서 다나카에 대한 기사량이 고시바를 훨씬 웃돌았던 것이다.

신문의 과학 보도에서 일본인의 노벨상 수상은 파격적인 대형 이벤트라고 할 수 있다. 첫 페이지에서부터 시작해서 2면과 3면, 심지어 사회면까지 과학 기사가 차지하게 되는 경우는 그리 흔치 않다. 특히 다나카에 대해서는 10월의 수상발표부터 12월 스웨덴 스톡홀름에서 열린 시상식에 이르기까지, 전례가 없을 정도로 신문에 많은 기사가 실렸다. 만약 이를 통해 ≪요미우리신문≫과 같은 대중지의 독자에게도 다나카의 연구 실적이 제대로 부각되었다면 독자 개인뿐만 아니라 기사를 쓴 과학 기자들도 행복했을 것이다.

그러나 많은 언론보도가 있었지만 다나카의 연구성과를 이해할 수 있는 사람, 혹은 그 내용을 기억하는 사람은 과연 얼마나 될까. 단백질의 종류를 분석하기 위한 획기적인 조사방법을 발견했다는 것이 다나카 연구성과의 핵심이다. 그러나 독자에게 선명하고 강렬한 인상을 준 것은 이러한 '과학'이나 '기술'보다 회사 작업복을 입고 쑥스러워하는 다나카의 모습이 아니었을까? 다나카가 지면에 등장하면 할수록 과학은 그 모습의 그늘에 감춰져 버린 것처럼 보인다.

신문은 노벨상과 같은 과학계 최고의 기삿거리조차 잘 다루지 않는다. 더구나 평소 과학 뉴스가 얼마나 독자에게 도달하고 있을까를 생각하면 솔직히 말해 착잡한 심정이 된다. 과학 뉴스는 신문에 실리는 다양한 종류의 기사 중에서도 매우 안 읽히는 분야이다.

과학 기사가 고전하는 이유

왜 과학 기사는 신문 보도에 어려움을 겪고 있는가?. 그 첫 번째 이유로 과학과 신문이 근본적으로 친숙하지 않다는 점을 들 수 있다. 신문에는 '사람을 그려라'라는 원칙이 있다. 기자가 된 지 얼마 안 된 수습기자들은 지방의 지국에서 이 내용을 철저하게 배운다. 누군가의 집 마당에 희귀한 종류의 장미가 피었을 때 그 장미가 식물학적으로 얼마나 중요한지, 혹은 다른 장미의 구조와 어떤 차이가 있는지에 대해 상세하게 썼다면 그 기사는 실격이다. 지국의 데스크, 즉 기사의 책임자로부터 "장미에 대해 지루하게 쓰지 마라. 그것을 기른 사람이 어떤 인물인가, 그리고 얼마나 고민했는지를 써라"라고 지적받는다.

사건 기사의 경우는 누가 그 사건을 일으켰으며, 그가 어떤 인물인가가 묘사된다. 정치 기사의 경우도 그 발언은 누구의 것인지, 누구와 누구 사이가 좋지 않은지 등의 이야기가 많다. '사람을 그려라'라는 원칙대로 기사가 작성되는 것이다. 즉, 사건 기사나 정치 기사는 신문 매체의 특성에 잘 들어맞는다.

그러나 과학은 누가 해도 같은 결과가 나오는 재현성·객관성을 요구한다. 그것이 응용되어 보편화될수록 특정 인물의 존재감은 희미해진다. 물론 그런 새로운 성과를 만들어낸 것이 누구인가도 신문 기사에 포함되지만, 일반적인 과학 뉴스의 경우 '사람'에 대한 언급은 그 정도에서 그친다. 그 인물상이나 실험과정의 고생담까지 쓰는 경우는 거의 없다. 기사 길이가 제한된 상황에서 무엇을 우선하여 쓸 것인가를 생각할 때, 역시 인물 묘사보다 과학적인 사실에 지면을 할애하게 된다.

과학 기사를 작성하는 것이 어려운 이유 가운데 하나는 무엇보다도 과학 자체가 이해하기 어려운 분야라는 점이다. 이는 매우 해결하기 어려운 일이다. 일본 신문은 누구나 읽는다는 것을 전제로 하고 있기 때문에, 이해하기 어려운 기사는 그것만으로도 이미 '낙제(落第)'다. 과학에 흥미가 있는 사람, 과학적인 지식이 있는 사람만을 위한 과학 기사는 받아들여지기 어렵다. 누구나 읽고 누구나 이해할 수 있는 과학 기사가 요구된다.

교토대 전 학장인 나가오 마코토(長尾眞)는 『'안다'라고 하는 것은 무엇인가(「わかる」とは何か)』(岩波新書)에서, "'안다'라고 하는 것은 새로운 지식을 얻는 것이 아니라 자신이 기존에 가지고 있는 지식을 가지고 무엇인가를 해석할 수 있는 경우"라고 말한다. 새로운 지식을 얻어도, 그것만으로는 '알았다'라고 할 수 없다는 것이다. 이것을 신문의 과학 기사에 적용한다면, 이미 상당한 과학 지식이 있는 독자가 신문의 과학 기사를 읽음으로써 그 지식이 정리되어 사고의 과정을 발견할 수 있었을 때, 그 과학 기사를 '알았다'고 할 수 있다. '그래, 그러한 이유 때문이었구나'라고 깨닫게 되는 것이다.

이렇게 되면 신문으로서는 매우 곤혹스러워진다. 일본인의 과학 지식은 매우 얕은 수준이기 때문이다. 예를 들어, 경제협력개발기구(OECD)가 발표한 성인의 과학 지식 국제비교에서 일본은 14개국 가운데 13위에 그쳤다. 이 설문조사는 특별히 어려운 과학 지식을 묻는 것이 아니었다. '우주는 거대한 폭발에 의해서 시작되었다', '전자는 원자보다 작다' 등 자연관을 형성하는 데 필요한 과학의 기초지식에 대해 참·거짓을 묻는 것이었다. 이렇게 과학적인 예비지식이 거의 없는 독자들을 이해시킬 수 있는 과학 기사는 어떻게 작성할 수 있을 것인가?

일본인 자신도 과학에 대해 흥미가 적은 것을 잘 알고 있다. 실제로 과학에 대한 지식이 없는 것을 부끄러워하지조차 않는 사람도 많다. 누가 에도(江戶)에 바쿠후를 두었는지 모르면 상식이 부족하다며 비난하는 사람도 운동하는 물체의 가속도는 가해진 힘에 비례한다는 것을 누가 말했는지 모르는 것은 전혀 부끄러워하지 않는다. 오히려 '학교 시절의 이과(理科) 과목들은 하나도 도움이 안 된다'라고 말하기도 한다.

과학 지식 수준이 낮을 뿐 아니라 관심도 적은 일본 사회에서 신문을 통해서 과학을 전달한다는 것은 체력과 식욕이 없는 사람에게 음식을 먹이는 것과 같다. 어쩌면 잘 안 되는 것이 자연스러운 결과인지도 모른다.

또한, 과학 기사에는 '전문용어의 벽'이라는 것이 있다. 현대의 과학은 과학자라고 하는 특수한 전문가 집단에 의해 영위되고 있다. 과학자 집단에서는 하나의 개념이 하나의 전문용어와 일대일로 대응할 때 이야기가 원활히 진행된다. 반면 신문에서는 일반 독자에게 친숙하지 않은 용어는 되도록 사용하지 않으려 한다. 그렇다고 해서 과학적으로 거리가 먼 용어도 문제가 되기 때문에, 전문용어를 전혀 사용하지 않을 수도 없다. 그러자면 역시 독자에게는 접근하기 어려운 기사가 된다.

과학자라는 매우 전문성 높은 집단의 활동을 일반인에게 전달하는 신문의 과학 기사에서 전문용어를 어떻게 다룰 것인지는 매우 어려운 문제다. 새로운 전문용어는 새로운 개념과 함께 등장하기 때문에 기사를 쓰는 기자나 기사를 읽는 독자 모두 어려움을 겪는다. 난해한 것으로 여겨 아예 보지 않기도 한다. 독자들은 스포츠 전문용어는 그다지 저항 없이 받아들이면서도 과학 전문용어는 상대적으로 꺼린다.

신문은 상당히 힘이 약할지도 모른다

과학 기자를 더욱 힘 빠지게 하는 연구결과도 있다. 신문 기사에 자주 등장하는 영국의 주간 과학 잡지 ≪네이처≫ 2002년 3월 21일자에는 미디어를 통해 과학을 많이 접해도 지식은 증가하지 않고, 유전자 변형 식품과 같은 과학에 얽힌 사회 문제에 대한 태도도 변하지 않았다는 내용의 논문이 게재되었다. 더 정확하게 말하면, 신문의 과학 기사를 많이 읽었다고 해서 지식이 증가했다는 증거도 없을 뿐만 아니라 태도가 바뀌었다는 증거도 없다는 것이다.

이것은 2000년과 2001년에 이탈리아에서 시행된 조사 결과이다. 일간 신문이나 텔레비전, 라디오, 과학 잡지나 책 등을 통해 과학에 관한 정보에 많이 접촉해도 바이오 테크놀러지에 대한 신뢰가 높아진다고 할 수는 없으며, 이해 또한 깊어진다고 할 수 없다는 것이다. '유전자는 유전자 변형 토마토에는 포함되어 있지만, 보통 토마토에는 포함되지 않는다'라고 생각하는 사람의 비율이 과학 기사를 접하지 않는 사람이 29%인 데 비해, 기사를 접할 기회가 많은 사람도 31%에 그쳤다. 즉, 양자 간에 거의 차이가 나타나지 않았다. 신문이 아무리 과학 기사를 열심히 게재해도 세상은 아무것도 변하지 않는 것일까.

「바이오 테크놀러지는 지식이 풍부한 사람에게조차도 사랑받지 못한다」라는 제목의 이 논문에서는 과학에 대한 생각이나 태도를 바꾸려고 한다면 미디어보다 훨씬 더 문화와 깊이 관련된 충실한 과학 교육이 필요하다고 말하고 있다.

일본 신문에서 1면이나 사회면과 같이 주목도가 높은 면에 게재되는 과학 기사의 길이는 기사 하나가 200자 원고지로 겨우 4장일 정도로 매우 짧다. 신문에 싣는 뉴스이기 때문에 새롭게 알게 된 것을 최우선으로 쓴다. 지금까지의 경위나 그 기사를 이해시키기 위한 기본 지식을 설명할 지면은 거의 없다. 이런 사정이니 신문의 과학 기사가 할 수 있는 것은 그 주제에 대해서 원래 지식과 관심이 있는 사람의 지식을 업데이트시키는 것을 돕는 정도에 지나지 않는다고 볼 수 있다. 그다지 지식이 없는 독자를 위해 친절하게 설명하고 싶어도, 지면의 제약 때문에 현실적으로 어렵다.

야구 규칙을 모르는 사람에게 어젯밤의 프로야구 관련 기사를 이해하라고 한다면 무리일 것이다. 주자는 2루에서 1루가 아니라 3루를 향해 달린다는 것을 이미 독자가 알고 있다고 상정하고 기사는 작성된다. 스포츠 기사가 기본적인 경기규칙부터 설명하지는 않는다.

그러나 과학 기사는 그렇지 않다. 중학교 과학 시간에 배우는 정도의 과학 지식을 알고 있다고 전제하고 기사를 쓰면 그것은 이해하기 어려운 기사가 된다. 만약 이미 알고 있다고 전제할 수 있는 과학 지식이 많으면 한정된 지면에서도 그 나름대로 충실하고 재미있는 기사를 쓸 수 있을지도 모른다. 그러나 현실에서는 분자나 원자의 개념조차 독자가 이미 알고 있다고 보기 어렵다. 그렇다고 소립자(素粒子) 물리학의 연구성과를 설명하는 짧은 기사에서, '물질을 아주 작게 자르면 분자가 되며, 그 분자는 원자로 구성되고……'와 같이 매우 기초적인 내용까지 거슬러 올라갈 수는 없다.

이렇게 생각해보면, 신문은 뭐든지 쓸 수 있는 만능의 미디어는 아니라는 것을 알 수 있다. 과학적으로 중요하다고 해도 독자에게 고도의 지식이나 개념을 요구하는 주제는 다루기 어렵다. 신문은 독자가 소화할 수 있는 범위의 화제를 전하는 데 상당히 한정적인 미디어.

현상을 타개하기 위해서

여기서 말하고 싶었던 것은 '신문의 과학 기사를 충분히 이해할 수 있을 정도로 평소에 공부하고 과학에 대한 관심을 높여달라'는 것은 아니다. 더구나 '기자들이 열심히 과학 기사를 쓰고 있는데, 그것을 충분히 이해하지 못하는 독자들이 부족한 것이다'라든가, '과학과 기술의 시대에 과학 기술에 관심을 두지 않는 국민이 이상하다' 등의 의견을 피력하는 것도 결코 아니다.

오히려 '과학이나 기술에 대한 관심이 적은 것은 실로 건전한 사회다'라고 생각하기도 한다. 즉, 국민이 과학이나 기술을, 그리고 과학자나 기술자를 신뢰하고 있기 때문에 관심의 정도가 낮을 수 있다. 자동차를 샀을 때, 그것이 정말로 안전하게 달릴지를 판별하려고 그 구조를 공부하고 이해하여 엔진의 세부에 이르기까지 스스로 확인하지 않으면 운전하지 않겠다고 하는 것은 부자연스럽다. 자동차 회사의 기술을 신뢰하고 있기 때문에 자동차의 메커니즘에 별다른 주의를 기울이지 않고 운전하는 것이다. 이것이 바로 건전한 사회이다. 그렇다면 과학에 대한 관심이 없는 상황을 유지하는 것이 신문에 게재되는 과학 기사의 역할이라고도 할 수 있다.

과학은 기존의 지식에 새로운 지식을 더하여 축적해가면서 점차 고도화하고 정밀화되어 간다. 그래서 현대에는 과학자라고 해도 모든 분야를 잘 아는 '제너럴리스트' 과학자는 없다. 자신의 전문 분야에는 밝아도, 다른 분야에 대해서는 지식도 관심도 없는 과학자가 적지 않다. 과학자조차 이런 상황이니, 일반인에게는 과학이 점점 더 어렵게 느껴지는 것은 어찌 보면 당연하다고도 할 수 있다.

그렇다면 문제는 이런 상황 속에서 새로운 과학의 성과를 지금까지와 같이 짧은 기사로 전달해가려고 하는 신문 매체일지도 모른다.

최근에는 초·중학교의 이과 수업 내용이 대폭 줄었기 때문에, 고등학교의 단계에서 지금까지보다 더 적극적으로 과학을 배우려고 하지 않는 한 종래의 초등·중등 교육으로 배운 과학 지식은 얻을 수 없다. 신문이 과학 기사를 독자에게 전달하기 더 어려운 상황이 된 것이다.

최근의 신문은 일러스트를 많이 활용해서 보기 쉽고 친숙한 지면을 만들어가고 있다. 하지만 과연 이러한 방법으로 과학을 독자에게 충분히 전달할 수 있을까? 만약 신문이 과학을 사회에 전달하고 사회가 과학에 어떤 의견을 제시하기 위한 미디어로서 계속 역할을 한다면, 과학 기자뿐 아니라 과학자나 기술자, 과학 교육 관계자, 혹은 사회학자나 철학자 등도 과학과 사회 사이에 어떠한 관계를 만들지 생각할 필요가 있다. 확실한 목표와 방법론이 부족한 채로 과학 기사가 신문에 계속 실리는 현상을 타개하려면, 사회 전체가 조금씩 함께 걸어나가는 수밖에 없을 것이다.

과학을 시민에게 전달하는 미디어에는 신문 외에도 텔레비전이나 잡지, 인터넷 등 다양한 매체가 있다. 하지만 여기에서는 신문의 과학 보도가 안고 있는 한계점을 신문에 종사하는 한 사람으로서 추려보았다. 이런 이야기는 본래 우리 과학 저널리스트들이 마음속에만 간직해야 하는지도 모른다. 그러나 신문이 사회와 밀접하게 관계하는 이상, 그 역할에 대해서는 시민과 함께 생각하지 않을 수 없다. 신문이 마음대로 자신의 역할을 규정하는 것은 의미가 없다. 사회가 과학을 생각하며 과학이 사회를 생각하는 데 도움이 되려면, 신문의 과학 보도가 어떻게 나아가야 할 것인지에 대해 고민해야 한다. 우리에 대한 사회로부터의 비판이나 격려를 의미 있게 하기 위해서도 기사에서 읽어내기 어려운 과학 보도의 한계점들을 사회와 함께 공유하고, 이것을 미래를 모색하는 출발점으로 해야 한다.

3장
과학자가 바라보는 과학 저널리스트

와타나베 준이치(渡部順一)

연구자로서 홍보업무를 맡아

글쓴이는 국립천문대에 소속되어 천문학과 우주과학 분야를 연구하면서 1994년 홍보보급실을 만든 이래로 9년간 홍보실장을 맡아왔다. 그 동안 많은 언론관계자와 접촉하면서 현장에서의 과학 보도를 경험하고 배워왔다. 이러한 경험을 통해 글쓴이는 연구자이면서도, 저널리스트의 입장이나 언론보도의 효과에 대해 잘 알게 되었다. 한편 연구자 커뮤니티 내부에서 평소 논의되고 있는 과학 보도에 대한 다양한 비판도 잘 이해하게 되었다. 물론 글쓴이 자신도 그러한 생각이 사라진 것은 아니다.

이번 장에서는 과학자와 저널리스트 양쪽의 처지를 잘 이해하는 한 명의 연구자로서, 또한 '원천정보'의 송신자인 연구 커뮤니티의 일원으로서 정보사회의 전달자인 저널리스트에 대한 문제점을 지적해보고자 한다.

과학은 시간을 들여 신중한 보도를

우선 가장 핵심적이면서도 쉽게 해결하기 어려운 한계는 뉴스 보도의 '속도(신속성)'를 겨루는 저널리스트 혹은 일반 사회의 요구를 들 수 있다. 이것은 과학뿐만 아니라 다른 분야에도 공통으로 적용되는 언론보도의 중요한 가치 가운데 하나이기도 하다. 예컨대 텔레비전, 라디오, 신문, 주간지, 월간지, 단행본 순으로 사실확인부터 보도까지의 시간 간격이 길다. 한편 일반적으로 새로운 연구결과는 항상 과학으로서 그것이 '타당'한지에 대한 논의나 검증이 필요하다. 그러한 검증의 장으로는 연구자 커뮤니티의 논의 공간인 학회나 학술저널이 있다. 그런데 검증이 이루어지기 전에 언론보도가 이뤄지는 경우 그 폐해는 작지 않다. 예를 들어 고고학에 대한 과잉 보도는 날조 사건을 만들어내는 온상이 된 측면을 부정할 수 없다. '구석기 날조 사건'[1]이 발생한 데에는 학회의 분위기 등 다른 요인도 크지만, 보도가 과열되어 왜곡된 역사를 만드는 것에 가담한 저널리스트의 책임 역시 작다고 할 수 없다. 글쓴이가 전공으로 하는 천문학이나 우주과학에서도 유사한 사례가 있다. 이런 검증 안 된 보도가 있을 때마다 각계의 비판이 따른다. 해당 연구자(혹은 그룹)가 연구 자금을 모으려고 검증되지 않은 뉴스를 언론에 팔 때도 있다. 저널리즘이 학회의 논의나 검증을 기다리고 있을 여유가 없는 것은 이해할 수 있지만, 선택하는 소재가 재미있다고 해서 무엇이든 좋다고 해서도 안

---

1) (역주) 아마추어 고고학 연구자인 후지무라 신이치(藤村新一)가 연이어 발굴한 구석기 시대의 유물이 날조된 것으로 드러난 사건. 2000년 11월 ≪마이니치신문≫이 특종 보도하면서 파문이 일자 일본고고학협회는 특별조사위원회를 구성, 검증작업을 통해 유적 날조를 밝혀냈다.

될 것이다. 취재시간을 충분히 갖고 다양한 의견을 요구하는 자세는 저널리스트의 기본으로서 항상 견지하도록 해야 할 것이다. 과학의 세계는 깊다. 그런 만큼 재미있다. 시간을 들여 차분히 다루어진 보도가 호응을 얻을 때가 더 빈번한 것은 그 때문이 아닐까?

취재하기 전에 공부하라

연구자 커뮤니티가 느끼는 보도의 문제점으로 언급할 수 있는 또 다른 것은 보도 내용에 대한 것이다. 상당한 시간 동안 취재했는데 보도가 되지 않았다거나, 보도되었으나 기사의 내용이 꽤 차이가 난다고 하는 불만을 종종 듣는다. 극단적인 경우, 나는 이런 것은 말하지 않았다고 항의하는 연구자도 있다. 글쓴이의 경험에 비추어 보면, 이러한 비판에 대해서는 연구자 측의 의식에도 문제가 있다고 생각한다. 취재를 받으면 반드시 게재된다고 막연히 믿거나, 자신이 말한 대로 기사가 게재된다고 생각하면 안 된다. 원래 제일선의 기자에 의해 작성된 기사가 선택되어 세상에 나올 때는 다른 다양한 분야의 기사와 비교 검토되는 한편, 사회의 일반적 통념에 근거한 다양한 측면이 논의된다. 이 단계에서 중요한 ─ 특히 천문학의 ─ 이슈가 휴지통으로 들어가 버리는 때도 종종 있다. 이러한 인식이 없는 연구자가 많다. 더구나 저널리즘은 과학에 대해서도 일종의 감시 역할을 해야 한다고 생각하기 때문에, 항상 긴장감 속에서 연구자·기술자 집단과 대치해야 한다. 저널리즘은 단순한 선전·홍보 매체가 아니다. 연구자가 말한 것과 다른 관점의 기사가 세상에 나오는 상황이 더욱 건전하다.

〈그림 3-1〉 기초 과학의 홍보와 보도에 관한 심포지엄(일본국립천문대에서)

　　다만 이러한 연구자 측의 인식 부족을 고려한다 해도, 저널리스트 측
에 문제점이 없는 것은 아니다. 기본적으로 공부가 부족하다. 적어도 취
재를 하기 전에 충분한 시간을 들여 기초적인 공부를 하고 오는 것이 '예
의' 아닐까. 놀랍게도 지구가 태양 주위를 돌고 있다는 것조차 모르는 기
자가 실제로 있었다. 천문학에 대한 최신의 성과를 취재하러 온 기자에
게 초등학생도 아는 우주의 기본 구조 이야기부터 설명할 수는 없다. 그
렇다면 아무리 시간이 있어도 부족할 뿐 아니라 좋은 기사를 쓸 수 있다
고도 생각되지 않는다. 이 정도는 아니지만, 인터넷의 정보만으로 취재
하는 '인스턴트' 취재도 유행하고 있다. 물론 이러한 도구를 활용하는 것
은 좋다. 그러나 그런 단편적 취재만으로 그치는 탓에 일방적 보도가 되
는 경우도 있다. NHK의 과학 프로그램은 대부분 취재진이 충분한 시간

을 들여 공부한 후에 제작한 것이 많다. 그러나 개중에는 '그 아이템을 어떻게 이런 식으로 할 수 있을까?'라고 한탄할 만큼 일면적이고 편파적인 내용의 프로그램도 있었다. 관계자가 항의하는 경우는 드물었지만, 앞으로는 이러한 일방적 보도에 대해서는 단호하게 대처할 필요가 있다.

고의로 왜곡보도를 하지 않는가

악의는 없지만 고의로 내용을 수정한 보도도 많다. 기사의 제목은 전체 내용을 요약하는 역할도 있지만, 독자를 주목하게 하고 흥미를 불러일으키는 역할도 한다. A, B, C라는 세 가지의 목적을 가진 과학 연구 프로젝트가 계획되고 있는 가운데 C만이 특히 세상의 관심이 높은 경우, "C를 목표로 하는 ○○ 프로젝트 시동"이라고 기사화된 경우가 있었다. 일반 독자에게는 C의 인상만이 강하게 각인되어, 연구자 측에는 큰 불만이 남는다. 이 경우도 제목뿐이면 괜찮은 편이다. 기사 본문에도 A나 B라고 하는 내용이 전혀 명시되지 않은 일이 흔히 있다. 이것은 앞에서 언급한 바와 같이 사회적 흥미를 좇은 자의적인 선택이라고 할 수 있다.

이 경우 취재받는 자는 주로 연구 프로젝트와 사회와의 인터페이스가 되는 홍보나 섭외 담당자이다. 자신의 연구·근무시간을 할애하여 취재에 응했는데 결과가 이런 식이라면, 프로젝트 내부 혹은 연구자 커뮤니티 내부에서의 비난도 심해진다. 이것은 저널리스트로서는 큰 손해를 보는 일이다. 홍보나 섭외 역할을 적극적으로 담당하려는 연구자를 찾기 어려워지게 하는 결과를 불러오기 때문이다. 저널리스트는 이 사실을 깨달아야 한다.

보도 내용이 흥미 위주로 치우치기 시작하고 제목과 내용이 함께 변질되는 원인 중 하나로 기명 기사가 아니라는 점을 꼽을 수 있다. 미디어의 규모가 커진 현재 상황에서, 각각의 기사나 보도 프로그램에 기자나 제작자의 이름을 기재하기는 쉽지 않다. 그러나 그 때문에 취재 또는 제작진의 책임의식이 모호해져서는 안 된다. 최종적으로는 회사가 책임을 진다고 하는 현실에 안주하여 흥미 위주의 기사가 되기 쉬운 측면도 있다. TV 프로그램에서도 많은 스태프가 관여한다. 프로그램의 마지막에 나오는 자막만으로는 도대체 누가 시나리오나 스토리 전개의 책임을 지는지 알 수 없는 경우도 많다. 즉, 특정 개인이 프로그램을 전적으로 책임질 필요가 없어서 취재가 부실하게 이루어지거나 흥미 위주의 프로그램을 만드는 경향이 있다. 적어도 저널리스트인 이상, 회사의 일원이 아닌 저널리스트로서의 책임을 엄격히 자각해주었으면 한다.

저널리스트는 샐러리맨이 되어서는 안 된다

같은 관점에서 꼭 언급하고 싶은 것이 있다. 그것은 같은 회사에 있지만 다른 기준과 잣대를 가지고 다른 가치관에 의해 움직이는 별도 부서의 보도에 대해 침묵하면 안 된다는 것이다. 과학 보도는 제대로 이루어지는 반면, 같은 회사의 출판국이 사이비 과학책을 당당하게 출판하는 상황은 절대 건전하지 않다. 『아폴로는 정말로 달에 갔는가?(アポロってほんとうに月に行くったの?)』(朝日新聞社)가 그 예이다. 이 문제점을 해당 신문사에서 일하는 기자에게 따졌는데, "조금 곤란하다고는 생각하지만, 다른 부서라서"라는 대답이 되돌아왔다. 이것은 샐러리맨화한 저널리스

트의 비극이다. 일반인의 눈으로 보면 출판국이든 편집국이든 같은 신문사이다. 부서나 조직의 차이는 관계가 없다. 이 신문사는 일찍이 칼 세이건의 『코스모스』라는 대형 베스트셀러를 히트시켰다. 이 책을 읽은 것을 계기로 천문학 분야의 연구를 하게 된 연구자도 적지 않다. 그래서 사이비 과학책의 출판에 대해 크게 실망한 사람이 글쓴이의 주위에도 많이 있다. 길게 볼 때 회사 이미지에도 부정적인 영향을 미칠 것이다. 이는 결코 개별 부서 단위의 문제는 아니라고 생각하지만, 과연 어떨까?

이 이야기에는 후일담이 있다. 글쓴이가 2002년도에 주관한 "기초과학의 홍보와 보도에 관한 심포지엄"에서 이 사건을 사례로 들었는데, 우연히 해당 신문사의 출판부 사람이 참여한 덕에 이야기를 들을 수 있었다. 편집 회의에서는 꽤 재미있겠다는 생각에서 큰 고민 없이 출판이 결정되었다는 것이다. 이에 대해서 글쓴이를 포함한 그 자리에 있던 많은 연구자가 놀랐다. 그들의 과학에 대한 인식도 문제지만, 출판이 사회에 어떤 영향을 미치는지, 조직의 신뢰도에 영향을 미치는지 등에 대해 적어도 과학 기자에게 한마디 상의 정도는 했어야 한다고 생각한다. 조직의 테두리를 넘어서 한마디 하는 것조차 허용되지 않을 정도로 소통 불능의 조직이 되어버린 것일까.

마지막으로 그러한 현실을 적나라하게 보여주는 에피소드를 소개하고자 한다. 글쓴이는 그 신문사의 의뢰로 짧은 에세이를 일 년간 연재하고 있었다. 에세이에서 그 신문사에서 출판한 책 가운데 한 권을 대표적인 사이비 과학 출판물로 언급했다. 글이 데스크로 넘어가자 담당 편집자로부터 연락이 왔다. "해당 책은 우리 신문사에서 출판한 것이므로, 다른 것으로 바꿀 수 없는지"를 묻는 것이었다. 물론 글쓴이는 집필자로서 거절 의사를 밝혔다. 업계에서 볼 때 해당 출판물은 그 해의 사이비 과학

책으로서 최악의 것이었기 때문이다. 결국 글쓴이의 에세이는 그대로 신문에 게재되었다. 저널리스트가 샐러리맨화하는 비극 속에서 그래도 작은 희망을 본 순간이었다.

4장
오보와 왜곡보도에서 배운다

시바타 데쓰지(柴田鉄治)

표준적 오보: 스몬병 · 바이러스설

과학 보도에서 오보·허위보도 사례는 수없이 많지만, 몇 가지의 유형으로 분류할 수 있다. 우선 '대표적' 오보의 사례로서 1970년(쇼와 45년) 2월 6일 ≪아사히신문≫ 조간 1면 머리기사로 실린 "스몬(SMON)병[1], 바이러스 감염 거의 확실 / 환자로부터 신형 바이러스 검출 / 혈청 시험에서도 증명 / 치료법 확립에 희소식"이라는 제목의 기사를 들고 싶다.

기사는 스몬병의 원인을 연구하고 있던 교토대 바이러스연구소의 조

---

1) (역주) 급성 척추·시신경·말초신경 장애로 척수의 등 쪽 신경이 썩어서 말초신경이나 시신경까지 침해되는 병이다. 정장·화학요법제로서 대장염·설사 등에 사용된 키노포름에 의한 중독이 원인이며, 녹변이 특징이다. 증상은 수족 말단부의 감각장애가 주로 나타나며 중증이 되면 운동·시력장애가 나타난다.

교수가 환자로부터 다량의 새로운 바이러스를 발견하여, 그 바이러스를 실험동물에 '접종(接種)'했더니 세포에 분명한 변화가 일어났다고 하는 내용이다.

기사에서 단정적 결론은 피했으나, "혈청 중화 테스트에서도 발병 원인을 결정하기에 충분한 결과가 나왔다", "이 발견에 의해 바이러스가 원인이라는 감염설이 거의 틀림없는 것이 되었다" 등으로 표현하고 있다. 후생성(厚生省, 현 후생노동성) 스몬병조사연구협의 회장의 "지금까지 가장 유력한 성과"라고 하는 논평도 붙어 있어, '이것으로 확정'되었다는 인상이 전체에 나타나 있는 기사였다.

그런데 이 기사는 6개월 후 의문이 제기되고 2년 후 오보였음이 확정되었다. 스몬병은 감염증이 아니고, 키노포름의 대량 투여에 의한 부작용이라는 것이 판명되었기 때문이다. 이 기사는 단순히 '오보였다'라는 것으로 그치지 않고 큰 파문을 일으켰다.

전국스몬병환우회(スモンの會全國連絡協議會)가 편집한 『약해 스몬병 전사(藥害スモン病全史)』에서는 이 기사의 사진을 크게 게재하여, 이 보도가 환자에게 준 충격으로 자살자가 증가한 데에 대한 환자와 가족의 증언을 싣고 있다.

처음에는 '어른의 소아마비'라고 불리다가 영어의 머리글자를 따서 스몬(SMON: Subacute Myelo-Optico Neuropathy)으로 이름이 붙여졌다. 이 병은 그 원인이 명확히 밝혀지지 않은 채 1960년대에 환자가 계속 증가하여 차츰 전염병의 의혹이 강해졌다. 역학적으로 볼 때 '지역 집적성(地域集積性)', '가족 집적성(家族集積性)'인 특성을 보였기 때문이다.

결정적인 병원체가 발견되지 않은 채, 학계 주류 의견은 신종 바이러스에 의한 전염병설 쪽으로 기울어갔다. 신경학회(神經學會)에서는 스몬병을 '전염성 척수염'이라고 부르자는 제안이 나오기도 했다. 1968년부터 이듬해에 걸쳐 환자가 대량 발생한 오카야마(岡山)현 이하라(井原)시에 대한 조사에서 오카야마대 의학부는 바이러스 감염이 틀림없다며 발표까지 했던 것이다.

교토대 조교수에 의한 신형 바이러스의 발견이라는 뉴스는 이런 상황에서 등장했다. 그 후의 큰 반전이 있었다고 해도, 그 시점에서는 결코 '돌출적'인 보도가 아니고, 오히려 자연스러운 흐름에 따라 발생했다고 해도 과언이 아니었다. 그런데도 왜 그토록 격렬하게 비난을 받았는가.

오보였다는 점에서 근본적으로 보도하지 않았어야 한다는 의견도 있을 것이다. 그러나 그 시점에서는 분명히 뉴스로 간주되었고, 게다가 '의심스럽다면 알려야 한다'라는 탈리도마이드 재난[2]의 교훈이 있었다. 이 것은 서독에서 경종이 울려지고 나서도 일본에서는 6개월간이나 보도를 보류함으로써 결국 기형아 출산이 증가한 사례이다.

그렇다면 이번 사건의 문제는 무엇인가. 당시의 오보로부터 배워야 할 교훈은 단정적인 표현과 톤은 좀 더 약하게 해야 한다는 점과 더불어 첫 페이지의 머리기사에 배치하지 말았어야 한다는 점이다.

두말할 나위 없이 뉴스 가치는 상대적이어서, 뉴스가 없는 날에는 특별한 뉴스가 아니더라도 1면 머리기사가 될 수 있다. 이것은 독자도 잘 알고 있기 때문에 익숙한 정치나 경제 뉴스라면 '오늘은 별 뉴스는 없네'로 끝나지만, 과학 뉴스는 다르다. 문자 그대로 '대뉴스'가 되어버린다.

신형 바이러스 발견의 뉴스도 사회면이나 혹은 같은 1면이라 할지라

---

2) (역주) 탈리도마이드(thalidomide)는 진정제의 일종으로, 1958년 일본에서 이 약을 복용한 임산부의 태아가 기형이 되는 등 부작용이 잇따라 나타나 판매가 금지되었다.

도 그것이 칼럼 기사처럼 취급되었다면 큰 문제가 없었을지도 모른다. '순수한 과학 기사는 1면 톱으로 하지 마라'는 말은 너무 지나치긴 하지만, 그렇게 표현해도 될 정도의 교훈을 내포한 말이라고 생각한다.

잘못이 없는 오보: 구운 생선 탄 부분의 발암성

1976년 10월 4일의 ≪요미우리신문≫은 조간의 1면 머리기사로 이렇게 보도했다. "생선의 탄 자국과 연기 / 돌연변이를 유발 / 발암성 물질의 혐의 / 박테리아 실험으로 입증, 국립암센터." 국립암센터의 생화학 연구그룹이 전갱이, 정어리, 꽁치, 청어 등의 물고기와 쇠고기 토막을 불에 직접 구워, 연기를 포획 장치로 회수하고 표면이 탄 부분을 깎아내어 조사한 결과, 연기와 탄 부분 모두에서 박테리아에 돌연변이를 일으키게 하는 물질(변이 원물질)이 포함된 것을 알 수 있었다는 것이다.

이 연구성과는 다음 날부터 시작되는 일본 암학회 총회에서 발표될 내용으로, 다른 신문도 동시에 보도했다. 그러나 ≪요미우리신문≫의 보도가 1면 머리기사였기 때문에 한층 더 충격이 컸던 것이다.

이 뉴스가 보도된 이후, 일본 전국에서 생선의 조리법이 바뀌었다고 한다. 생선구이가 자취를 감추고, 생선조림이 유행하게 된 것이다. 이는 분명히 과잉 반응이며, 이 반향의 규모로 볼 때 틀림없이 '오보'라고 말할 수 있다. 실제로 이로부터 몇 년 후 한 주간지가 "'탄 생선이 암을 유발한다'는 것은 국립암센터의 새빨간 거짓말"이라고 하는 기사까지 냈을 정도이다.

오보라고 하면 무엇이 잘못된 것인가? 아니다. 어디에도 잘못은 없었다. 앞에서 본 ≪요미우리신문≫의 기사에는 돌연변이의 유발과 발암과의 관계가 반드시 같은 것이 아니며, 정어리 한 마리에서 탄 부분의 발암성은 담배 1대 혹은 2대 정도에 불과하고, 폐암에 걸리지 않는 골초도 있듯이 이것 때문에 생선구이는 먹을 수 없다고 무서워하는 것은 난센스라고 언급한 상세한 해설도 붙어 있었다.

이에 대해 해당 연구자는 다음과 같이 설명했다. 발암성이 강한 편이라고 가정하고, 매일 세 끼마다 5kg씩 탄 정어리를 계속 먹었을 때, 그렇게 먹은 사람의 절반가량이 간암에 걸릴 가능성이 있다는 것이다. 그러나 이렇게 지속적으로 많이 먹는 사람은 없기 때문에 당장 걱정할 것은 아니라는 것이다. 이 설명이 더 알기 쉬웠을지도 모르지만, 어쨌든 기사는 잘못이 전혀 없었던 것이다. 잘못이 없는데 왜 잘못된 반향을 불러오는 것일까. 그것은 정보를 보내는 사람, 즉 보도하는 측과 정보의 입수자, 즉 독자와의 사이에서 엇갈림이 일어난 탓일 것이다. 정보의 공급자 입장에서는 그다지 위험성은 없어도 자연의 식품 재료가 전통적인 조리방식인 '굽기'로 인해 발암성이 생긴다는 것은 왠지 이상한 일이었다. 그 의외성 또는 화제성에서 뉴스 가치를 평가하고 뉴스로서 알린 것이었다. 이에 대해 정보의 수용자 측은 이렇게 크게 보도된 것은 '심각한 위험에 대한 경종'으로 자기 멋대로 받아들였던 것이다.

독자가 그렇게 받아들인 이유에는 시대적인 흐름도 있었다. 당시 미나마타병(水俣病), 모리나가 비소 우유 사건(森永砒素ミルク事件), 카네미유증(カネミ油症) 사건 등 비참한 유해식품사건이 연이어 발생했고, 인공 감미료 치클로(Zyclo)를 비롯한 다양한 인공 식품첨가물에서 점차 발암성이 발견되고 사용 중지가 되는 등의 뉴스가 이어지고 있었다.

이 '잘못이 아닌 오보'는 과학 보도에서만 가능한 '함정'이라고 할 수 있을까. 일반적으로 유해식품의 발암성을 논할 때, 가장 중요한 것은 '양'적인 문제이다. 발암성 유무가 아니고, 어느 정도인지, 또 얼마만큼의 손실이 발생하는지가 문제인 것이다. 그런데 보도는 '양'에 약하다. 극단적으로 말하면 과학은 '정량(定量)의 세계'이지만, 보도는 '정성(定性)의 세계'라고 할 수 있다. 특히 기사의 제목은 정성적이 될 수밖에 없는 면이 있다. 정량적인 부분이 기사 속에 자세하게 기술된다고 해도, 기사의 인상이 제목에 끌려가 버리는 것은 피할 수 없다. 과학 보도에서만 가능한 '잘못이 아닌 오보'는 아주 미세한 양까지 측정할 수 있는 '발암성'과 '방사선' 관련 보도에서 종종 발생한다. 과학 보도에서 '양'의 문제는 보도하는 측의 세심한 주의가 필요한 매우 중요한 과제라고 말할 수 있다.

피하기 어려운 허위보도: 클론 인간 탄생설

2001년 4월 6일의 ≪마이니치신문≫은 조간 1면 머리기사로 "'클론 인간 임신' / 8주째 / 이탈리아 의사가 발표"라고 보도했다. 이탈리아 의사 세베리노 안티노리(Severino Antinori)가 클론 기술을 사용해서 여성의 임신에 성공했다고 밝힌 것을 특파원 발로 보도한 것이다.

이 뉴스는 다른 신문 등에서도 보도되었지만, 1면 톱으로 알린 것은 ≪마이니치신문≫과 ≪산케이신문≫뿐이었다. 다른 신문은 모두 작게 다루었으며, 표제에 물음표를 붙인 곳도 있었다. 특히 사회면까지 기사를 실은 ≪마이니치신문≫의 보도는 한층 눈에 띄었다. 물론 이러한 기사 비중의 차이는 ≪마이니치신문≫과 ≪산케이신문≫이 이탈리아 의사의 발표를 그대로 믿었다기보다는 '만약 사실이라면 큰일이다'라는 의미에서 1면에 게재했을 것이다. 두 신문 모두 지면에 "윤리 무시"라든가 "금지 흐름에 역행하는 폭주"라는 표현이 언급되는 것으로 보아 그것은 분명하다.

클론(Clone) 인간 문제는 1996년에 영국의 로슬린연구소에서 클론 양 '돌리'가 태어나고 나서 온 세상의 주목을 받기 시작했다. 미국과 프랑스 대통령이 신속하게 '클론 인간에 대한 연구는 허락하지 않는다'라고 공표하고 유럽 평의회나 세계보건기구(WHO) 등이 잇따라 클론 인간에 대한 연구금지를 결의하면서 큰 논란이 일었다. 클론 인간은 민족 정화나 우생 사상 등 '나치의 악몽'을 떠오르게 하여, 인간의 존엄을 침범하고 신을 모독하는 행위라는 반응을 불러일으켰기 때문이다.

일본을 비롯해 각국에서 금지법안이 제정되거나 독일·프랑스가 유엔에 금지조약의 제정을 제안한다고 하는 움직임이 계속되었다. 그러나 한편으로는 클론 기술이 불임 치료나 재생 의료에 유효하다면 '기꺼이 클론 인간을 탄생시키고 싶다'라고 주장하는 과학자도 나타났다. 로마에 모여서 기세를 몰아갔던 중심인물 중 한 명이 안티노리였다. '사실일지도 모른다'고 생각하게 하는 배경도 있던 것이다.

그런데 이 뉴스는 완전한 허위보도였다. 이제 출생하는 것은 아닐까 하고 화제가 되기 시작한 2002년 말, 사태는 생각지도 못한 방향으로 전개되었다. 같은 해 12월 27일, 스위스에 본거지를 둔 신흥 종교 단체인 '라엘리안 무브먼트'가 '클론 인간인 여아를 세계 최초로 탄생시켰다'라고 발표해 그 뉴스가 전달되는 가운데, 바로 그 안티노리 의사가 "그것은 사실이 아니었다"라고 부정했기 때문이다.

라엘리안 무브먼트의 '클론 인간 탄생' 발표는 같은 교단의 프랑스인

과학자 브리짓 보와세리에가 미국 플로리다에서 기자회견을 통해 발표한 것이었다. 미국인 여성이 '미국 국경 밖'에서 낳아 '이브'라고 이름 지었다는 내용이었다. 이 뉴스가 전 세계에 알려지자 일본의 미디어 역시 반신반의하면서도 크게 보도했다. 이 종교 단체는 프랑스인 교주가 외계인과 만나서 그 외계인의 계시에 따라 클론 인간 만들기에 힘쓰고 있다고 주장했다. 이 말을 믿는 것은 이상할 수도 있지만, 그렇다고 해서 섣불리 거짓이라고 판단할 수도 없다. 그래서 그 교단이 2003년 1월에 발표한 '세 번째 클론 인간은 일본인이며, 사고로 죽은 두 살 아이의 클론으로, 20만 달러에 계약했다'라는 내용도 일본 신문은 그대로 보도할 수밖에 없었던 것이다.

이 교단이 약속한 '제삼자에 의한 DNA 감정'은 부모 측의 요청으로 거부되었기에 결국 진위는 확인할 수 없었다. 그러나 현재 '클론 인간 탄생'을 믿는 사람은 아무도 없다는 점에서 이것 역시 허위보도였다고 판단할 수밖에 없다.

또 다른 허위보도 사례는 1978년에 인도 과학자 세 명이 "냉동 수정란을 사용해 체외수정으로 아기를 탄생시켰다"라고 발표한 것에 대한 보도이다. 이때는 영국에서 세계 최초로 체외수정으로 태어난 루이스 양의 탄생을 발표한 직후였다. 일본 신문들은 모두 인도 과학자들의 발표를 1면 톱으로 내세우며 대대적으로 보도했다. "자신의 사후에도 누군가 자기 아이를 낳는 것도 가능하게 된다"라고 해설을 붙여 크게 다루었다. 하지만 두 달 후 인도의 조사위원회가 '체외수정 아기는 믿을 수 없다'라는 견해를 발표했다. 그 과학자들 중 한 명은 2년 반 후에 자살함으로써 허위보도임이 분명해졌다.

이러한 허위보도는 어떻게 하면 막을 수 있을까. 어느 정도 경력이 있는 과학자가 발표한 내용을 처음부터 '거짓말이다'라고 판단하는 것은 극히 어렵다. 처음부터 허위보도를 피하기가 어렵다면, 과학 보도의 중요한 토픽들은 지속적으로 추적해 후속보도를 하는 것이 바람직할 것이다. 허위보도로 판명된 것을 정정보도도 하지 않고 그대로 두면 안 된다.

허위보도라고 하기 어려운 허위보도: 핵융합, 지진 예지

신문기자라면 자신이 쓴 기사 가운데 부끄럽게 여겨지는 것이 한두 개 정도 있을 것이다. 글쓴이에게는 1962년 10월 24일의 ≪아사히신문≫ 석간 사회면의 머리기사로 실린 "새로운 핵융합 장치 완성 도쿄대학 이학부 / 소형이지만 완전히 독창적 / 세계 최초로 1억℃ 달성?"이라는 글이 바로 그 부끄러운 기사이다.

수폭의 평화적 이용이라는 핵융합은, 원폭의 평화적 이용이라는 원자력개발과 함께 일찍부터 주목받아온 것으로, 지금까지 수많은 언론보도가 이루어져 왔다. 앞서 말한 기사도 그중 하나로, 도쿄대 이학부 물리학교실에서 완성된 '플라스마·베타트론'이라는 새로운 실험장치에 대해 쓴 것이다. 이 장치는 "소형이면서 완전히 독창적"인 것도 확실하고, 1억℃ 이상의 고온을 1,000분의 2~3초간 유지할 수 있는 것도 틀림없었다. 즉, 글쓴이가 쓴 기사에는 무엇 하나 실수는 없었던 것이다. 그럼에도 글쓴이가 부끄럽게 생각하는 이유는 이 실험장치가 계산 그대로의 성능을 달성하지 못했기 때문이 아니다. 말하자면 핵융합에 대해 지금까지 쓰인 많은 양의 보도를 대표하는 기사로서 부끄럽다고 생각하는 것이다. 바꿔 말하면, 글쓴이는 핵융합에 대한 지금까지의 모든 기사가 허위보도였던 것은 아닌가 하는 의구심을 품고 있기 때문이다.

'수폭의 평화적 이용' 혹은 '태양의 반응을 지상에서'라고 일컬어지는 핵융합은 1955년 제네바에서 열린 유엔 원자력평화적이용회의에서 인도의 바바(Homi Bhabha) 박사가 "20년 내에 실용화될 것이다"라고 연설한 이래, 가장 비전이 있는 기술로서 수없이 보도의 대상이 되어왔다. 그러나 20년이 지났음에도 실용화는커녕 작은 가능성도 보이지 않았고, 또다시 "앞으로 30년은 걸릴 것"으로 전망되었다. 그 30년이 경과하면 이번에는 "앞으로 50년"이라고 말할 것이다. 시간이 흐를수록 목표가 멀어져가는 기술은 그리 많지 않다. 함부로 장밋빛 꿈만을 부풀려온 핵융합은 언뜻 보기에는 허위보도가 아닌 것처럼 보이지만, '장대한 허위보도'였다고 해도 과언이 아닐 것이다.

'허위보도로 보이지 않은 허위보도'의 다른 예로서 지진 예지(地震豫知)가 있다. 지진 발생의 일시·장소·규모를 명확하게 제시하여 예지하는 것은 본질적으로 불가능하다. 지진학자들은 그것을 잘 알고 있음에도, 일부 정치가나 행정기관의 움직임을 비판하지도 않음으로써 지진 예지가 가능하다는 착각을 부추겼다. 그리고 대중매체도 이에 대해 거의 의문을 제기하지 않았다. 바로 1978년에 제정된 「대규모 지진 대책 특별조치법」(대지진법)', 즉 스루가만(駿河灣)을 진원으로 하는 진도 8 규모의 도카이(東海) 지진을 대비하는 세계 최초의 지진 예지 시스템에 대한 보도를 말하는 것이다.

원래는 관측망을 조밀하게 하여 도카이 지진에 대비하는 것으로, 지진 발생이 관측되면 큰 혼란이 일어나지 않도록 미리 대응절차를 만들자는 취지의 법이었던 것으로 기억하고 있다. 그런데 실제로 이 법이 제정되자 사람들은 도카이 지진은 예지할 수 있다는 착각을 하게 되었다. 매년

9월 1일 방재의 날(防災の日)에는 도카이 지진의 경계경보가 발령되어 몇 시간 후 지진이 일어난다는 가정하에 훈련이 반복된다. 경계경보가 발령되면 주행 중인 열차도 차량도 정차하고, 상점과 학교를 비롯한 사회적 시설 대부분의 기능도 모두 중단하는 등의 비정상적 대응이 취해졌다.

'당장 내일 일어날 수도 있다'고 여겨지던 도카이 지진은 그 후 수십 년 동안 발생하지 않았다. 그런 가운데 1995년 1월 한신·아와지 대지진이 발생했다. 지진을 예측할 수 있다고 하는 것은 도카이 지진뿐이었기 때문에, 한신·아와지 대지진이 '어느 날 갑자기' 일어났다고 보는 것은 전혀 이상한 것이 아니다. 그러나 징후 같은 것이 전혀 없었다는 점에서 지진학자와 정부 관계자는 큰 충격을 받았다. 결국, 그때까지 연구기관이나 행정기관에서 관행적으로 사용했던 '지진 예지'라는 표현은 모두 '지진 조사'로 바뀌게 되었다.

'지진 조사'로 간판만 바뀌었을 뿐, 세계 최초의 지진 예지 시스템을 규정한 「대지진법」은 그대로였다. 법이 개정되기는커녕 그 후 관측강화 지역을 나고야 쪽까지 확대했다. 즉, '도카이 지진만은 예지할 수 있다'라는 '미신'은 여전히 유지되고 있는 것이다. '할 수 없는 것을 할 수 있다고 하지 마라'는 과학 보도의 철칙에 비추어 볼 때, 핵융합이나 지진 예지는 엄청난 허위보도라고 할 수 있다.

칼럼 자료를 다시 잘 읽어보고 와라

1977년, 과학 기자가 된 지 얼마 안 된 시기에 일본에서 처음으로 국제 발생생물학회가 개최되어 그곳의 취재를 맡게 되었다. 홍보 담당은 도쿄대 이학부 교수. 즉시 사전 취재하러 갔다.

그러나 발생생물학은 미생물 중에서도 난해한 영역이었다. 나는 공학부 출신이었지만 고교 당시 생물 과목은 간신히 학점을 받았을 뿐인 정도의 지식수준이었기 때문에 교수의 이야기를 거의 이해하지 못했다. 글쓴이가 연이어 질문을 해대는 바람에 취재는 전혀 진척되지 않았다. "식물 세포에는 세포벽이 있다. 동물 세포와는 전혀 다르다"라는 말을 듣고 놀라는 것을 보고 교수는 드디어 화를 냈다. "당신, 이거 읽어보고 다시 와라." 결국 영어로 된 논문과 학회안내 등을 한 묶음 받고 연구실에서 쫓겨났다.

큰일이었다. 결국 이러한 사정을 이해한 오사카대 오카다 요시오(岡田善雄) 교수가 방문을 허락해주어 기사는 겨우 썼지만 정말 식은땀이 흘렀다. 그 도쿄대 교수는 그 이후로 다시는 만나지 못했다.

이따금 인문계 전공자인데 과학 기자가 될 수 있느냐는 질문을 받는다. 물론 가능하다고 대답하지만, 문제는 취재하는 상대방이 하는 말을 이해할 수 있는 지식이나 능력이 있는가 하는 것이다. 당시 나는 그렇지 못했다. 교수가 화를 낸 것도 당연한 일이었다.

경험적으로 보건대, 생물학계에도 이과계 전체에 사용되는 용어나 사고방식이 적용되기 때문에 공학부 출신자가 인문계 출신자보다는 좀 더 유리하다. 인문계 전공자가 과학 기자가 되려면 이과 출신보다 더 많이 노력해야 한다.

- 우치야마 유키오(內山幸男), ≪아사히신문≫ 편집위원

2부 과학을 전달하는 미디어

5장
신문사 편집국의 과학부

기타무라 유키타카(北村行孝)

과학 저널리스트의 최대 거점

'과학 저널리스트는 어디에 소속되어 있는가?' 저널리즘의 실태에 대해 잘 알지 못하는 일반인들의 이런 질문에 대해 과학 저널리스트들은 "우리가 가장 많이 소속되어 있는 조직은 신문사의 과학 기술 취재부서"라고 답할 것이다. ≪아사히신문≫, ≪요미우리신문≫, ≪마이니치신문≫ 등 대부분의 전국지에는 과학부, 과학의료부 등으로 불리는 취재부서가 있다. 여기에 소속된 기자들 — 일반적으로 '과학 기자'라고 불린다 — 이 의료를 포함한 과학 기술 분야의 광범위한 영역을 취재하고 있다.

≪아사히신문≫ 도쿄 본사의 과학의료부는 약 30명의 기자로 구성된다. ≪요미우리신문≫ 도쿄 본사의 과학부 역시 약 25명, ≪마이니치신문≫ 도쿄 본사의 과학환경부에도 20명 가까운 기자가 있다. ≪요미우리

〈그림 5-1〉 과학부 기자 수의 변화(≪요미우리신문≫ 도쿄 본사의 경우)

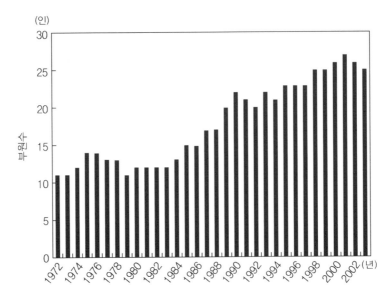

≪요미우리신문≫ 도쿄 본사의 과학부 기자(부장, 데스크 등을 포함)의 수는 1970년대에 10명을 넘었고 1980년대 중반 15명에 달했다. 2000년대 들어서는 25명 정도가 근무하고 있다.

신문≫은 별도로 의료 분야를 담당하는 의료정보부가 있어서 이를 포함할 경우 30명이 넘는 규모가 된다(〈그림 5-1〉 참조).

    ≪니혼게이자이신문≫에는 약 20명으로 구성된 과학기술부가 있으며, ≪도쿄신문≫을 발행하는 ≪쥬니치신문≫ 도쿄 본사에도 과학부가 배치되어 있다. 신문사와 유사한 취재·집필 활동을 시행하는 교도통신(共同通信)에도 약 15명의 기자로 구성된 과학부가 있다. 게다가 ≪아사히신문≫, ≪요미우리신문≫, ≪마이니치신문≫은 오사카 본사에도 각각 과학의료부, 과학부, 과학환경부가 있어 수 명에서 10명 정도의 기자가 배치되어 있다.

    한편, 과학 기술과 관련된 취재부서가 별도로 없는 신문사에는 과학 기자가 없는가 하면 그렇지는 않다. 사회부에 과학 기술 담당 기자를 둔 신문사가 많다. 신문사의 취재 부문은 편집국이라는 조직에 속한다. 편집국에는 과학 기술 분야 이외에도 사회부, 정치부, 경제부, 국제부(신문사에 따라서는 외신부, 외보부) 등의 취재부서가 있다. 대규모 신문사의 사회부는 100여 명 규모이며, 정치부나 경제부도 50명 이상의 기자가 배치되어 있는 것에 비하면 과학 기술 관련 취재부서의 규모는 그리 크지 않은 편이다. 그러나 시대의 흐름에 따라 과학 기술 분야의 비중이 증가하고 역할이 커짐에 따라 취재부서의 규모도 커져 왔다.

원자력개발이 탄생시키고, 우주개발이 성장시킨 과학부

신문사의 과학 보도가 본격적으로 시작된 때는 제2차 세계대전 이후이다. 그리고 신문사에 과학부가 설치된 것은 1950년대 후반의 일이다. 일본원자력위원회의 발족(1956년 1월)과 과학기술청의 발족(같은 해 5월) 등 원자력개발 열기가 고조되고 과학 기술 분야 행정조직 정비의 움직임에 맞추어 전문 기자의 필요성이 제기된 것이다.

1956년에 교도통신에 과학반(과학부의 전신), ≪요미우리신문≫에 과학 보도본부가 설치되었으며, 다음 해인 1957년에는 ≪아사히신문≫과 ≪마이니치신문≫이 잇달아 편집국에 과학부를 설치했다. 본격적인 '과학 기자'가 탄생하게 된 것이다.

이해에는 구(舊)소련이 세계 최초의 인공위성 '스푸트니크 1호' 발사에 성공하고, 이에 충격을 받은 미국도 필사적인 반격을 도모하는 등 우주개발 경쟁이 격화되어갔다. 이러한 사실들은 이제 막 탄생한 과학부의 주요 취재대상이 되었다. 초기에 5~6명 정도 규모였던 신문사의 과학부는 점차 인원수를 늘려간다. 원자력개발이 언론사 과학부의 탄생을 재촉하고, 우주개발이 과학부를 성장시켰다고 말할 수도 있다. 그 후로 의학·의료나 지진 재해, 컴퓨터 관련 기술, 지구 환경 문제 등 과학부의 관심 분야는 지속적으로 확대되고 있다.

이러한 움직임에 대응하여 몇몇 신문사는 과학부의 이름에 '의료'나 '환경'을 덧붙였고, ≪요미우리신문≫과 같이 의료 분야를 별도의 취재부서로 독립시킨 신문사도 있다. 정부의 중앙부처를 비롯한 주요 취재처에 마련되어 있는 '출입기자단' 제도에 대해서는 폐쇄적이라는 비판도 있지만, 신문기자 취재 활동의 거점으로서 무시하기 어려운 측면도 있다. 발족 당시부터 각 신문사의 과학부는 과학기술청[1](현재의 문부과학성)의 기자클럽에 기자를 상주시켰다. 그러나 담당 분야의 확대와 함께, 환경청(현재의 환경성)이나 후생성(현재의 후생노동성)에도 기자를 상주시키거나 파견하고 있다.

일본에서는 자연재해나 지진방재도 과학 기자의 중요한 취재 대상이다. 따라서 과거에도 기상청이나 중앙방재회의 또한 빠뜨릴 수 없는 취재원이었으며, 앞으로도 이러한 사정은 변하지 않을 것 같다. 정부조직의 개편과 함께 태어난 종합과학기술회의(總合科學技術會議)[2]의 움직임을 파악함으로써 단위 부처를 넘어 과학 기술의 종합적 정책 동향을 추적하는

1) (역주) 본래 학술·교육을 담당하던 문부성과 과학 기술과 관련된 행정을 담당하던 과학기술청은 별개의 조직이었으나, 2001년 1월 중앙 성청 개편 때 '문부과학성'으로 통합되었다.
2) (역주) 한국의 국가과학위원회에 비견될 수 있는 일본의 과학 기술 정책 종합조정 및 자문·제언 기관으로 총리가 의장을 맡는다.

임무도 추가되었다. 과학부 기자의 취재 범위가 40여 년 전과는 비교할 수 없을 정도로 확대된 것을 보면 그야말로 격세지감을 느낀다.

주목할 만한 국외동향

과학이나 기술의 중요한 특징은 국가나 인종을 초월하는 보편성에 있다. 그렇기 때문에 국내 취재만으로 완결될 수 없으며, 국외 특히 구미(歐美)의 동향을 추적하는 것을 놓쳐서는 안 된다. 구미 통신사의 과학 관계 영문 기사를 번역해서 게재하거나, ≪네이처(Nature)≫(영국)나 ≪사이언스(Science)≫(미국) 등 유력 과학 저널에서 중요한 논문을 찾아내어 기사화하는 것도 과학 기자의 중요한 일이 되었다.

아폴로 11호의 달 착륙 같이 과학사에 길이 남는 큰 사건인 경우에는 현지에 과학 기자를 파견했다. 그러나 최근에는 과학 기자를 국외(특히 미국)에 상주시킬 필요성이 높아져서, ≪아사히신문≫, ≪요미우리신문≫, ≪마이니치신문≫, ≪닛케이신문≫, 교도통신 등은 과학 관련 취재부서 출신의 기자를 특파원으로서 워싱턴에 상주시켰다.

다른 나라 신문과 비교하면 일본 신문사의 과학 분야 취재부서의 조직과 규모는 어떤 정도일까? 미국의 ≪뉴욕타임스≫와 ≪워싱턴포스트≫, 영국의 ≪타임스≫, 프랑스의 ≪르몽드≫ 등 유력지들은 별도로 과학 기자를 두고 있으며 과학 관련 뉴스를 중시하고 있다. 그러나 일본의 신문사들처럼 과학 기술 분야의 기자가 30명에 이르는 곳은 없다. 일본 신문의 과학 담당 부서는 세계적으로도 최상위에 든다고 말할 수 있다.

여기에는 구미 유력지가 특정 계층을 대상으로 비교적 적은 규모의 부수를 발행하는 데 비해 전국적으로 수백만 부를 발행하는 일본의 신문사들은 상대적으로 조직의 규모 자체가 크다는 차이가 있다. 기자의 절대 수가 많아서 과학 기자도 상대적으로 많은 것이다.

다만, 이러한 사정의 이면에는 일본적인 고민도 있다. 거대 부수를 자랑하는 만큼 다수의 독자가 이해할 수 있는 기사가 요구되기 때문에 난해한 내용을 포함한 첨단 과학 기술을 소개하기가 쉽지 않다는 것이다. 과학 기자는 항상 '어떻게 하면 전문적인 내용을 쉽게 전달할 수 있을지'에 대해 고민한다. 이처럼 과학부는 항상 쉬운 기사를 쓰도록 '압력'을 받지만 기자의 필력만으로는 한계가 있다. 일본 과학 기자가 ≪뉴욕타임스≫의 사이언스 섹션처럼 과학 잡지에 버금가는 전문성 있는 장문의 기사를 게재할 수 있기를 바란다.

스트레이트 뉴스의 비중 증가

과학 기자는 어느 면에 기사를 게재하는가? 신문의 지면은 크게 뉴스면과 피처(feature)면으로 구분할 수 있다. 뉴스면은 그날의 다양한 사건을 직접 전달하는 스트레이트 뉴스를 주로 게재한다. 피처면에는 사건의 배경이나 특정 분야의 동향을 전하는 기사나 연재기사 또는 해설기사처럼 어느 정도 시간적 여유를 가지고 쓰인 기사가 게재된다. 과학 관련 분야의 취재부서는 과학면이나 의료면 등 매주 수 페이지의 피처면 기사를 책임지며, 동시에 과학 기자는 이러한 과학 관련 지면뿐 아니라 1면이나 사회면에도 다양한 기사를 게재한다.

일본 신문에 본격적으로 과학면이 등장한 것은 과학부의 발족과 거의

〈표 5-1〉 주요 신문의 과학 관련 지면(도쿄 본사 발행분, 2004년 4월 현재)

≪아사히신문≫ 월요일 조간 의료 1면 화요일 조간 건강 1면 수요일 조간 과학 1면 토요일 석간 주말 과학 3면	≪니혼게이자이신문≫ 일요일 조간 사이언스 1면 일요일 조간 의료, 건강 각 1면 월요일 조간 과학 1면 화요일 석간 건강·의료 2면 금요일 조간 테크놀로지 1면
≪요미우리신문≫ 일요일 조간 생활 건강 1면 월요일 석간 의료 1면 수요일 조간 사이언스 1면 토요일 석간 핫 사이언스 4면	≪산케이신문≫ 월요일 조간 과학 1면 수요일 조간 몸 1면
≪마이니치신문≫ 월요일 조간 의료, 안심, 건강 1면 월요일 조간 환경·지역에서 지구로 1면 토요일 조간 과학, 지금&미래 1면 월 1회 이공계 백서 1면	≪도쿄신문≫ 화요일 조간 과학 1면 목요일 석간 e-net(컴퓨터) 1면 금요일 조간 건강 2면

같은 시기였다. ≪아사히신문≫은 1953년, ≪마이니치신문≫이 1957년, ≪요미우리신문≫이 1958년에 각각 과학 관련 상설 지면을 마련했다 (〈표 5-1〉 참조).

신문사 편집국에 과학부가 설립된 초창기에는 이러한 과학 관련 피처 면에 기사를 게재하는 것이 큰 비중을 차지하고 있었다. 그러나 과학부 가 체제를 갖추어감에 따라 뉴스면의 기사 게재가 증가하고 있다. 1999 년은 신문사의 과학부가 피처면 제작을 주된 업무로 하는 피처부에서 사 건에 대한 뉴스를 중심으로 하는 뉴스부로 변화하는 상징적인 해였다.

이해에는 「장기이식법」에 의해 일본 최초로 뇌사자의 장기적출과 이 식수술이 시행되었으며, 이바라키현(茨城縣)의 도카이무라(東海村)에서 일 본 원자력개발 역사상 최악의 임계사고가 발생하는 등 대형뉴스들이 잇따랐다. 그리고 국외에서도 대만과 터키의 지진 발생 등 그해 10대 뉴스의 상위권을 과학 뉴스들이 차지해 과학 기자들을 바쁘게 했다.

최근 들어서도 BSE나 SARS, 조류인플루엔자(AI) 논란 등 피처면에 해설 기사를 쓰는 기존 방식을 뛰어넘어 민첩하고 적극적인 대응을 요구하는 사건들이 연이어 발생했다.

과학 기자라고 하면 우선 뉴스를 취재하고 기사를 쓰는 현장 기자를 떠올리기 쉽지만, 축적된 경험을 가진 '데스크' 기자의 존재를 빼놓을 수 없다. 현장 기자가 쓴 기사를 수정하거나 추가취재 지시를 내리고 완성된 기사를 편집부(신문사에 따라 편성부라든지 정리부로 불린다)로 넘기는 것이 데스크의 주된 역할이다. 현장 기자 이상으로 뉴스 가치를 판단하는 능력이 요구되는 자리이다.

일본의 신문사들은 과학 관련 취재부서에 4명 정도의 데스크를 두고 있다. 사건뉴스의 비중이 커지면서 점차 데스크의 역할이 중요해져 업무량이 증가했다.

사건뉴스의 비중 증가로 신문사 내에서의 과학 관련 취재부서의 존재감은 더욱 커지게 된다. 이것은 과학부를 강화하고 과학 관련 피처면을 충실히 하는 데 도움이 된다는 점에서 과학 기자에게 부정적인 것은 아니다. 그러나 이것은 '양날의 칼'처럼 또 다른 면도 있음을 알아야 한다. 사건뉴스의 대응에 쫓긴 나머지, 개별 기자의 전문지식 축적이 소홀해지거나 전문 기자로서의 역량이 뒤떨어지는 기자가 증가한다면 신문사 내에서 과학부의 존립 기반이 위태로워질 수도 있다.

다양화 · 복잡화하는 과학 기자의 역할

초창기 과학부의 역할은 전문성에 있었다. 사회부, 문화부(혹은 학예부) 등 기존 취재부의 기자가 취급하기에는 과학 기술 분야가 상대적으로 전문화되어 있어서, 일정 수준 이상의 전문적인 지식을 축적한 과학 기자가 요구되었다. 특히 원자력이나 우주 같은 거대 기술이나 과학 분야의 새로운 발견, 첨단 기술의 개발, 새로운 의료기술 등에 관한 사건을 얼마나 알기 쉽게 일반 독자에게 해설하고 전달할 것인지가 과학 기자의 주요 관심사였다.

물론, 과학 기자의 업무가 단지 과학 기술 기사를 쓰는 것만은 아니다. 다른 부서나 지방의 지국에서 작성한 과학 기술 관련 기사의 뉴스 가치 판단에 대해 조언을 하거나, 기사 내용에서 과학적 사실과 상충하는 것은 없는지 점검을 요청받는 경우도 많다. 대형 사건·사고의 과학 기술적 측면에 대한 해설 원고를 쓰는 일도 업무의 중요한 일부가 되었다.

과학부 발족 초기에는 높은 전문성이 요구되는 사건을 일반 독자들이 알기 쉽게 전달하는 '번역자' 또는 '해설자'로서의 기대가 높았다고 말할 수 있다. 그러나 과학이나 기술의 소박한 꿈을 이야기하던 시대는 가고 1960년대 후반부터 환경오염이나 약물 부작용,[3] 원자력 분야의 사고 등 과학 기술의 부정적 측면이 드러나기 시작했다.

저널리즘의 큰 사명 중 하나로 파묻힌 사건을 찾아내서 사회에 경고하

---

3) (역주) 이 시기에 척수·신경 장애를 발병시킨 '스몬병'의 '키노포름', 류머티즘의 치료약으로 1천 명 이상이 실명한 '크로로킨', 임신 초기의 여성이 입덧 완화를 위해 복용한 수면제가 기형아를 낳게 한 '탈리도마이드' 등 세 가지의 대형 약물 부작용이 사회 문제화되었다.

는 '카나리아' 역할이 있다. 과거 탄광의 갱내 작업원들은 카나리아를 앞세워 갱도에 들어갔다. 유독 가스가 발생하고 있으면 맨 먼저 카나리아가 감지하고 위험성을 인간에게 전해줄 것을 기대한 것이었다. 그러한 역할이 저널리즘에 요구되고 있다.

일본의 과학 저널리즘이 그러한 카나리아의 역할을 충분히 완수했는가? 정부 부처의 하나로 과학기술청이 발족함에 따라 조직된 초기의 신문사 과학부는 조직 규모 등 여러 면에서 빈약했다. 따라서 환경오염 문제에 대해 큰 활약을 할 수 없었다. 약물 부작용에 대해서도 사회에 충분한 경고 메시지를 보냈다고 말하기 어렵다.

지금도 여전히 카나리아로서의 문제감지 능력이나 경고 능력이 요구되고 있다. 그러나 최근에는 쉽게 결론짓기 어려운 문제가 증가하고 있다. 인류 활동의 급격한 확대에서 비롯된 환경 문제나, 생명과학과 첨단의학의 발달에 따른 생명윤리의 문제 등이 그 예이다. 인류 문명 자체에 대한 원천적인 질문을 던지는 이러한 문제에 대해 과학 기자는 어떻게 대응해나가야 할 것인가? 문제의 원인을 지적하는 '제기자'나 문제점을 설명하는 '해설자'로서의 역할만으로 끝나지 않은 것만은 확실하다.

다른 장에서 별도로 여러 필자가 논의하고 있으므로, 여기서는 더 언급하지 않겠다. 하지만 해결하기 어려운 문제에 어떻게 대처해나갈 것인가, 문제해결의 방향성을 제시할 수 있을 것인가 하는 것은 저널리즘, 그 중에서도 과학 저널리즘의 중요한 과제라 할 수 있다.

과학부는 싱크탱크가 될 수 있을까?

신문만이 아니라 저널리즘 일반의 문제점으로, 사회적으로 큰 사건이 일어났을 경우의 소나기식 보도나 과도한 선정주의, 복잡한 문제를 너무 단순화하는 경향, 초기보도는 열심이지만 후속보도는 외면하거나 확인과 검증을 소홀히 하는 점 등이 지적되곤 한다. 과학 저널리즘도 정도의 차이는 있을지언정 이러한 문제에서 벗어날 수 없다.

뉴스는 살아 있다. 신문지면은 한정되어 있기 때문에, 가능한 한 신선하고 임팩트 있는 기삿거리가 환영받는다. 이것은 신문의 숙명과 같은 것으로, 앞의 지적에 대해 선뜻 해결책을 내놓기가 쉽지 않다. 하지만 식품의 안전이나 감염증 문제와 같이 초기의 과잉보도가 소문에 의한 피해나 대중의 지나친 반응을 가져오는 사례가 발생하기 때문에 이러한 비판을 외면할 수도 없다.

신문사의 과학기술부는 이런 문제에 대처할 수 있는 과학적·기술적 전문지식이 있는 기자들로 구성되어 있다. 아무런 예비지식도 없이 갑자기 취재에 투입된 기자가 쓰는 기사와 과학 기자가 쓰는 기사 간에는 차이가 날 수밖에 없다. 과학 기자는 자신이 가진 과학 지식과 그간 축적한 취재보도 경험을 바탕으로 빈틈없는 기사를 작성할 수 있을 것이다.

대형사건은 단일 취재부서만으로는 대처할 수 없고, 여러 부서가 함께 취재에 참여하게 된다. 이때에도 과학 기자가 전체적인 상황을 조망하면서 의견을 제시하고, 균형 잡힌 기사를 구성하는 등의 역할을 할 수 있을 것이다. 또한 사건의 전개 상황에 따라 특정 시점에서 사건 전체를 파악하는 특집기사를 제작하는 데도 주도적으로 나설 수 있다.

한편, 과학 기자가 스스로 책임을 지고 작성하는 과학면 등에 연재기사를 게재하는 것은 당연하다. 하지만 독자에게 강한 영향을 끼치는 1면을 비롯한 일반 지면의 연재기획에 과학부가 주도적 역할을 한 경우는 거의 없었다. 복잡한 배경이 있는 문제를 독자에게 전달하고, 또 생각하게 하는 '연재기획'에서도 과학 기자가 활약할 여지가 있다.

거듭 말하지만, 그날그날의 사건 발생에 대응해야 하는 대부분의 취재부서와 비교하면 과학기술부는 다양한 전문지식을 축적하고 미래를 내다보는 관점을 배양하기 유리한 환경하에 있다.

초장기 과학기술부는 규모는 작으면서도 과학기술과 관련한 모든 문제에 대한 상담자 역할을 수행해왔다. 이제 규모도 커지고 조직도 갖추어진 현재의 과학부는 다양한 인재로 구성된 편집국에서 활동적인 '싱크탱크' 역할을 해주었으면 하는 것이 글쓴이의 작은 바람이다.

과학 저널리스트의 수

과학 저널리스트는 전국에 얼마나 있을까? 과학 저널리스트를 어떻게 정의하느냐에 크게 좌우되기 때문에 정확한 숫자를 추정하기는 어렵다. 비교적 파악이 가능한 것은 언론사에 소속된 저널리스트로 신문사, 통신사, 방송사의 과학 기자와 프로듀서가 여기에 해당한다.

일본과학기술저널리스트회의 회장인 마키노 겐지(牧野賢治) 도쿄 이과대(東京理科大) 교수의 조사연구 「일본 신문의 과학보도」(1999년)에서 전국지, 블록지(몇 개 지방에서 동시에 발매되는 신문), 지방지를 포함해서 조사에 응한 47개 신문사의 과학 기자가 104명인 것으로 보고하고 있다.

그러나 그 후 주요 신문사의 인력증원과 의료 분야의 기자, 과학 기술 담당 논설위원·편집위원도 포함하면 전국지와 교도통신 그리고 지지통신(時事通信)에서만 약 200명의 과학 기자가 활동하는 것으로 보인다. 여기에 블록지나 지방지의 과학 기자를 더하면 2004년 현재 220~230명 정도에 이르는 것으로 추정된다.

텔레비전 방송사의 경우 NHK 보도국의 과학·문화부와 제작국의 과학·환경 프로그램부에 모두 80여 명이 소속되어 있다. 그러나 민영방송사에는 본격적인 과학 기술 담당 부서를 별도로 둔 곳은 없다. 소수 기자만이 과학보도에 관여하는 것으로 보이며, 과학 프로그램 제작 분야도 NHK와 비교하기는 어렵다.

6장
통신사, 과학 뉴스의 도매상

오가와 아키라(小川明)

뉴스 도매상

아마 통신사에 입사하지 않았다면 글쓴이 자신도 통신사의 존재를 잘 모르고 지냈을지 모른다. 약 30년 전에 신입기자로 지방기자 생활을 시작했을 무렵, 경찰관으로부터 "열심히 취재는 하고 있는데 도대체 당신은 어디서 온 사람인가?"라는 질문을 몇 번이나 받은 적이 있다. 지금은 통신사 기자들의 활약 덕택에 지명도가 올라갔지만, 그래도 일반인에게는 아직 거리가 있다. 뉴스를 신문사나 방송사에 시시각각 쉬지 않고 보내주는 통신사의 존재를 아는 사람은 많지 않다.

교도통신의 과학부는 1959년 1월에 발족했다. 신문사보다 2년 늦게 출발했지만, 그 후 원자력이나 우주, 의료, 지진, 방재 등의 과학 보도를 담당해왔다. 과학부 초대부장인 고(故) 이마이 유키히코(今井幸彦)는 저서 『통신사(通信社)』(中公新書)에서 통신사의 역할을 분석했다. 지금도 이 책은 통신사에 근무하는 사람들의 필독서로 여겨지고 있다. 이마이는 "신문사·방송사를 뉴스의 소매상으로 가정하면, 통신사는 뉴스의 도매 상이라고 할 수 있다"고 했다. 통신사를 정확히 설명하는 데 '뉴스의 도 매상'보다 더 적절한 말은 아직 없었다.

통신사 최고의 사명: 신속한 보도

전 세계에서 일어난 사건들을 신속하게 전달하는 것은 통신사의 가장 중요한 사명이다. 통신사는 음성으로도 신문사나 방송사에 속보를 전달 하고 있다. 입사한 지 얼마 안 된 1975년 말이었다. 사내에서 연수를 받 고 있을 때, 사내 스피커를 통해 전달되는 베트남에서의 미군 전면 철수 의 뉴스를 듣고 긴 베트남 전쟁의 마지막을 실감했다. 역사의 중요한 한 순간을 맞이하고 있다는 유사 체험에 가슴이 두근거렸다.

통신사 기자들은 '가장 중요한 것이 신속함'임을 반복해서 강조 받는 다. 뉴스가 중대할수록 간결하고 빠르게 전달하는 것이 요구된다. 1963 년 2월 케네디 대통령이 댈러스에서 오픈카에 타고 행진을 하던 중 암살 되었을 때, 가장 빠른 보도는 사건 발생 5분 후 'Kennedy shot'을 전한 ≪유피아(UPI)≫에 의해서였다. 휴대전화 등이 발달한 현대에는 그보다 더 빠를 것이다. 현장의 영상이 위성을 통해서 순간적으로 세계에 전달 된다. 속보는 분초를 다툰다. 빠르면 빠를수록 가치가 높다. 중대한 사건 의 발생을 신속하게 전하는 것이 통신사 평가에 직결된다. 뉴스처럼 시 간이 지남에 따라 급속히 가치를 잃는 상품도 드물다.

교도통신 사장실의 서가에는 구리하라 로스이(栗原蘆水)가 쓴 '동부실시(動不失時)'란 네 글자가 기품 있는 서예 글씨로 걸려 있다. '움직이지 않아 때를 놓친다'라고 잘못 해석할 수 있는데, 실은 '움직이는 데 때를 놓치지 않도록'하라는 뜻이다. 중국 한나라 때의 『회남자(淮南子)』에 나오는 말이다. 뉴스를 신속히 정확하게 보도하는 통신사의 정신을 독려하는 글로서 소중하게 다뤄지고 있다.

그런데 속보를 중요하게 여기는 것은 방송사도 마찬가지다. 실제로 방송사 임시 뉴스의 자막과 통신사의 소식이 전달된 시각은 늘 비교된다. 뉴스의 속도와 더불어 정확함과 공정함이 요구된다. 뉴스처리의 속도감은 편집 현장에 컴퓨터가 도입되면서 더욱 높아졌다. 최근 10년 사이에 기사를 빠르게 처리하는 기술은 눈부시게 발전했다. 기계적인 작업 같은 느낌이 들기도 하지만, 최종적으로는 역시 기자의 취재나 데스크 등 인간의 판단이 결정적인 요소가 된다.

통신사의 보도는 보통 신문사나 방송사에 의해 즉각적으로 이용된다. 많은 언론사에서 채택하는 기사일수록 높이 평가된다. 방송사의 시청률만큼은 아니더라도, 신문의 게재율 등에 신경이 쓰이는 것은 통신사가 뉴스의 도매상인 이상 어쩔 수 없다. 동시에 통신사의 기사는 직접 사용되지 않아도, 순식간에 각 미디어에 전달되어 뉴스의 기준이나 참고가 된다. 통신사는 말하자면 배후의 존재이지만, 매스미디어의 중추로서 발휘하는 영향력은 사람들이 생각하는 것보다 훨씬 크다.

과학 보도에서도 통신사의 역할은 중요하다. 체르노빌 원자력발전소 사고, 도카이무라에 위치한 JCO사의 방사선 누출 사고, 우주왕복선의 폭발 등 과학과 관련된 대형 뉴스는 과학부가 중심이 되어 각 부서의 협조를 받아 보도해왔다. 이 과정에서는 속보를 신속하게 처리하는 데 온 힘을 기울이게 된다.

2003년 2월의 우주왕복선 폭발사고는 일본 시각으로 토요일 심야에 발생했다. '상공에서 사라짐'이란 소식이 미국의 통신사와 워싱턴 지국에서 들어오자 기자와 데스크가 사무실로 달려가 밤새 출고에 임했다. 일요일 아침에는 전문가 좌담회 등을 준비했다. 당시 모든 신문사나 과학부 전체가 이와 유사한 상황이었을 것이다.

신문사와 달리 통신사는 과학 기사의 구체적 내용까지 결정하기는 어려울지도 모른다. 그러나 통신사에서 오랫동안 근무하다 보니 뼛속까지 통신사 기자가 되어버린 나의 과거를 되돌아볼 때, 인간과 자연에 호기심을 가지는 신문사의 과학 기자에 버금가는 신념으로 일해왔다고 자부한다.

세계에 통하는 기사를

여러 번 언급한 바 있듯이 신문사는 통신사보다 먼저 시작되었다. 통신사는 신문사 간의 과당 경쟁을 피하고 경비와 인력을 줄일 목적으로 만들어진 것이다. 이런 합리화의 산물인 까닭에 통신사의 성장에는 한계가 있다. 즉, 뉴스의 도매상은 각 미디어에 의지할 수밖에 없다. 전국지가 존재하는 일본에서, 뉴스의 도매상은 어쩔 수 없이 광역신문이나 지방신문의 요구에 응해야만 한다. 이것은 일본의 특수한 사정이다. 지방신문의 과학 기사는 그 지역의 소식이 아니라면 대부분 통신사 기사라고 보면 된다.

통신사라고 하는 도매상은 다양한 소재를 취급한다. 스트레이트 뉴스를 보완하듯이 과학이나 의료란의 읽을거리도 제공하며 평론까지도 다룬다. 신문의 논설위원회만큼 강력한 영향력을 발휘하는 것은 아니지만, 통신사도 논설 기사를 출고한다. 앞서 소개한 이마이는 "신문사와 통신사의 차이는 종이를 가졌는지 아닌지 하는 정도이다"라고 지적했다. 자신의 지면을 갖지 않는 것에 대한 강점과 약점은 항상 동전의 양면처럼 붙어 다닌다.

21세기에는 20세기보다도 훨씬 더 과학 기술이 사회에 큰 영향력을 미친다. 생화학 테러나 새로운 인플루엔자가 등장하면 병원체나 독소를 취재해 보도해야 한다. 어떤 뉴스에도 즉시 대응해야 하는 통신사에게 과학 분야의 관련 지식은 보도의 정확성을 유지하는 데 매우 중요하다. 과학과 기술이 세분화되고, 전문가조차 전공 이외의 분야는 손을 대지 못하는 시대이다. 광범위한 과학 기술 영역에서 신속하게 대응하기는 쉬운 일이 아니다. 일반인에게 과학 기술의 상태를 알기 쉬운 기사로 제시하는 일이 무엇보다 중요하다.

속보는 선정주의와 연결되기 쉬우며 부작용을 동반한다. 속보의 필요성과 더불어, 배후를 파악하는 깊이 있는 해설이나 르포 등의 필요성이 높아지고 있다. 속보와 심층기사 간의 딜레마를 계속 고민해야 하는 것이 통신사의 숙명이지만, 전력 질주하다가도 때로는 멈추고 생각하면서 일을 수행해야 한다. 이 과정에서 순발력과 지구력, 그리고 풍부한 지식이 중요하다.

'통신사 기자는 얼굴이 드러나지 않는다'라고들 한다. 통신사 기자는 배후에서 재빨리 뉴스를 전달하여 보도의 흐름을 만드는 '정보사회의 신경'과 같은 역할을 하고 있다. 세계 각국의 통신사는 신경 조직처럼 연결되어 있다. 지구상의 어디선가 발생한 사건이 눈 깜짝할 사이에 온 세상에 알려진다. 현대 정보사회는 통신사의 다중 네트워크 없이는 생각할 수 없다.

각국 통신사는 서로 뉴스를 교환하고 있다. '로이터=교토'나 'AFP=지지'라는 것은 국외 통신사에서 들어온 영문뉴스를 일본 통신사가 받아서 일본어로 번역해 국내 방송사나 신문사에 전달한 뉴스를 의미한다. 통신사의 세력도는 19세기부터 국제정세 등이 반영되면서 시대마다 변했다. 현재는 미국의 AP, 영국의 로이터, 프랑스의 AFP가 과점하는 상태다. 일본 통신사도 영문뉴스를 세계에 전달하고 있지만, 국외 통신사로부터 들어오는 뉴스의 비중이 아직은 더 크다. 즉, 통신사 뉴스의 '무역수지'는 압도적으로 수입 초과이다.

과학 기술은 인류 공통의 성과이자 과제이다. 과학 뉴스는 그만큼 국제화되기 쉽다. 과학 관련 뉴스는 외국 통신사에서 들어오는 뉴스 중 일부이며, 개중에는 흥미로운 기사도 많다. 구체적인 숫자나 실험의 내용은 생략되고 연구결과와 의의만 쓰여 있어 당장 신뢰하기 어려운 기사도 적지 않다. 이럴 때는 국내의 전문가에게 물어 뉴스 가치를 판단하고 일본어로 번역한 후 전달 여부를 검토한다. 세계의 한 편에서 상상하지 못했던 발견이나 자연현상이 일어났을 때, 그러한 과학 뉴스를 잡아내기 위한 안테나를 세우는 것이 통신사의 일이다.

일본 통신사의 기사도 일부는 세계로 발신된다. 과학 뉴스는 보편성이 높아서 종종 영어로 옮겨져 전달된다. 일본의 한 연구그룹이 생쥐의 머리를 다른 생쥐의 허벅지에 이식해 생착(生着)했다는 뉴스를 2002년 가을에 쓴 적이 있다. 이때도 일본 통신사에서 전달된 영어 번역 기사가 국외의 과학 잡지에 게재되어 화제가 되었다.

1980년대 후반부터 1990년대에 걸쳐 기후현(岐阜縣) 가미오카(神岡) 광산 지하에서 진행된 도쿄대 우주선연구소의 뉴트리노 관측은 고시바 마사토시(小柴昌俊)의 노벨상 수상으로 이어졌다. 이 연구에서 성과가 나올 때마다 수차례에 걸쳐 상세한 기사로 꼼꼼히 보도했으며, 모두 영문 기사로 유통되었다. 그 후, 가미오카는 각국 원수들이 방문·시찰할 정도로 유명한 과학 연구시설이 되었다.

통신사의 업무는 뉴스나 정보를 공급하는 순간 끝나기 때문에 실제 기사가 알려지는 데 얼마나 기여했는지 알기는 어렵다. 그러나 통신사의 과학 보도가 세계에 유통되고 있다는 점에서 나름대로 의미는 있다.

새로운 시대의 통신사

개인용컴퓨터(PC, Personal Computer)나 인터넷의 발달로 마음만 먹으면 어떠한 조직이라도 통신사 업무를 할 수 있게 되었다. 규모가 큰 신문사가 각 현(縣)의 지역지에 기사를 낮은 가격으로 전달하기 시작하고 있다. 신문사들 사이의 제휴를 통해 활발한 기사교환이 이루어진다면 통신사의 기능을 대신할 수 있다. 일부 신문사와 방송사는 통신사를 능가하거나 그와 대등한 취재망을 갖고 있는 만큼, 인터넷을 기사의 전달에 활용함으로써 뉴스를 제공하는 통신사 업무를 겸업할 수 있다.

그뿐만 아니라, 독자적인 취재나 보도 능력을 가진 프리랜서 저널리스트도 마감시간을 준수한다면 미디어를 상대로 임시 전문통신사가 될 수 있다. 아프가니스탄이나 이라크의 전쟁의 텔레비전·신문 보도를 통해 이런 프리랜서 기자들의 눈부신 활약을 볼 수 있었다.

반면 안팎으로 연결된 네트워크와 더불어 오랜 시간을 거쳐 축적된 신뢰 및 인재 확보는 하루아침에 달성할 수 없다. 이러한 자산들을 확보하고 있다는 점에서 안도감과 동시에 위기감이 교차한다. 일본을 대표하는 두 통신사인 교도통신과 지지통신은 원래 제2차 세계대전 중 국책통신사이던 도메이통신(同盟通信)이 종전 이후 해체되면서 탄생했다. 경쟁자면서도 뿌리는 같은 형제인 것이다. 이 두 회사가 2003년 각각 도쿄 도심의 시오도메(汐留)와 히가시긴자(東銀座)의 신사옥으로 이전했다. 사옥이 어찌나 훌륭한지, 이런 곳에서 원고를 쓰면서 사회의 움직임이나 고민을 알 수 있을지 어리둥절할 정도다. 두 회사의 사옥 이전이 겹친 것은 우연한 일이 아니지만, 여하튼 일본의 통신사는 새로운 시대에 접어든 것이다.

교도통신의 과학부장을 지낸 고(故) 아라이 나오유키(新井直行)는 저서 『신문학(新聞學)』(日本評論社)에서 "통신사에서 일하면 민중으로부터의 피드백을 간접적으로 받을 수밖에 없으니, 그만큼 더욱더 그 직업윤리를 명심해야 한다"라고 썼다. 통신사의 기자에게는 독자의 목소리를 직접 접하기 어렵다고 하는 고민이 있다. 통신사의 뉴스는 잠재적인 영향력이 크기 때문에 정부 등에서 보도를 조작할 위험성이 있다. 통신사의 과학 기자에게는 진리를 분별하는 통찰력, 중요성을 신속하게 판별하는 감수성과 함께 과장보도를 하지 않는 등의 윤리가 더 강하게 요구될 수 있다.

통신사의 과학 보도는 각 매체의 과학 보도와 흥망성쇠를 함께한다. 신문의 과학 보도가 활발해지면 통신사의 과학 보도 수요도 증가한다. 반대로 신문이나 방송의 과학 보도가 뜸해지면 통신사도 괴로워진다. 그것을 결정하는 것은 최종적으로 독자나 시청자 등 뉴스의 수용자이다.

통신사는 과학 보도를 매력적인 것으로 만들어 사람들로부터의 지지를 얻는 중요한 역할을 담당하고 있다. 다른 미디어끼리는 경쟁이 일어난다. 특종에 대한 갈망이나 오보에 대한 공포도 같다. 그러나 언론 자유를 지키려면 서로 잘 배우고 닦아서 과학 보도를 활성화해야 한다. 21세기에 과학이 차지하는 위치를 생각하면, 통신사의 과학 뉴스 관련 일이 감소하지는 않을 것이다.

7장
과학 프로그램의 제작과정

고이데 고로(小出五郎)

텔레비전 프로그램은 '맞춤식 요리'

TV 프로그램은 레스토랑의 코스 요리와 닮았다. 일본식으로 요리사는 이타마에(板前)라고 하고 서양식으로는 셰프(chef)이다. 이타마에나 셰프는 프로그램 제작자와 발상이나 행동 등에서 유사한 부분이 많다.

예를 들어, 프랑스 요리 레스토랑에서 손님이 일단 '맞춤 코스'를 주문하면 자동으로 오르되브르, 수프, 생선요리, 육류요리, 디저트, 커피가 잇따라 나온다. 일본 요리 같은 경우에는 전채(前菜), 생선회, 조림, 구이, 국, 튀김, 디저트 등이 적절한 간격을 두고 나올 것이다. 셰프나 이타마에의 솜씨가 좋으면 손님은 모든 주문을 그들에게 맡긴 채, 만족스럽고 즐거운 식사를 할 수 있다.

손님이 모든 것을 맡기면 이타마에도 의욕이 생기기 마련이다. 계절

요리사의 솜씨가 좋으면 손님의 취향을 고려한 '맞춤 요리'로 만족감을 극대화시킬 수 있다.

에 맞는 재료를 최고의 조리법으로 요리한다. 그러나 요리사의 독선적 선택으로는 손님의 만족을 얻을 수 없다. 그래서 조리하기 전에 먼저 손님이 어떤 요리를 기대하고 있는지 눈치챌 필요가 있다. 그럼 시간대는 어떨까. 점심과 저녁은 그 전제가 다르다. 그 시간대에 따라 손님이 어느 정도의 식사를 바라고 있는지, 조리를 기다리면서 천천히 식사를 즐길 시간적 여유는 있는지, 손님의 나이·성별·직업·기호 등은 어떤지, 나이에 따라서 너무 딱딱한 음식은 피해야 하는지, 성별에 따라 느끼한 것에 대한 선호는 어떤지, 비즈니스인지 여가인지 등 손님의 취향에 맞추는 것도 만족감으로 연결되는 중요한 요소이다.

　더구나 손님이 업소의 서비스를 기대하고 있지는 않은지, 혹은 최종적으로 식대 지급과 관계되는 주머니 사정까지 추측하는 일도 때로는 필요한 것이다.

결국 이런 다양한 조건을 고려하여 요리 소재를 결정하고 조리를 시작하는 것이다. 확실한 조리 솜씨는 식당을 경영하는 데 기본 전제지만, 그것만으로는 충분하지 않다. 맞춤 코스에서 중요한 것은 이타마에(셰프)의 감성과 솜씨, 즉 감각과 기술인 것이다.

텔레비전 제작자에게도 마찬가지로 감각과 기술 둘 다 필요하다. 제공하는 프로그램을 제작하는 데 맞춤 코스로 요리를 주문한 손님에 해당하는 시청자의 취향을 최대한 반영해야 한다. 채널을 선택하는 시청자가 프로그램에서 원하는 것이 무엇인지 제작자는 알고 싶어 한다. 주된 시청자의 연령대는 어떨까. 그것은 제작하는 프로그램이 방영되는 시간대에 따라서도 달라진다. 어느 시간대에 프로그램의 길이는 어느 정도로 할 것인가? 시간대로부터 추정할 수 있는 시청자는 어떠한 사람들인가? 고령자인가, 유아인가, 어린이인가, 청소년인가, 학생인가, 가족인가, 주부인가, 사업상의 시청자인가, 경영자인가? 제작 시간은 어느 정도 가능할까 하는 점들을 고려하고, 또한 적정한 예산 범위에서 프로그램을 만들어야 한다.

'맞춤'에 대한 기대에 어긋나지 않도록 하려면, 이러한 여러 가지 조건을 고려하지 않을 수 없다. 일부러 가게를 찾아온 손님, 즉 채널을 선택해준 시청자이기 때문에 그 기대를 저버려서는 안 된다. 시청자를 의식해서 제작하는 것은 결코 사소한 일이 아니다.

요리에 비유한다면 신문은 '료칸(旅館)'의 요리처럼 밥상이 연달아 나오는 호화로운 저녁식사와 같다. 물론 계절에 따라 적절한 재료를 사용하는 요리사의 감각과 기술은 중요하지만, 료칸의 저녁식사는 맞춤 코스 요리와는 다르다. 손님에 해당하는 독자는 밥상을 장식하는 다양한 요리를 우선 전체적으로 바라보다가 좋아하는 것부터 먹는다. 싫은 것은 먹지 않고, 양이 많으면 남기기도 한다. 자유롭게 선택하면서 요리를 즐길

수 있다. 독자나 시청자가 콘텐츠를 자유롭게 선택할 수 있는지, 아니면
전적으로 맡기는지가 신문과 텔레비전의 가장 큰 차이이며, 따라서 텔레
비전 과학 프로그램은 신문의 과학면과는 다른 접근이 필요하다.

ITER를 어떻게 요리할 것인가?

국제열핵융합실험로(ITER)를 요리하는 가상 과학 프로그램을 사례로
구체적으로 검토해보자. 제작자는 주 시청 대상자, 방송 시간대와 프로
그램 길이, 허용되는 제작 기간과 예산을 염두에 두면서, 먼저 ITER의 다
양한 측면에 관한 자료를 수집하고, 그 정체를 이해하는 것으로부터 시
작한다. '취재'라고 부르는 단계이다. ITER를 요리하기에 앞서 제철 재
료와 조리법을 검토하는 것이다.

ITER에 대해서는 다음과 같은 점에 대해서 미리 조사한 후에 상세한
취재에 들어간다. 관련 논문, 전문가 인터뷰, 도표 제작을 위한 자료 등.
마치 경찰처럼 증거를 찾아내 진술의 참과 거짓을 확인하는 것이다. 예
컨대 취재노트에는 다음과 같은 항목이 기록된다.

1) 핵융합의 원리란?
ITER에서는 이중수소와 삼중수소를 이용한 핵융합에 의해서 '임계 플
라스마 조건'을 넘어 '자기 점화 조건'의 영역에 이른다.

2) ITER의 유래와 기술 목표는 무엇인가?
(1) ITER는 International Thermonuclear Experimental Reactor의 머리

글자를 딴 것이다. '이터'라고 읽으며 '국제열핵융합실험로'라고 번역한다.

(2) 1985년에 미국의 레이건 대통령과 소련의 고르바초프 서기장의 대담을 계기로 국제협력을 통해 추진된 계획이다.

(3) 1992년부터 일본, 미국, 러시아, EU 4개 국가에 의한 국제협력에 따라 개념 설계가 이루어졌다. 1999년에 미국은 1,000억 엔을 투자했음에도 성과가 없다며 탈퇴했다. 그러나 여전히 일본의 움직임을 주시하고 있다.

(4) 2001년 설계 최종 보고. 현재는 건설장소를 둘러싼 줄다리기가 한창이며 2월의 협의는 결론에 이르지 않았다.

(5) ITER의 기술 목표는 ① 자기 점화와 장시간 연소를 점검하고, ② 관련 공학 기술을 실증하는 것이다.

(6) 2004년 건설 발주. 완성까지 10년이 소요되고 20년간 실험에 사용하며 그다음은 방사성 물질을 제거하고 폐쇄한다.

3) ITER의 구조는 어떻게 되어 있는 것인가?

(1) 중심에 도넛형의 초고온(1억℃) 플라스마. 바깥지름 16m, 부피 800m².

(2) 블랭킷: 플라스마를 무게 4t, 두께 50cm의 블록 400개로 둘러싼 벽.

(3) 진공용기: 플라스마, 블랭킷, 플라스마 하부의 다이버터(divertor)를 둘러싸서 초진공을 유지한다.

(4) 초전도(超傳導) 코일: 도넛형의 공간에 플라스마를 가둔다. 하나의 무게가 300t이며 5층 빌딩 높이인 토로이달 자장 코일이 18개. 원형 코일은 지름 26m인 것이 6개 있다. 플라스마의 형태를 제어한다.

(5) 솔레노이드 코일: 플라스마에 대전류를 흘려 가열한다.

4) 안전성은 어떨까?

(1) 1억℃ 이상의 초고온에서도 벽이 녹는 일은 없다. 이론적으로는 통제 불가능한 상태가 되지 않는다.

(2) 연료인 트리튬의 독성에 대해서는 의견이 분분하다. 트리튬은 반감기 12.3년. 생물학적 반감기는 10일 정도. 베타선에 의한 내부 피폭이 일어나면 사망에 이를 수 있다. 안전을 강조하는 측은 ITER가 사고 시에도 안전기준을 충족하도록 설계되었다고 주장. 그에 대해 비판하는 측은 ITER 내의 트리튬은 200만 명을 살상할 수 있으며, 환경에 노출되면 물 오염이 일어나서 널리 영향을 미친다고 주장.

(3) 핵융합 반응 시에는 대량의 중성자가 발생한다. 중성자는 다른 물질을 방사화(放射化)하는 성질이 있다. 추진하는 측은 방사화가 있지만 기술적으로 극복이 끝난 상태라고 한다. 반면 비판하는 측은 노벽(爐壁)이나 건물도 방사화되며, 실험 종료 시에는 5만이 넘는 방사성 폐기물이 생긴다고 말한다. 쉽게 폐기할 수도 없으며 비에 맞으면 환경오염의 우려가 있다고 한다.

(4) 2002년에 노벨 물리학상을 받은 고시바 마사토시(小柴昌俊) 도쿄대 명예교수도 안전성에 비판적이다.

(5) 고장 발생이나 부품 교환 시에 방사화된 물질로부터의 방사선에 의해 작업원이 위험해진다.

(6) 지진에 대비한 안전 대책이 미흡한데, 특히 외국이 이 점을 걱정하고 있다.

5) 경제성은 어떨까?

(1) 에너지 개발의 국제 공헌, 자원 소국의 미래 에너지, 원천적으로 깨

끗한 에너지 개발을 위해 5,000억 엔이 넘는 자금이 투입된다. 반면 제한된 예산 속에서 투자에 걸맞은 이익을 얻을 수 있다는 보장이 없으며, 다른 부문의 예산을 압박할 수도 있다.

(2) 유치에 힘쓰는 아오모리현(靑森縣) 로카쇼무라(六ヶ所村)는 ITER 건설에 따른 경제적 효과를 기대하고 있다. 그러나 단기적으로는 경제적 효과가 있겠지만, 장기적으로는 인구 감소를 촉진할 뿐 아니라 환경오염을 초래할 가능성이 있다.

6) 주민의 이해와 수용에 대한 본심은 어떨까

(1) 주민들은 ITER 자체에 대해 이해하고 있다기보다는 경제적 이익을 가져오는 거대 원자력 시설이 유치된다는 측면에서 기대가 크다. 부정적 측면에 대해서는 별로 논의되지 않았다.

(2) 추진하는 측은 ITER에 관한 정보 공개에 노력해왔다고 하지만, 정보 공개가 불충분하다고 비판하는 전문가도 있다. 확실히 구체적인 부분에서는 불분명한 점이 있다.

개략적으로 열거해보았지만, 최소한 앞에 제시한 사항들에 관해서는 상세히 이해할 필요가 있다. 텔레비전의 특성상 도표나 현장을 기록한 동영상 또는 사진 등의 자료수집도 필요하다. 취재과정을 통해 인적 네트워크를 구축할 수도 있을 것이다. 물론 그 밖에도 추진이나 비판 양쪽의 주장과 연관된 정치와 제도, 국제관계 등에도 취재의 안테나를 세우는 것은 말할 필요도 없다.

시청자에 맞춘 소재의 조리

실제로는 취재와 병행하게 되겠지만, 프로그램의 기획서를 작성하여 제안회의에 상정하고 통과해야 하는 절차가 있다. 제작자는 프로그램의 개략적 내용을 설명하고, 회의의 참가자들을 설득한다. 다른 참가자보다 뛰어난 아이디어를 제안해야 하기 때문에 회의는 극히 경쟁적인 분위기 속에서 진행된다.

제안회의 단계에서는 이미 프로그램의 범위가 정해져 있다. 그 테두리 속에서, 즉 특정 시간대에 특정 시청자를 대상으로 하는 일정한 제작비의 프로그램을 일정한 작업 일정 속에서 제작한다고 하는 전제조건하에서 논의된다. 회의에서는 대개 연출법도 논의대상이 된다. 말하자면 요리 재료의 조리법을 검토하는 것이다. 스트레이트 토크·영상을 포함하는 스튜디오, 쇼, 캐스터, VTR 구성의 다큐멘터리, 공문서의 활용 등이 논의의 대상이 된다.

제안회의를 통과하면 실제 '조리' 작업에 들어간다. 이 단계에서 목표로 하는 시청자의 이미지는 명확하게 설정되어 있으므로 이에 따라 구성표(가상 대본·줄거리)를 작성한다. 내레이션의 초벌원고도 작성하기 시작한다. 구성표는 다음 단계의 작업을 명확히 하는 진행표의 역할을 겸한다. 이 단계에서 중요한 것은 취재로 얻은 많은 자료를 어디까지 활용할 것인가 하는 점이다.

즉, 앞의 1)~6) 모두, 또는 그 외의 내용을 전부 포함시키는 것은 불가능하다. 제작자는 배경지식으로서 취재 결과를 온전히 이해해야 하지만, 실제 방송을 위해서는 목표로 하는 시청자에 맞추어 대부분의 내용을 과감히 포기해야 한다. 시청자 조건에 따라서는 2)만으로 프로그램을 만들

수도 있고, 4) 혹은 5)만으로 할 수도 있다. 4)와 6)으로 구성하는 것도 가능하다. 반복해서 말하지만, 시청자에 맞춘 자료를 시청자에 맞춘 연출법으로 제시했을 때 시청자의 기대에 부응할 수 있다. 제작자는 시청자가 기대하는 '맞춤 요리'를 제공하기 위해 노력해야 한다.

구성표가 만들어진 다음에 촬영, 편집, 내레이션 원고의 작성과 수정, 시청자의 이해를 돕는 컴퓨터 그래픽이나 도표의 작성, 음악·효과음의 선정, 스튜디오 녹음과 편집으로 이어진다. 이 과정들을 마쳐야 비로소 프로그램으로서 방송할 수 있는 형태가 된다. 요리로 말하면 먹음직스럽게 담는 단계이다.

요리사의 스킬과 센스

결국 과학 프로그램의 제작에서는 맞춤 요리의 요리사에 해당하는 제작자의 능력이 결정적이다. '능력'에는 기술과 더불어 감각의 요소도 있다. 감각을 기르고 기술을 연마하려면 경험을 거듭할 수밖에 없다. 거기에 막연하지 않은 명확한 목표가 있어야 한다. 당연한 말들만 늘어놓는 것 같지만, 한순간이 중요하다. 경험은 곧 순간들의 연결이며 순간들의 퇴적이다.

솔직히 고백하건대, 이 원고를 쓰는 데 상당한 고생을 했다. 편집책임자로부터 요청받은 주제인 "과학 프로그램은 이렇게 해서 만들어진다"의 답은 기존의 프로그램 수만큼 있다. 즉, 일반적으로 '이렇다'라고 단정해서 말할 수는 없다. 나 자신이 직접 제작에 참여했던 프로그램을 다시 생각해보아도 그때마다 각기 다른 작업이었다. 굳이 공통점을 찾아

정리했더니, 여기까지 쓰게 되었다.

프로그램이 방송되고 나서는 시청자의 평판을 신경 쓰게 된다. 시청자를 염두에 두고 프로그램을 제작한 만큼, 과연 시청자의 기대를 충족시켰는가 하는 점은 제작자로서는 꼭 알고 싶은 포인트이다. 시청률은 평판을 추측하는 하나의 지표이지만, 그 이상으로 시청자로부터의 전화나 편지, 개인적 인맥으로부터 피드백되는 평판이 다음 제작을 위한 귀중한 경험이 된다. 시청자의 호평 혹은 악평이 제작자를 단련시키는 것이다. 이러한 점은 요리에 대한 비평이 셰프를 단련시키는 것과 닮았다.

8장
TV 과학 프로그램의 성쇠와 미래

하야시 가쓰히코(林勝修)

NHK의 과학 저널리스트

21세기, 일본의 과학 저널리즘은 변혁기를 맞이하고 있다. 과학 기술이 비약적으로 진보하여 정보량이 증대하는 가운데, 그것을 전달하는 저널리스트의 질과 양이 시대의 요청에 못 미치고 있기 때문이다. 텔레비전 과학 프로그램(자연, 기술, 의학, 의료, 환경을 포함한다)의 성쇠를 보아도 잘 알 수 있다. 여기서는 주로 NHK의 과학 프로그램을 역사적으로 개관하고, 질과 양의 새로운 강화와 충실한 보완이 긴급한 과제라는 점을 주장하고자 한다.

NHK의 과학 저널리스트는 세 부문에 소속해 있다. 프로그램을 제작하는 프로듀서나 디렉터 등이 있는 프로그램 제작국, 기자가 속한 보도국, 그리고 해설위원들이 있는 방송총국이다. 처음으로 '과학'이란 이름이 붙은 부서인 '과학교육부(科學敎育部)'가 만들어진 것은 교육 TV가 개국한 이후, 황태자 성혼 중계를 한 다음 해인 1960년이었다. 그러나 컬러 텔레비전 본방송 실시에 따른 조직개편 과정에서 이 부서는 2년 만에 없어지고 말았다.

'과학산업부(科學産業部)'(약 50명)라는 이름으로 재출발한 것은 1963년이었다. 이후, 이름은 바뀌어도 과학이란 명칭이 사라진 적은 없다. 현재는 프로그램 제작국 산하에 있는 '과학환경부'(61명)가 다양한 프로그램을 제작하고 있다. 개별 프로그램은 품질관리와 예산관리를 책임지는 프로듀서(프로그램 말미에 '제작총괄'이라고 표시) 아래, 디렉터('구성'이라고 표시)나 카메라맨 등 팀 모두의 공동작업에 의해서 만들어진다. 또 NHK의 관련 기업인 'NHK 엔터프라이즈' 등에서도 파견근무자나 NHK의 퇴직자 등이 과학 프로그램을 제작하고 있다.

과학을 담당하는 기자들이 현재의 보도국 취재센터에서 '과학문화부'라는 이름으로 모이기 시작한 시기는 1991년이다. 현재 19명의 기자가 뉴스를 중심으로 활약하고 있다. NHK 해설위원은 〈내일을 읽는다(あすを讀む)〉라는 프로그램 외에도 프로듀서의 요청에 따라 수시로 출연하고 있다. 1961년 초대 과학전문 해설위원이 생겨난 이래, 시대의 변화와 함께 그 인원수도 증가하여 현재 7명의 위원이 해설을 담당하고 있다.

과학산업부의 프로그램 제작과 프로그램 수의 추이

과학산업부는 1963년에 '정규편성 프로그램'1)으로 텔레비전 프로그램(〈과학 시대〉 등) 10개와 라디오 프로그램 10개, 그리고 '특집 프로그램'(부

<표 8-1> 과학산업부가 제작한 프로그램 수

프로그램 년	정규 프로그램		특집 프로그램	비고
	TV	라디오	연간 TV 프로그램 수	
1963	18	21	15	1959년 교육TV 개국 1960년 컬러TV 방송 개시 1970년 오사카 만람박람회 개최 1972년 〈현대의 과학〉 방송 종료
1973	22	5	16	
1983	21	2	20	1985년 국제과학기술박람회 1985년 3월 〈소년대백과〉 방송 종료 1986년 위성방송 본방송 개시 1989년 3월 과학자 다큐멘터리 종료
1993	7	2	31	
2003	6	0	60	2003년 지상파 디지털 방송 개시

자료: 「NHK年鑑」, 「部の番組要覽」, 「NHK科産の步み」에서 집계

정기·단회 편성) 14편(〈발명과 궁리 콩쿠르〉 등)을 방송하고 있었다. 과학산업부 40년의 역사 속에서 무엇이 변화했고, 무엇이 변하지 않았는가? 우선 과학산업부가 제작한 프로그램 수의 변화(〈표 8-1〉)를 보았으면 한다.

과학산업부 발족 후 10년마다의 변화를 개관하면, 정규 프로그램이 감소하는 대신 특집 프로그램이 증가하고 있다. 시청자들의 요청이 있음에도 편성표에서 사라진 대표적 정규 프로그램이 세 개 있다. 일반 성인들을 대상으로 했지만 많은 전문가도 시청한 〈현대의 과학〉은 정확한 첨단 정보를 세일즈 포인트로 삼은, 계몽적이면서도 때로는 문제점을 분명히 짚어보는 스튜디오 프로그램으로서 매주 1회 방송했다(1972년 3월 종료). '미래의 과학자'를 길러내고자 월요일부터 금요일까지 매일 다른 주

1) 〈오늘의 건강〉과 같이 정기적으로 방영되는 프로그램을 가리키며, 하나의 타이틀에 대해 연간 약 40편에서 200편까지 제작된다.

제로 방송하고 있던 〈모두의 과학(みんなの科學)〉2)은 〈주니어대전과 (ジュニア大全科)〉 등으로 제목을 바꾸어가며 방송되다가 1985년 3월에 종료했다.

또한 고교생 이상의 일반 성인을 대상으로 그들의 지적 호기심에 초점을 맞추어 과학의 밝은 면과 어두운 면 양쪽을 모두 다루었던 〈과학 다큐멘터리〉는 〈내일에의 기록(あすへの記錄)〉, 〈클로즈업〉 등으로 제목을 바꾸고, 매주 한 편씩 연간 약 40편을 방영하다가 1989년 3월에 폐지되었다. 글쓴이도 1974년쯤에 디렉터나 데스크(프로듀서를 보좌하고 디렉터에 조언을 한다)로서 〈발암 테스트〉, 〈원폭증(原爆症)〉, 〈행성 탐험에의 꿈〉 등을 제작했다. 이들은 스튜디오 프로그램이나 생중계 프로그램과는 달리 영상만으로 구성하기 때문에 제작 과정이 복잡하다. 새로운 영상 개발이나 취재, 야외촬영, 편집 등으로 날이 갈수록 제작비도 증가했다. 그러나 그런 만큼 수제품 같은 인상을 주어 일부 시청자들로부터 호평을 받았다. 현재는 스튜디오 제작을 기본으로 하는 〈클로즈업 현대〉(연간 10편), 〈사이언스 ZERO〉(2003년부터, 수요일), 〈과학 아주 좋아, 토요일 학원〉(2003년부터, 토요일)을 제작하고 있지만, 정규 프로그램은 감소했다. 1970년의 일본 만국박람회, 1985년의 국제과학기술박람회, 그리고 1986년의 위성방송 본 방송 개시라는 대형 이벤트들로 인해 관련 프로그램의 절대량이 비약적으로 증가하면서 경영적인 판단 아래 정규 과학 프로그램들이 자취를 감추게 된 것 같다.

한편, 40년 동안 꾸준히 방영된 프로그램으로 건강·자연·대중과학을

---

2) 〈모두의 과학〉의 요일별 주제는 다음과 같다. 월: "기술의 걸음", 화: "과학의 여행", 수: "자연을 살피다", 목: "즐거운 실험실", 금: "화제를 살피다".

다룬 〈오늘의 건강〉, 〈지구: 불가사의 대자연(地球: ふしぎ大自然)〉, 〈다메시테 갓텐(ためしてガッテン)〉은 현재까지도 방영되고 있다. 그 세 가지 주제는 시청률도 높고 인기도 좋다. 민영방송에서도 유사한 경향을 볼 수 있으며, 엔터테인먼트나 버라이어티 프로그램으로 제작되고 있다. 하지만 과학 프로그램이 단지 재미있다거나 기분이 좋다는 것만으로는 충분하다고 할 수 없다. 국제적으로 보면 양질의 다큐멘터리 프로그램의 제작 여부가 좋은 방송사인지를 판단하는 지표가 된다고 글쓴이는 생각한다. 왜냐하면 다큐멘터리 제작에는 우수한 인력 및 장비와 막대한 제작비가 들기도 하지만, 결국 작품의 완성도를 결정하는 것은 제작자의 '의지'이기 때문이다. 글쓴이가 NHK 스페셜 프로그램부의 데스크로서 일하고 있을 무렵에 기획의 채택에는 특종 여부, 주제의 날카로움, 영상 표현기법이나 연출의 새로움 등 어떤 것에서든 '무언가 새로운 것(something new)'이 반드시 요구되었다.

좋은 프로그램은 전체 방송의 질을 높이고 저널리즘성도 뛰어나다. 문화로서의 방송은 단순한 스트레이트 뉴스와는 다르다. 블랙박스화하고 있는 첨단 과학의 놀라운 측면들을 창조적인 영상으로 표현해서 사람들에게 새로운 견해나 감동을 주는 것이다. 저널리즘성이란 공정한 관점과 건전한 비판 정신으로 과학 기술뿐만 아니라 사건, 사고(事故), 재해 등을 '과학의 눈'으로 파악하여, 그 관점을 때로는 관료나 산업계뿐만이 아니라 학계에도 제공해서 국민의 알 권리에 응하는 것이다.

프로그램 시상에서 수상한 우수 작품

지금까지 많은 우수 작품이 다양한 프로그램 시상제에서 상을 받았다. 국내의 과학콘텐츠 시상제 가운데는 '과학기술영상제'가 가장 오랜 역사를 가지고 있으며, 지금까지 약 550여 작품에 상을 수여했다. 그중에는 국제시상제에서 입상한 작품도 있으므로, 수상작품 중에서 특히 기억에 깊이 남는 프로그램들을 살펴보자(〈표 8-2〉 참조).

1) NHK 스페셜 〈탐사보고: 체르노빌 원자력발전소 사고〉(1986년)

1986년, 글쓴이는 NHK 스페셜부의 사무국 데스크를 맡고 있었다. 사고 소식과 함께 옛 동료들이 순식간에 모여 회의실은 열기에 넘쳤다. 이 동료들은 5년 전 'NHK 특집'으로 〈알려지지 않은 거대 기술·원자력〉(3편)을 제작한 과학산업부의 스태프와 보도 프로그램부 기자 등 일곱 명이다. 글쓴이도 디렉터의 일원으로서 〈제3편 어떻게 폐기할까, 방사성 폐기물〉을 제작했다. 그때의 동료가 중심이 되어, '소련 원자력발전소 사고'를 전국(全局)적인 속보로 프로그램화했다. 그러나 더욱 심층적인 과학 프로그램을 제작할 필요성이 있었다. 글쓴이는 프로듀서의 한 명으로 새롭게 팀을 구성하여, 5개월 후 2편의 프로그램을 완성했다. 보도 프로그램부 사람이 데스크를 맡고, 과학산업부의 디렉터가 방사능 계측기로 각지를 돌아다니며 측정하고, 해설위원이 캐스터를 맡는 식으로 역할을 분담했다. 뜻밖에 유럽과 미국의 텔레비전 방송사에서는 이 사건에 관한 다큐멘터리를 취급한 것이 많지 않았기 때문에 이 프로그램은 국제 시장에서 기록적인 매출을 거두었다. 그뿐만 아니라, 모든 장르의 작품이 참가하는 권위 있는 '몬테카를로 국제텔레비전 페스티벌'에서 그랑프리를 수상했다.

<表 8-2> 국제대회 수상 과학 콘텐츠(NHK)

연도	작품명	대회 및 시상명
1966	다큐멘터리 〈수수께끼의 순간〉	제18회 이탈리아상, 이탈리아상
1967	다큐멘터리 특집 〈개안(開眼)〉	제3회 ABU상, ABU상
1968	내일을 열다 〈손이 생겼다, 전동 보조기와 탈리도마이드 기형아〉	제20회 이탈리아 상, 황금비둘기상
1968	내일을 열다 〈암세포 추적〉	제4회 ABU상, 가작
1971	내일을 열다 〈기름 바다〉	이란 국제교육영화제, 가작
1973	내일을 열다 〈어린 천사들: 다운증후군 극복의 길〉	제3회 베를린 미래상, 은상
1974	내일에의 기록 〈공백의 110초〉	제26회 이탈리아상, 이탈리아상
1976	내일에의 기록 〈삼중고 소년의 3년〉	제12회 ABU상, ABU상
1981	〈인간은 무엇을 만들어 왔는가?: 로켓 후편〉	제13회 교육프로그램 국제콩쿠르, 일본상 그랑프리
1983	〈인도네시아 개기 일식: 검은 태양을 추적하라〉	제19회 ABU상, 텔레비전 ABU상
1984	NHK 스페셜 〈세계의 과학자는 예견한다: 핵전쟁 후의 세계〉	제36회 이탈리아상, 텔레비전 이탈리아상(총 3개)
1986	NHK 스페셜 〈탐사보고 체르노빌 원전 사고〉	제27회 몬테카를로 국제텔레비전 페스티벌, 골든님프상(총 4개)
1989	NHK 스페셜 〈경의로운 소우주-인체: 제6회 생명을 지키는 마이크로 전사들〉	제17회 교육프로그램 국제콩쿠르, 일본상 그랑프리(총 2개)
1989	NHK 스페셜 〈원자로 해체: 핵폐기물을 어떻게 할까〉	사이테크'89, 최우수 프로그램상
1992	BSI재팬 리뷰 〈지구 재생에 도전한다: 히라이 부자 2대의 기록〉	제1회 아시아 영상제, 준(準)상
1993	NHK 스페셜 〈화학병기 제2회: 20세기 부의 유산〉	제2회 지구환경영상제, 환경보도영상상(총 2개)
1993	NHK 스페셜 〈나노 스페이스 제3편: 분자기계가 움직이기 시작한다〉	프리레오나르도상, 그랑프리 (총 2개)
1993	NHK 스페셜 〈경이로운 소우주 인체 II, 뇌와 마음, 제1편 마음이 생겨난 행성: 진화〉	하이비전 어워드'94, 선정의원장상 (총 2개)
1994	NHK 스페셜 〈경이로운 소우주 인체 II, 뇌와 마음, 제3편 인생을 엮어가는 장기(臟器): 기억〉	제14회 국제 과학 프로그램 축제, 생명과학그랑프리 (총 3개)
1994	NHK 스페셜 〈경이로운 소우주 인체 II, 뇌와 마음, 제5집 간직된 복원력: 발달과 재생〉	제5회 상하이텔레비전상, 최우수 다큐멘터리 촬영상

1995	NHK 스페셜 〈경이로운 소우주 인체 II, 뇌와 마음, 제6집 무한한 뇌 우주: 무의식과 창조성〉	제2회 미디어 네트워크상
1995	NHK 스페셜 〈생명, 40억 년의 아득한 여행, 제2편 진화의 불가사의한 대폭발〉	제12회 국제과학페스티벌, 과학영상상(총 2개)
1995	〈생과 죽음의 사이에서: 휴스턴 구급의료 서비스〉	제28회 휴스턴 국제필림비디오 페스티벌, 최우수 작품상 (총 3 개)
1995	BS1 일요스페셜 〈에코키즈: 어린 눈이 본 환경 파괴〉	제5회 지구환경영상제, 특별상
1996	NHK 스페셜 〈탐사보고 지구 핵 오염〉	제7회 지구영상환경제, 우수상(총 2개)
1996	〈경이로운 소우주, 인체 CD-ROM〉, 〈다빈치의 책〉, 〈다빈치를 구하라〉	뉴욕 페스티벌, 종합 그랑프리(총 4개)
1999	NHK 스페셜 〈바다, 알지 못했던 세계, 제4편 심층해류: 2000년의 대항해〉	제15회 애틀란틱 텔레비전 페스티벌, 동상
1999	〈'98 아이디어 대결, 로봇 콘테스트 공업전문학교 부문, 전국대회〉	1999년 ABU상, HBU-ABU 엔터테인먼트프로그램상
1999	하이비전 스페셜 〈마을, 산, 인간과 자연이 같이 산다〉	하이비전 어워드 '99, 심사위원장상
2000	〈사토야마(SATOYAMA)〉	제12회 하이비전 국제영상제, 그랑프리 (총3개)
2001	NHK 스페셜 〈경이로운 대우주 인체 III: 유전자, DNA 특집, 제4편 생명시계의 비밀: 노화와 죽음의 설계도〉	2001 뉴욕 페스티벌, 골드월드메달 (총 3개)
2001	NHK 스페셜 〈세기(世紀)를 넘어서: 제1편 인체개조시대의 충격〉	2001 프리레오나르도상, 은상
2001	NHK 스페셜 〈세기(世紀)를 넘어서: 미지의 바이러스 충격〉	2001 프리레오나르도상, 동상
2001	NHK 스페셜 〈피폭치료 83일간의 기록: 도카이무라 임계사고〉	제42회 몬테카를로 국제 텔레비전상, 시사문제 프로그램 골든님프상 (총 2개)
2002	NHK 스페셜 〈우주, 미지로의 대기행 (大紀行)〉	제2회 베이징 국제과학영화제, 은룡(龍)상
2002	NHK 스페셜 〈인체 특허: 유전자 정보는 누구의 것인가?〉	제2회 베이징 국제과학영화제, 은룡(龍)상

자료: 과학·환경 프로그램과 스페셜 프로그램 센터의 자료 참조(자연프로그램과 휴먼다큐멘터리는 제외)

2) NHK 특집 〈세계의 과학자는 예견한다: 핵전쟁 후의 지구〉(1984년)

이 프로그램도 '몬테카를로 국제텔레비전 페스티벌'과 같은 급으로 평가받고 있는 텔레비전 다큐멘터리의 2대 국제시상제인 '이탈리아상

(그랑프리)'을 수상하는 등 국내외의 평가는 높았다. 그러나 내용의 신빙성에 대해 정치인 등으로부터 문제제기가 있어 국회에서도 논의하게 되었다. 글쓴이는 이 프로젝트와 관련하여, 한 달가량 디렉터의 한 사람이었던 고이데 고로(小出五郎)가 국회답변서를 정리하는 것을 매일 밤늦게까지 도왔다. 당시 국회에서 가와하라 마사토(川原正人) NHK 회장, 가와구치 미키오(川口幹夫) 방송 총국장, 후지 기요시(藤井潔) NHK 스페셜부장 등이 당당하게 답변했던 것이 인상적이었는데, 그야말로 저널리즘의 자세를 엿볼 수 있었다. 글쓴이는 그 후 프로듀서의 첫 작업으로서 이 문제를 더욱 과학적으로 접근한 프로그램인 〈국제학술회의연합 최신 보고에서〉를 ETV 특집으로 고이데(캐스터)와 함께 제작했다. 내용은 전면적인 핵전쟁이 지구에 주는 영향을 다룬 3편짜리 시리즈물이었다. 이후 이 건에 관한 반론은 나오지 않았다.

3) NHK 스페셜 〈뇌사(腦死)〉(1991년)

NHK 스페셜로 '뇌사' 관련 프로그램을 5편 제작했지만, 프로그램 방송 후에 이식 추진파와 반대파 양쪽 모두로부터 비판을 받았다. 한 월간지에는 글쓴이 개인에 대한 비판과 내용에 오류가 있다고 하는 기사가 게재되었다. 당시 글쓴이의 상사는 상세히 내용을 확인한 후 임원에게 프로그램은 오류가 없다고 진언해주었다. 그 후, "이런 경험도 남자에게는 훈장이다. 앞으로도 하드한 토픽에 도전해줘"라고 격려해주었던 것을 잊을 수 없다. 또 글쓴이가 디렉터로서 마지막으로 제작한 〈심장에의 도전〉(1984년)에서 같이 일했던 저널리스트 다치바나 다카시(立花隆)와 다시 일을 할 수 있었던 것도 큰 수확이었다. 이 프로그램은 방송문화기금상 우수상을 수상했다.

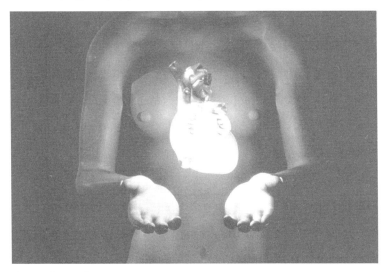

자료: フェリツモ 제공

4) NHK 스페셜 〈경이로운 소우주, 인체〉 시리즈

1986년에 프로듀서가 되고 나서 〈인체〉(1989년, 50분×7편), 〈인체: 뇌와 마음〉(1994년, 50분×6편), 〈인체 III: 유전자·DNA〉(1999년, 50×6편)의 시리즈를 연속하여 제작했다. 통상적인 NHK 스페셜 프로그램보다 몇 배나 긴 제작기간과 많은 예산을 투자하는 지극히 드문 대형 프로그램이었다. 〈인체〉 시리즈는 가장 권위 있는 국제 교육 프로그램 시상제인 '일본상' 그랑프리를 비롯해 대내외적으로 많은 상을 받았다. 이 작품은 마이크로 세계의 촬영·영상기법을 개발한 것이 높이 평가받았다. 이미 NHK의 특수 촬영은 〈지구대기행〉, 〈핵전쟁 후의 지구〉 등에서 세계적으로 높은 평가를 받았다. 그러나 우리는 당시 1초에 30만 엔이 소요되는 컴퓨터그래픽에 도전했다. 영화나 TV에서도 만든 적이 없는 고품질로 다량의 컴퓨터그래픽을 제작할 수 있었던 것은 각 기업의 협력과 국

〈그림 8-2〉 〈경이로운 소우주 인체〉의 CG(면역전쟁, 세균과 싸우는 항체)

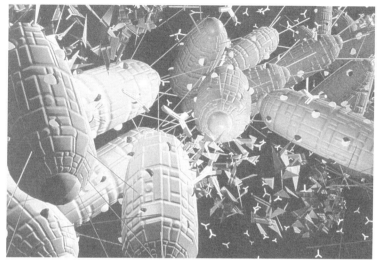

자료: フェリツモ 제공

외 공동제작 파트너로서 미국 디스커버리 채널과 제휴하여 거액의 자금
을 받은 덕분이었다.

5) 그 외 민영방송의 수상 작품

민방의 정규 과학 프로그램으로는 먼저 아시아의 각종 프로그램상을
수상한 TV아사히의 〈멋진 우주선 지구호〉가 있다. 또 최근에는 논픽션
물인 〈짧은 생명을 새기는 소녀: 애슐리의 삶의 방법〉(후지TV)이 뉴욕 필
름페스티벌에서 은상을 받았다. 이 소녀는 NHK 스페셜 〈인체 III: 유전
자·DNA 제4편, 생명을 새기는 시계의 비밀: 노화와 죽음의 설계도〉(1999
년)에서도 소개되었는데, 이 프로그램은 그 후의 삶을 보충한 작품이다.

이전에는 〈알려지지 않은 세계〉(니혼TV)나 〈신들의 시〉(TBS), 〈곤노
미사코의 과학관〉(TV아사히), 〈테크노 탐정단〉(TV도쿄) 등과 같은 우수

한 정규 과학 프로그램이 민방에서도 방영되었다. 그러나 최근에는 그 수가 급속히 줄었다. 과학 프로그램의 양과 질에서 새롭게 도약하기를 바란다.

그 외에 잊을 수 없는 프리랜서 과학 저널리스트로 야나기다 구니오(柳田邦男)가 있다. 야나기다와는 NHK 스페셜 〈야나기다 구니오의 생과 죽음의 관찰: 뇌저온 요법(腦低溫療法)의 충격〉(1997년, 방송문화기금 금상 수상)을 공동취재했다. 야나기다와 일을 하게 된 계기가 된 것은 〈뇌사〉에서 니혼대의 하야시 나리유키(林成之) 교수가 실시하는 뇌저온 요법을 5분 정도 소개하면서부터다. 야나기다는 뇌사를 막는 이 획기적인 치료법에 감명받아 더 구체적으로 의학적 효과 등을 전달하는 50분짜리 프로그램을 만들었다. 야나기다와 앞서 말한 다치바나, 이 두 사람의 '압도적인 취재력'으로 진실에 다가가려는 자세에는 언제나 감복하게 된다.

이후의 전망

다채널화의 흐름 속에서 과학 프로그램의 수를 늘리는 동시에 프로그램의 질을 향상시킨다는 것은 경영상태를 고려해야 하는 방송사 입장에서는 어려운 일인지도 모른다. 그러나 유럽과 미국에서는 지금도 매력적인 과학 다큐멘터리가 정규 프로그램으로 방영되면서 인기를 얻고 있다.

예를 들어, 영국의 공영방송 BBC의 인기 과학 다큐멘터리 〈호라이즌(horizon)〉(격주 목요일 방송)은 40년 가까이 방영되고 있는 장수 프로그램이다. "후세인 정권의 생물 파괴 무기"나 "티라노사우루스는 정말로 포악한 육식동물이었는가" 등 매번 다른 주제를 가지고 과학적 관점에서 검증하고 있다. 각각의 프로그램들이 모두 작품으로서의 완성도가 높을 뿐 아니라, 제작자의 '의지'가 강하다는 것이 느껴진다는 점이 그 인기의 비결이라고 할 수 있을 것이다.

자연이나 과학 등을 전문으로 다루는 방송인 미국의 디스커버리 채널은 현재 세계 155개국에서 방영되고 있다. 그 성공 배경 가운데 하나는 과학 다큐멘터리에 대한 일반인들의 관심과 요구가 매우 높다는 점이다. 초기 투자비가 증가하는 추세에 따라 최근에는 3~4년에 걸쳐 제작하는 대형 기획은 감소하고 있다. 그러나 이러한 양질의 과학 프로그램이 일과성의 뉴스나 중계·정보 프로그램보다 외국시장에서 잘 팔릴 가능성이 크기 때문에 결과적으로 수익증대를 통해 비용을 낮추게 되는 경우가 많다.

마지막으로, 과학 프로그램 제작에 오랜 세월 종사해온 사람으로서 향후 일본의 텔레비전 방송에 바라는 것은 과학 프로그램의 질적 충실함과 정규 프로그램 수의 증대, 그리고 우수한 과학 저널리스트의 양성이다. 경영적 판단에 따라 많은 뛰어난 과학 프로그램이 사라졌지만, 앞서 말한 바와 같이 과학 다큐멘터리의 시장은 매우 크다. 그리고 난해한 과학을 알기 쉽게 설명하여 사람들에게 새로운 견해나 감동을 주는 것은 방송사의 중대한 사명이다. 과학에 대한 국민의 폭넓은 이해와 지지 없이는 품격 있는 '과학기술창조입국' 실현이 불가능하다. 그러므로 우리 저널리스트는 어떠한 시대에도 과학 기술과 관련된 사건 등을 항상 공정한 관점과 건전한 비판정신으로 분석하여 국민의 알 권리에 부응해야 한다. 과학자는 때로 전체를 조망할 수 있는 '부감성(俯瞰性)의 과학'이라는 발상을 잊은 채 연구에 몰두한 나머지 주위도 돌아보지 않고 달려나가기 때문에 과학 저널리스트가 적절한 때에 제동을 걸어야 한다. '지구'라는 이름의 작은 별에 사는 우리가 추구하는 과학 기술 문명의 올바른 방향

을 제시할 수 있어야 한다. 텔레비전 미디어는 시민의 과학 문명 참여에
공헌할 수 있는 중요한 존재이다.

9장
과학 잡지와 독자

다카기 유키오(高木利生)

    과학 잡지는 어떻게 읽히고 있는가? 그 답은 누구보다 과학 잡지를 만드는 사람들이 알고 싶을 것이다. 답을 얻을 수 있다면 과학 잡지를 더욱 재미있게 만들 수 있을 뿐 아니라, 더 많은 사람에게 과학의 지식과 정보 및 과학적으로 사고하는 방식을 전달할 수 있기 때문이다. 물론 많이 팔린다는 것이 내용이 뛰어나다는 것과 직결되는 것은 아니다. 그러나 과학 잡지의 사명은 과학이 개척한 새로운 세계관이나 지식 및 생각을 많은 사람이 공유하도록 하는 데 있다. 내용이 아무리 우수하다고 해도 독자들이 읽지 않으면 의미가 없다.

    일반적으로 과학 자체나 그 성과가 우리 사회와 삶의 방식에 어떤 의미가 있는지를 과부족(過不足) 없이 정확하면서도 많은 사람이 '재미 있다', '읽고 싶다', '알고 싶다' 식의 흥미를 가질 수 있도록 전달하기는 절대 쉽지 않다. 많은 미디어, 특히 과학을 전달하는 것을 주된 목적으로 하는 과

학 잡지는 상충하는 두 가지 요청을 양립시켜야 하는 과제를 피할 수 없다. 일본 과학 잡지가 이를 위한 충분한 노하우를 가졌는지는 과학 잡지의 현황에서 판단할 수밖에 없다. 최소한 우리가 발행하는 ≪닛케이사이언스(日經サイエンス)≫는 그러한 양립을 목표로 더욱 많은 독자가 질 높은 과학 정보를 흥미를 느끼면서 읽을 수 있도록 하기 위해 노력하고 있다.

'과학 잡지'라고 해도 전문가용 학술 잡지 혹은 그것에 가까운 잡지, 천문이나 동물 등 특정 분야의 화제에 초점을 맞춘 것 등 여러 가지가 있다. 여기에서는 ≪닛케이사이언스≫의 편집과 경영 부문에 종사해온 글쓴이 자신의 경험을 중심으로, 과학 기술 전반(全般)을 다뤘던 일반인 대상의 종합 과학 잡지에 대해 이야기할 것이다.

매출로 파악되는 독자의 반응

글쓴이는 과학 기자로서 30년 가까이 신문 기사 작성의 현장에서 일해왔다. 신문사에서 잡지사로 일자리를 옮기면서 가장 인상 깊었던 것은, 잡지는 신문과 달리 독자의 반응을 직접적으로 알 수 있다는 것이었다. 매 호의 매출 정보가 구체적인 수치로 나오기 때문이다. 신문사에 근무할 때는 독자로부터의 반응은 편지나 문의, 취재처로부터의 감사나 불평, 혹은 자신의 특종을 다른 경쟁사들이 뒤쫓는 모습 등, 간접적으로 알 수밖에 없었다. 원래 한 과학 기자가 쓴 기사 때문에 신문의 매출이 크게 변화하는 경우는 거의 없다.

그러나 잡지는 표지나 편집 내용, 기사 타이틀에 따라 매출이 호별로 크게 달라진다. 전국에 수십 개 점포를 가진 대형 서점의 POS 데이터에 의해서 매일 몇 권이 팔렸는지 다음 날이면 바로 알 수 있다. 월간지의 경우는 발매 후 두 달 정도가 지나면 실제로 판매된 유효 부수를 알 수 있다. 서점에서 되돌아오는 '반품' 작업이 거의 끝나서 전국에서 모두 몇 권이 팔렸는지 집계되기 때문이다. 편집자로서 독자에게 과학의 꿈·재미·놀라움을 전달하고 더욱 좋은 기사를 만들고 싶은 욕구는 강하지만, 결과적으로 그 잡지가 얼마나 팔렸는지에 따라 희비가 교차하는 것이 사실이다. 편집의 결과 독자의 마음을 정확히 사로잡았다고 느꼈을 때는 자극이 될 뿐 아니라 잡지 편집의 최대 묘미를 느낄 수 있다.

글쓴이가 ≪닛케이사이언스≫의 편집 작업에 종사하던 약 2년간, 가장 잘 팔렸던 호는 다나카 고이치와 고시바 마사토시 두 사람의 노벨상 수상 발표 직후인 2002년 10월 말에 발행한 것이다. POS 데이터가 발매 직후부터 평소보다 두 배의 매출을 나타냈다. 그래서 판매 기간이 한정되는 월간 과학 잡지로서는 극히 이례적으로 추가 인쇄를 해야 했다. 이 호에서는 ≪닛케이사이언스≫의 독자들이 많은 관심을 두고 있다고 생각되는 '시간'을 테마로 한 대형 특집도 게재하고 있었기 때문에 어떤 특집 기사가 판매 신장에 가장 크게 이바지했는지는 알 수 없다. 그러나 역시 노벨상 효과가 컸다고 추측하고 있다. 이런 특별한 경우를 제외하면, 일반적으로 독자가 주로 관심을 두는 분야는 '우주'와 '생명과학' 그리고 '마음과 뇌'에 관한 것이다. 독자 조사 등의 데이터에서도 자신의 전문 분야 또는 직업과 관계없이 '우주' 관련 기사를 읽고 싶다는 응답이 많다.

첨단 기술 부문에서는 2002년 발행한 '나노 기술'의 특집호가 독자들의 좋은 반응을 얻었다. 그러나 한때의 유행처럼 지금은 그리 관심이 많지 않다. 일반적으로 첨단 기술의 화제는 사회의 동향이나 유행을 시의적절하게 파악한 기사가 아닌 한, 과학 잡지의 독자에게는 그만큼 안정적으로 지지를 받는 것은 아니라고 생각한다. ≪닛케이사이언스≫가 일반인 대상의 종합 과학 잡지인 이상, 과학이나 기술의 다양한 분야를 두루 살펴야 하고, 과학 기술의 흐름과 방향 및 전체적인 동향을 파악할 수 있는 잡지로 자리 잡아야 한다. 첨단 기술 분야의 화제는 우주에 대한 기사와는 또 다른 방법으로 읽힐 것이기 때문이다.

지적 호기심이 독자 요구의 원천

인간은 원래 '자기 자신과 자신을 둘러싼 세계를 더 많이 알고 싶다'는 욕구를 강하게 가지고 있다. 과학 잡지에서 '우주'나 '마음과 뇌'란 주제가 기꺼이 읽히는 것은 그러한 독자의 욕구가 반영된 것이다. 자신의 직업에 직접적으로 도움이 되는 것도 아니고, 일상생활을 해나가는 데 지침이 되는 것도 아니다. 순수하게 '알고 싶다'는 지적 호기심이 과학 잡지를 읽는 사람의 가장 기본적인 동기인 것이다. 여기에 '나노 기술'을 비롯해서 자신과 연관될 수도 있는 화제나 노벨상 수상 등 시사성 높은 화제에 관심이 이어지는 것이다. '생명과학' 등의 화제는 내용에 따라 양쪽 모두에 관련될 수 있는 주제이다.

일반 과학 잡지는 독자의 이러한 다양한 요구를 만족시켜야 한다. 물론 과학 잡지의 고유한 테마들이 많은 독자를 끌어당기기도 하지만 반드시 그런 것만은 아니다. 과학 잡지라고 해도 기본적으로 상업 잡지로서의 요건들을 충족해야 할 것이다. 그래서 편집자는 여러 토픽을 어떻게 조합하여 다양한 독자의 요구를 만족시킬 것인가 하는 과제에 직면하게 된다. 특정 분야만을 타겟으로 하는 잡지나 독자의 실용적인 요구에 응하는 것을 주된 목적으로 하는, 컴퓨터 잡지를 비롯한 실용 잡지와는 다른 측면에서 어려움을 겪는 것이다.

2003년 5월 문부과학성(文部科學省)의 과학기술정책연구소가 「우리나라의 과학 잡지에 관한 조사」를 발표했다. 그 내용은, 보고서의 표현을 빌리면 "일본의 과학 잡지는 1980년대 전반의 과학 잡지 전성기를 지나 이후의 쇠퇴기에 이어 현재는 발행 부수 측면에서 전성기의 절반 이하 수준으로 침체되어 있다". 일본은 국가 발전 차원에서 과학 기술의 진흥이 핵심적 요소인 '과학기술창조입국'을 국가 정책의 하나로 삼고 있다. 그러나 학생들은 이공계를 꺼리고 있으며, 과학 잡지가 유럽이나 미국보다 많이 읽히지 않는 것은 문제라고 지적하고 있다. 일본에서 '과학 잡지를 읽는 방식'은 실제로는 과학 기술에 대한 이러한 관점과 관련되어 있다고 생각한다.

《닛케이사이언스》는 약 160년의 역사를 가진 미국의 과학 잡지 《사이언티픽아메리칸(Scientific American)》의 일본어판이다. 이런 관계로 글쓴이는 매년 사이언티픽아메리칸사의 경영자와 의견 교환을 한다. 그 자리에서 언제나 논의되는 것이 '일본에는 왜 유럽이나 미국에 비해 과학 잡지의 독자가 적은가'이다. 일본은 미국과 대등한 과학 기술의 선진국이며, 교육 수준도 높다. 미국에서 《사이언티픽아메리칸》지의 발행 부수는 약 70만 부로 인구비율로 환산할 때 《닛케이사이언스》는 30만 부 정도 팔려야 한다는 것이 그들의 주장이다. 그러나 현실은 그 숫자에 크게 미치지 못한다. 《닛케이사이언스》는 과학 잡지 중에서 유일하게 발행 부수 공인기관인 ABC의 실사를 받고 있는데, 평균 유효 판매 부수는 2만 5,000여 부 정도이다. 다만 한 권의 《닛케이사이언스》를 몇몇 사람이 돌려 읽는다는 조사결과로부터 추정하면, 실제 독자 수는 10만 명 이상일 것으로 추정하고 있다. 미국에서는 ≪사이언티픽아메리칸≫ 이외에도 ≪파퓰러사이언스(Popular Science)≫나 ≪디스커버리(Discovery)≫라는 대중 과학 잡지가 각각 155만 부, 100만 부의 발행 부수를 자랑하고 있다. 이에 비해 일본에서는 최대의 발행 부수를 자랑하는 ≪뉴턴(Newton)≫도 판매 부수가약 30만 부에 그치고 있다. ≪뉴턴≫은 ABC 실사를 받지 않으니 이 숫자를 어떻게 봐야 할 것인지는 알 수 없다. 어쨌든 유럽이나 미국에 비해 일본의 과학 잡지 독자가 적은 것은 사실이다.

구미와 다른 읽기 방법

≪닛케이사이언스≫의 초대 편집장인 에토리 아키오(餌取章男)와 일본의 과학 잡지 독자가 적은 배경과 이유에 관해 논의한 적이 있다. 가장먼저 거론된 것은 '일본의 과학은 수입품이었다'라는 점이다. 메이지 유신 이후 일본은 시급히 서양을 따라잡으려 했다. 과학이나 기술은 일본을 근대화하고 하루빨리 부국강병을 실현할 수 있는 수단으로 여겨졌다. 도움이 되는 '도구'로서 이미 완성된 지식이 일본 사회에 도입되었던 것이다. 근대 과학을 스스로 만들어 자신의 동반자로서 숨 쉬게 하고, '문화'로서 사회에 뿌리내리게 해온 서구와는 크게 다르다. 일본에는 문학을 즐기듯이 과학을 즐기거나 건전한 비판 정신의 기초로서 과학적인 지식과 교양을 몸에 익히는 습관이 정착하지 않았다. 과학을 무엇인가 실현하기 위한 '도구'로서 보는 의식은 지금도 뿌리가 깊다.

이 문제로 사이언티픽아메리칸사의 간부와 논의하다 보면 잘 나오는이야기가 있다. 파티를 좋아하는 미국인은 다른 사람과 이야기를 할 때

재미있는 화제를 제공하는 것을 교양인의 자격으로 본다. 즉, 과학 분야의 새로운 화제는 대화의 소재를 제공하는 중요한 원천이다. 그런 사회적 배경이 ≪사이언티픽아메리칸≫지와 같은 과학 잡지의 발행 부수를 받쳐주는 것은 아닌가 하는 것이다. 과학적인 지식을 상식으로서 몸에 익히는 것이 교양인의 필수 조건인 것이다. 물론 그들도 일부 사람을 제외하고는 '문학을 즐기듯이 과학을 즐기고 있다'고 생각하지는 않는다. 그러나 적어도 일상생활이나 직업에는 무슨 도움이 될지 모르는 과학 지식이 교양으로서 중시된다고 하는 사회적·문화적 배경이 있다는 점이다. 일본에서는 일상의 일에 직결되는 특정 전문 영역의 기술 잡지나 컴퓨터 사용법을 해설하는 잡지는 잘 팔려도, 도움이 되지 않는 지적 호기심을 채울 만한 과학 잡지를 필요로 하는 사회적·문화적인 환경은 별로 없는지도 모른다. 일반인들이 과학 잡지를 찾는 가장 큰 동기가 지적 호기심이라고 한다면, 일본 사회에는 그것을 키우고 소중히 하는 토양이 희박할지도 모른다.

에토리와의 대담에서 또 하나 거론된 것은 언어의 문제다. 과학은 일상적인 언어로는 이해하기 어렵다. 특히 일본어에서는 번역된 그대로의 난해한 전문용어나 가타카나가 그대로 사용되는 경우가 많다. 예컨대, 전문가들 사이에서는 '동정(同定)한다'라는 말이 자주 사용되지만, 일반인이 이말을 일상에서 사용하는 경우는 거의 없을 것이다. 누가 어떤 식으로 사용하기 시작했는지는 모르지만, 아마 'identify'의 번역어를 그대로 사용한 것이 틀림없다. 영어에서는 identify는 일상용어이기 때문에 일반인들도 감각적으로 이해할 수 있다. 그러나 일본에서는 이러한 용어들이 걸림돌이 된다.

에도 바쿠후(江戶幕府) 말기부터 메이지에 걸쳐서 선조들은 서구 근대문명을 일본에 도입할 때 다양한 전문용어를 어떻게 번역할지를 놓고 많은 지혜를 짜냈다고 한다. 당시 일본어로 과학을 이야기할 수 있는 기초를 쌓아놓은 것이 이후 역사적으로 유례가 없는 급속한 근대화를 완수할 수 있었던 배경이라는 지적도 있다. 과학이나 기술 분야에서 가타카나가 범람하는 상황은 전문가의 태만에서 비롯된 것이며, 동시에 과학 저널리스트도 책임에서 벗어날 수 없다. 만약 이러한 현실의 뒤편에 과학자와 과학계의 '과학은 당연히 어려워야 한다. 알기 쉬운 용어로 바꾸면 개념의 명확성이 손상된다'는 생각이 있다면, 그것은 큰 불행이라고 할 수 있다.

세 번의 과학 잡지 붐

그러면 과학 잡지의 미래는 어떠한가? 2001년 도쿄에서 열린 국제과학기술저널리스트회의에서 다케베 슌이치(武部俊一)는 일본의 과학 잡지에는 지금까지 세 번의 큰 붐이 있었다고 보고했다. 최초의 붐은 제1차 세계대전이 끝난 지 얼마 되지 않은 때이다. 즉, 1921년 ≪과학지식≫, 1923년 ≪과학화보≫, 그리고 1924년에는 지금도 발간되고 있는 ≪어린이과학≫이 창간되었다. 1913년에는 아인슈타인 박사가 일본을 방문하여 전국 순회강연을 하면서 상대성 이론 붐도 일어났다. '다이쇼(大正) 데모크라시'가 가져온 자유로운 분위기와 양자역학이나 상대성 이론이 확립되는 시대의 과학이 보여주는 놀라운 세계가 사람들의 마음을 사로잡았던 것 같다.

두 번째는 제2차 세계대전이 종료한 직후의 일이다. 1945년에 이미 ≪과학의 벗(科學之友)≫이, 종전 다음 해인 1946년에는 ≪국민의 과학≫, ≪과학의 세계≫, ≪과학과 예술≫, ≪과학 공론≫ 등 많은 과학 잡지가 창간되었다. 같은 해 5월에 창간된 ≪자연≫의 창간사에서는 "일본의 재건은 과학의 진흥 없이는 도저히 기대할 수 없다"라고 밝혔는데, 전쟁과 군국주의의 중압으로부터 해방된 과학의 대중화야말로 민주주의를 실현하는 길이라는 당시의 분위기가 느껴진다.

그리고 과학기술정책연구소의 보고서에도 있듯이 1980년대 초의 일반 독자를 위한 과학 잡지의 창간 붐이 있다. 1981년 ≪뉴턴≫이 창간된 것을 비롯하여, 같은 해에 ≪코스모(COSMO)≫, ≪파퓰러사이언스≫가, 1982년에는 ≪옴니(OMNI)≫, ≪유탄(Utan)≫, ≪쿼크(Quark)≫가, 그리고 조금 성격이 다르지만 기술 잡지 ≪트리거(Trigger)≫도 같은 해에 창간되었다. 유감스럽지만, 이들 대부분은 창간된 지 수 년 내에 휴간되었다. 일부는 1990년대 후반까지 살아남았지만, 현재는 ≪뉴턴≫만이 살아남았다. 그 후 ≪뉴턴≫이 한국이나 이탈리아, 대만, 중국 등에 진출하여 각국어 판을 발행한 것은 특기할 만한 일이라고 할 수 있다. 한편으로 1941년 이래 대표적인 과학 잡지로서 많은 독자에게 사랑을 받아온 ≪과학아사히≫는 1996년에 ≪사이어스(SCIas)≫로 제호를 바꾸고 변화를 시도했으나, 불과 4년 만에 휴간했다. 이처럼 과학 잡지의 전반적 퇴조는 분명하며, 1980년대 초의 붐과 비교하면 현재의 일반 과학 잡지의 연간 발행 총 부수는 절반 이하로 침체되어 있다(〈그림 9-1〉 참조).

1980년대 초에는 유전자 변형으로 대표되는 생명과학의 새로운 물결이 밀려들어, 컴퓨터 기술이 급속히 진보하고 대중화되기 시작하는 시대였다. 과학 잡지도 그러한 시대의 물결에 잘 부응했을 것이다. 그런데 흥미로운 것은 1980년대 중반 컴퓨터 잡지가 잇따라 창간되면서, 과학 잡지의 발행 부수는 점차 감소했다. 즉, 19980년대 초반의 과학 잡지 붐은 원래 과학 잡지를 지지하던 '지적 호기심'이라는 기반 자체가 크게 팽창

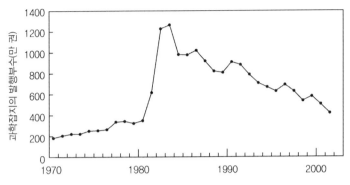

〈그림 9-1〉 과학 잡지의 연간 확정 발행 부수 추이

자료: 『出版指標年報』에서 작성

했기 때문이 아니고, 시대의 유행에 따른 것이었다. 1980년대 초반의
붐은 거품적 요소가 있었으며, 컴퓨터 잡지가 대두함에 따라 독자층이
그쪽으로 넘어간 것이다. 과학 잡지의 기반은 그 정도로 취약했다.

과학 잡지의 붐은 다시 올 것인가

과거의 붐을 보면 모두 시대마다 과학에 대한 사회적 요청이 배경에
있다. 그러한 시각에서 현재를 보면 어떨까. 1995년 「과학 기술 기본법」
이 제정된 이래, 일본에는 과학 기술의 큰 변동기에 있다. 그 마무리가
2004년 4월부터 시작된 국립대학의 법인화다. 오랫동안 논의되어왔지
만, 이제야 과학 현장은 다양한 학문 분야의 울타리를 본격적으로 치우
고 횡적으로 융합하기 시작했다. 종래의 종적 관계 학문에서는 새로운
세계를 개척할 수 없게 되었다. 그런 의미에서 다양한 분야의 화제를 한
권에 포함하는 과학 잡지의 역할은 앞으로 더욱 중요해질 것이다. 과학

잡지를 지지하는 가장 큰 기반인 독자의 지적 호기심이 어디까지 확장되고 있는지 모르지만, 추진력을 잃은 일본 경제를 되살리기 위해 과학 기술을 중시하려는 시대의 요청은 어쩌면 제4의 과학 잡지 붐을 일으킬지도 모른다. 물론 이는 과학 잡지 업계에 있는 글쓴이의 단순한 희망적 관측일지도 모른다.

어쨌든 과학이 개척하는 세계 인식의 프런티어와 그 성과를 일반인의 세계와 묶는다고 하는 의미로 보면 과학 잡지의 역할이 커지는 것은 확실하다. 과학 기술이 사회 전반에 큰 영향을 끼치는 현대사회에서, 만약 과학과 일상이 단절되면 여러 가지 문제가 발생할 것은 틀림없다. 생명윤리 문제에서 보았듯이, 과학은 이제 전문가들만의 전유물이 아니다. 과학을 전달하는 미디어는 물론 과학 잡지뿐만이 아니지만, 질 높은 정보를 문자와 비주얼로 충분히 전달할 수 있는 과학 잡지의 역할은 앞으로 커지는 일은 있어도 절대 줄어들지는 않을 것이라 믿고 있다.

10장
과학책의 현황

오고세 다카시(生越孝)

물리학도의 신념

야마모토 요시타카(山本義隆)가 쓴 『자력과 중력의 발견(磁力と重力の發見)』(みすず書房)이 마이니치출판문화상에 이어서 오사라기지로(大佛次郞)상을 수상했다. 이렇게 여러 번 수상한 덕분인지 과학 분야의 서적으로는 상당한 판매량을 보이고 있다. 이제까지 수상작들이 늘 좋은 판매실적을 기록한 것은 아니었다는 점을 볼 때, 이 모든 반응의 원인은 저자와 저서가 나름의 역량을 갖추었기 때문일 것이다.

1960년대 도쿄대 전학공투회의(全學共鬪會議, 전공투)를 이끌었던 야마모토와 니혼대(日大) 투쟁의 아키타 아키히로(秋田明大)라는 두 인물을 대비하는 인물론이 유행했던 적이 있었다. 물론 배경으로 '도쿄대(東大) 대 니혼대(日大)'가 있었으며, 이들 두 사람이 각각 도쿄대와 니혼대를 대표하는 캐릭터였기 때문이기도 하다.

지적 엘리트의 가문에서 태어나서 일찍부터 수재(秀才) 코스를 걸어온 야마모토는 도쿄대 대학원에서 소립자론을 전공하여 물리학자의 길을 걷고 있었다. 그러나 도쿄대 투쟁(東大鬪爭)이라고 하는 정치운동에 빠져들어 대학에 복귀하지 못하게 되었다. 그러나 그 자신이 스스로 물리학자로서 살아갈 것을 공언하여 물리학도로서의 신념을 표명하고 있었다. 가장 활발하게 연구할 20대 중반에 대학을 떠난다면 물리학자로 복귀하기는 거의 어렵다. 실제로 야마모토는 연구자로서 대학에 복귀하지는 못했고 대입학원 강사로 생계를 유지하면서 독자적인 연구세계를 개척해왔다.

과거 대학의 일반교양으로 물리학을 배운 정도인 글쓴이에게, 1천 페이지에 이르는 야마모토의 저작은 소화불량을 일으키기에 충분했다. 그럼에도 지적 호기심을 자극하는, 요즘 보기 드문 저작이었다. 글쓴이가 대학에서 배운 물리학은 뉴턴 역학과 전자기학을 두 개의 큰 기둥으로 하고 거기에 원자론이 부가되는 것이었다. 이 책은 근대 과학의 기초가 되는 뉴턴 역학이 어떠한 과정을 거쳐 탄생했는지, 그 이전의 시대에는 자력(磁力)이나 중력이라고 하는 원격력(遠隔力)이 어떻게 인식되었는지를 고대 그리스 시대로까지 거슬러 올라가서 살펴본다. 이른바 과학이 부재하던 시대로 여겨지던 1,000년간의 과학사를 해명한 것이다.

근대 과학과는 서로 맞지 않는 것으로 여겨지는 마술·점성술·연금술이 실은 근대 물리학의 중요한 개념들을 확립하는 데 큰 공헌을 했다고 하는 관점은 지금까지의 과학사 연구에서는 거의 다루어지지 않던 것이었다. 아마도 야마모토가 재야 연구자였기 때문에 가능했을 것이다. 야마모토 스스로 맺음말에서 다음과 같이 쓰고 있다.

"…연구자 집단과 별다른 교류가 없었다는 것을 긍정적으로 해석하면, 기존 연구자 집단의 공통된 패러다임에 사로잡히는 일 없이 자유롭게 발상할 수 있는 위치에 있다는 것이다. 따라서 전문 연구자들은 떠올리지 못할 것 같은 독자적인 견해를 제기하는 일도 가능할 것이다. 실제로 나는 이 책을 통해 통상의 과학사에는 없었던 몇 가지 논점을 제시했다고 생각한다."

압도적인 지적 에너지를 발산하는 이 저작에 대해 몇몇 역부족인 학자의 한심한 서평들도 있다. 천학비재(淺學非才)의 글쓴이는 서평을 할 생각은 없지만, '과학책'을 생각하는 벽두에 이 책을 언급한 이유는 편집자로서 책의 주제나 저자를 생각하는 데 실로 유익한 시사점을 주기 때문이다.

과학책과 사회, 그리고 불변 유행

'출판 불황'이라고 언급된 지는 오래지만, 신간 출판 권수는 더욱 늘어가고 있다. 서적 전체로 보면 2002년은 7만 4,000권이 간행되어, 5년 전인 1997년의 6만 2,000권과 비교해도 그 성장세를 가늠할 수 있다. 일본의 도서 십진분류법에 따른 '자연과학'의 분야도 비슷한 성장세를 보이고 있으며 2002년에는 5,800권의 신간을 간행했다.

'과학책'을 판별하는 일은 어렵다. 예를 들어 ≪출판월보≫에서 2003년 12월의 과학 기술 분야의 매출 베스트 10으로 제시한 것은 『몸을 따뜻하게 하면 반드시 병은 낫는다』, 『면역 혁명』, 『천문 연감 2004년 판』, 『후지 아키라의 천문 연감 2004년 판』, 『몸의 노폐물·독소를 빼내면 병은 반드시 낫는다』, 『이렇게 하면 병은 낫는다. 마음과 몸의 면역학』, 『3시간 숙면법』, 『면

역학 문답』, 『구급 정신 병동』, 『DNA』 등 보건의학 분야의 서적들로, 과연 과학 기술 도서는 어디로 간 것일까 하는 생각이 든다. 이러한 견해는 자의적인 판단일 수 있지만, 일단 과학책의 정의를 일반 독자를 대상으로 하는 과학의 교양서와 과학 계몽서로 한정하고 싶다. 물론 일본은 산업이 번성한 나라이기 때문에 결코 베스트셀러에는 들 수 없다고 해도 자연과학·공학·기술·산업·컴퓨터 분야의 적지 않은 서적이 꾸준히 출판되고 있으며, 이 책들이 과학 기술의 주춧돌이 되고 있음은 말할 필요도 없다.

과학 계몽서라고 하면 신서판 시리즈 ≪블루백스(Blue Backs)≫를 빼놓을 수 없다. 이 시리즈는 일본의 경제성장 노선이 막 정착되기 시작했던 1968년에 20세기를 '과학의 시대'로 파악하고, 독자에게 과학적으로 사고하는 습관과 과학적으로 사물을 보는 안목을 키워주는 것을 목표로 발간되었다. 시리즈 첫 편으로 기쿠치 마코토(菊池誠)가 쓴 『인공두뇌 시대』를 선보였던 것을 보면 알 수 있듯이, 그 시대의 흐름에 따른 주제가 벽두를 장식하고 있었다. 당시는 이공계가 주목받던 시대로서 과학 기술의 비즈니스화가 고도성장의 열쇠가 되고 있었다. 따라서 당분간은 계속 산업적 성향을 띠었지만, 과학 계몽서로서의 기반을 확립하기에는 부족함이 없었다.

그 후 『상대론』 등 물리학 장르의 책이 많이 출판되면서 고교생이나 대학생 독자를 사로잡는 동시에 시리즈의 기반을 마련했다. 한편, 『블랙홀』 등 천체와 우주를 소재로 한 책들이 잇따라 베스트셀러가 되면서 황금기를 맞이했다. 1980년대에 들어오면서 개인용컴퓨터에 대한 내용을 다루면서 그러한 조류에 합세했다. 마이크로컴퓨터에서 개인용컴퓨터로 옮겨가는 요람기에 최신 정보를 제공하는 시리즈이기도 했다. 그러나 개인용컴퓨터의 OS(Operating System)가 MS-DOS로부터 윈도(Windows)로 바뀌는 동시에 블랙박스화하면서 업체의 매뉴얼에 그 자리를 양보하게 된다.

순수과학의 근접 영역과 주변 영역이 있다고 한다면, 전자는 생명, 뇌, 마음, 우주 등이 테마로서 앞으로의 주류가 될 것이다. 후자는 그러한 주류 테마와 관련된 풍부한 아이디어를 통한 접근일 것이다. 과거에는 고교·대학생이 주요 독자층이었던 이 시리즈가 지금은 80% 이상이 30대 이상이라고 하니 마음이 무거워진다.

일본인의 과학시자율

일본은 스스로 '과학기술창조입국'이라고 자처한다. 1995년 「과학기술기본법」이 제정되어 '과학기술창조입국'을 목표로 하게 되었는데, 이는 현실성이 없을 뿐 아니라 무언가 의심스럽기도 하다. 50년간 노벨상 30개 또는 50개 수상이라는 목표는 대체 어떤 발상에서 나온 것인가? 노벨상 수상자인 노요리 료지(野依良治) 교수는 어느 비공개 석상에서 "과학자를 활용하여……"라고 했던 정부의 표현에 불쾌감을 나타냈다.

과학 기술의 발달은 우리 일상생활에 깊숙이 파고들어 오고 있다. 원자력발전 사고, 의료 사고, 환경 호르몬, 에이즈, 광우병 등 각종 사건·사고에서 과학적 측면이 차지하는 비중이 커지고 있다. 현대 일본인은 과학기술창조입국의 담당자가 되지 않는다고 해도 교양으로 과학을 몸에 익혀 둘 필요가 있다. 다치바나 다카시(立花隆)는 "한때 과학이 교양의 일부분이었지만 이제는 모든 교양의 기초라고 해야 할 만큼 인간 문화의 핵심이 되었다"(『동경대생은 바보가 되었는가』[1])라고 말한다.

---

1) (역주) 다치바나 다카시가 문부성의 '여유교육'이 낳은 고등교육의 붕괴를 비판한 책이다.

10여 년 전에 유네스코가 실시한 「과학식자율에 관한 국제 비교」에서 일본은 방글라데시보다도 과학식자율이 낮다는 충격적인 결과가 보고되었다. 당시에는 이과(理科)를 기피하는 경향이 이미 심각한 수준에 이르러 있었다. 예를 들어 자유선택제가 된 고교에서 이과의 물리과목 이수율은 20%를 밑돌아 80%를 넘던 1970년대와 큰 격차를 보였다. 물리를 공부하면 논리적 사고에 익숙해질 것이라고 단순하게 생각하지는 않지만, 지적 호기심이나 지적 능력의 상태를 제시하는 지표로서 이러한 데이터는 상징적이다.

1980년대 미국에서는 과학 잡지 붐이 일어났다. 이어 일본에서도 여러 종류의 과학 잡지가 창간되었다. 그러나 10년이 채 되지 않아, 대부분이 자취를 감추고 말았다. 당시 창간되었던 잡지만 소멸한 것이 아니고, 전통적인 ≪과학아사히≫까지 타격을 받게 되었다. 일본에는 이러한 잡지를 읽는 독자가 사라져버린 것일까.

이것은 일반 독자만의 문제는 아니다. 뉴욕시립대의 스즈미 요시히로(雀見芳浩) 교수는 일본과 미국 학자의 차이가 교육 문화의 차이에서 비롯된 것이 있다고 한다. 일본인은 일찍부터 좁은 영역에 속해지며 자신의 좁은 '전문' 분야에만 얽매인다. 미국에서는 자신의 전문영역과 관련이 있는 분야를 꽤 넓게 배운 뒤에 '전문' 분야로 좁혀가는 복능(複能) 학자를 양성한다. 일본 학자는 전문서는 쓸 수 있지만(쓸 수 없는 학자도 있다), 일반교양서는 쓸 수 없다고 하는 이유가 여기에 있다. 물론 이것은 일반론으로, 유능한 복능 학자는 일본에도 많이 있다(무능 학자 역시 많지만). 초반에 소개한 야마모토 요시타카의 책에서 지적 파워를 느낀 것처럼, 이러한 저자에 필적하는 사람을 찾아 계속 좋은 책을 만들고 싶다.

11장
인터넷에서의 과학 저널리즘

모리야마 가즈미치(森山和道)

최근 일상생활의 모든 분야에서 IT는 중요한 역할을 하고 있다. 예를 들어 휴대전화는 사람들의 커뮤니케이션이나 행동 양식을 변화시켰다. 세계를 뒤흔들 만한 사건의 소식이 인터넷으로 전달되는 경우도 드물지 않다. 그럼 인터넷과 과학 기술 보도는 어떤 관계에 있는 것일까. 또한 일본의 과학 기술 보도는 새로운 미디어를 잘 활용하고 있을까. 여기서는 인터넷에서의 현황을 간략하게 살펴보고 우리에게 시사하는 바를 찾아보고자 한다.

인터넷상에 과학 저널리즘이 존재하는가

결론부터 말하겠다. 인터넷상에 과학 저널리즘이 존재하는지에 대한 대답을 하자면, 유감스럽게도 일본어 콘텐츠 중에서는 '조짐만 보일 뿐 실제로는 아직 없다'고 생각한다. 물론 IT계에는 견실한 뉴스 사이트가 많이 존재한다. 이 사이트들은 날마다 많은 뉴스를 갱신하는 것과 함께 사건에 대한 관점과 시각을 제공하는 칼럼 등을 제공하기도 한다. 그러나 과학계에는 그러한 웹 사이트가 거의 없다.

그렇다고 전혀 없는 것은 아니다. 각 신문사의 과학란이나 천문잡지인 ≪아스트로아츠(Astro Arts)≫, 바이오 관계의 뉴스 사이트인 바이오뉴스(Bio News) 등은 미디어 사이트로서는 그 나름대로 충실한 사이트들이다. 또, 학술 관련 신착 정보 안내 사이트인 아카데믹리소스(Academic Resource)[1]나 NPO(비영리단체) 법인 '사이언스커뮤니케이션'의 사이트[2]는 연구에 관련되는 뉴스를 클립 형식으로 소개하고 있다. 논픽션 라이터 사이쇼 하즈키(最相葉月) 등의 '수정란은 인간인가 아닌가',[3] 닛케이 BP사의 '바이오 Biz'나 '닛케이나노테크놀로지' 등도 조금은 차이가 있지만 인터넷에서의 과학 저널리즘 사이트로 간주할 수 있을지도 모른다. 그 외에 이과 교사들이 모이는 거대 메일링 리스트인 '이과 교육 메일링 리스트'[4] 등 수많은 메일링 리스트뿐만 아니라 '시민 과학 연구실 및 과학과 사회를 생각하는 토요일 강좌'[5] 나 'BLS' 등의 웹 사이트들이 있으며, 거기서도 다양한 논의가 이루어지고 있다.

또한 인터넷상에는 연구자를 인터뷰하는 콘텐츠가 비교적 많다. 글쓴이가 편집하는 연구자 인터뷰 콘텐츠 '넷사이언스인터뷰(Net Science

---

1) http://www.ne.jp/asahi/coffee/house/ARG/

2) http://scicom.jp/

3) http://homepage2.nifty.com/jyuseiran/mail.html

4) http://www.rika.org

5) http://www.csij.org/

〈그림 11-1〉 인터넷 콘텐츠의 사례

Last Update '04/04/22. Thanks for stopping by. このサイトのURLをメールで教える　お気に入りに追加

moriyama.com 森山和道のサイトへようこそ。サイエンスライターをしています。

「書評」のサイトでしたが、今はウェブでの書評は閉店休業ですので、看板をおろしました。
日記は毎日更新中で、新刊情報やあちこちに書き散らしている記事情報などもこちらで。
なお本は悩むくらいなら買っちゃった方が後悔しないという気持ちは変わらないので、まあ、悩んだら買え、ってことです。

科学系グッズいろいろ
ネットで購入可能な科学系グッズを集めました。04.4.10

TV｜大人｜脚本｜日経｜CNN｜英会話｜ZAPZAK｜在科学雑誌｜Daily環境科学｜KyoroNet｜アストロアーツ天文NEWS｜Nature BioNews｜文科系情報｜ameba ブログ｜Yahoo!

お仕事募集中
誰か何か仕事下さい。
これまでの仕事一覧
はこちら。
よろしくお願いします。

郭サイト主催者が編集する科学メールマガジン
▼科学者インタビューを無料で読もう！ ネットサイエンス・インタビュー・メール
▼ポピュラーサイエンスの結節点！ ポピュラー・サイエンス・ノード
▼i-モード用 外出先での書名や撮影のメモとしても 科学書新刊NEWS おまけの一言つき

amazon.co.jp
今すぐクリック!

｜日記｜
｜Fotolog｜
｜mixi｜

Google　　　　　　　Google 検索
○WWWを検索 ⊙moriyama.comを検索

サーチ：　ハ

amazon.co.jp

科学ノンフィクション ― Last Update 04/01/05 ―

・04年1月
『いの帝王 天才科学者ルカ・トゥリンが挑む嗅覚の謎』『夢の科学 そのとき脳は何をしているのか』

気が向いたので書評を再開しました。またすぐにやめてしまうかもしれません。

取りあえず日記あるいはPC Watchでの連載コラムでもご覧下さい。もちろん、インタビュー・メールもよろしくどうぞ。

音楽で広がる身体、コミュニケーション ～ ユビキタス・ミュージック

二足歩行ロボット競技大会 第5回ROBO-ONE開幕 ～「夢と感動、そしてそれを現実に」

二足歩行ロボット競技大会「ROBO-ONE Special」～第4回観戦 ドア開閉、ダッシュなど4種目

人間の身体、行動、心理の「デジタル化」～デジタルヒューマン・ワークショップ2004

ソニー・インテリジェント・ダイナミクス2004～ロボットは誰の秘密に近づけるか～

サイエンスブックリスト
書評した科学書をキーワード順のリストにしました。

SF&ホラー著者別リスト
書評したSF&ホラーを著者順のリストにしました。

・96年の書評INDEX
・97年の書評INDEX
・98年の書評INDEX
・99年の書評INDEX
・2000年の書評INDEX

投票企画
独断と偏見で選ぶ
ベストサイエンスブック
｜97／結果｜98／結果｜99／結果｜'00／結果｜01／結果｜02／結果｜

現在配信中の＜ネットサイエンス・インタビュー・メール＞

順天堂大学 医学部 生理学第一講座 之弁宏行
研究:運動の学習と制御の神経機構、脳内の時間順序表現メカニズム

メルマガ登録・バックナンバー閲覧は→ こちら

激安中古＆古本市場
在庫が約1万タイトルもあり検索。あなたの欲しいものがきっと見つかるはず

知識への扉
特色のある書店サイト別にどんなものがあるか、見つかる、探せる。

雑誌掲載原稿などあまり更新してません
｜ワイアード｜
NEWSLETTER FROM JATES｜技術と経済｜SFマガジン｜DOS/Vmagazine｜別冊DOS/Vmagazine力スタム｜日経サイエンス｜選択｜Newtype｜

その他のウェブに書いた書評記事へのリンク
｜ComTrackBOOKS｜

その他最近書いた奴でウェブで読めるもの。

森山和道の ゲノム いろいろ2003 in 東京 取材レポート

インタビュー・上野正彦『男と女のむごい死体 監察医は見た』

インタビュー・坪井守『イノセンス創作ノート』徳間書店

インタビュー・萩老正和『涙のつき』マガジンハウス

Interview)'도 그중 하나이다. 이 메일 매거진은 과학 기술 소프트웨어 데이터베이스 사이트 '넷사이언스'를 위한 홍보 매체이지만, 인터넷 독자를 의식하면서 상당히 '심도 있는' 인터뷰 기사를 매주 소개하고 있다. 1998년 5월에 창간하여 1999년 2월에는 독자 수 2만 명을 넘어 현재에 이르고 있다. 과월호도 모두 인터넷으로 공개하고 있으니 관심 있는 사람은 참고하기 바란다.

결국 과학계 웹 사이트는 전혀 존재하지 않는 것은 아니지만 충실하다고는 말하기 어렵다. 기본적으로는 기존 오프라인의 저널리즘이 하고 있는 것을 웹상에서 그대로 계승하는 것이 많다. 또한 시민이 독자적으로 시작하는 사이트 중에서 조촐하고 작은 규모이지만 내실 있게 운영되고 있는 곳이 많다. 일부 회원만 접속할 수 있는 뉴스 사이트는 인터넷 본래의 특성을 살리지 못한 것이다. 게다가 뉴스의 양도 적다.

원래 '저널리즘'과 '저널리즘 사이트'는 별개의 것이다. 그곳에서 여러 가지 논의가 이뤄지는가 하면, 그렇지 못한 경우도 있다. 신변잡담이나 사사로운 논쟁은 빈번하게 일어나지만, 참여자들의 공부가 부족하여 본격적인 과학 토론은 보기 어렵다. 최근 웹에서는 '웹로그(블로그)'라는 공간에서 웹 콘텐츠의 리뷰를 중심으로 하는 일기나 칼럼 형식의 사이트가 인기를 끌고 있다. 하지만 과학계의 소재를 다루는 웹로그는 적다. 원래 소재가 되는 뉴스를 제공하는 웹 사이트 그 자체가 많지 않거니와 쓰는 사람이나 읽는 사람 모두 부족한 것이 현실이다.

왜 본격적인 과학 기술계 사이트가 없는가? 흔히 하는 이야기이지만 웹 사이트를 유지할 만한 비용이 없다는 것이 직접적인 이유일 것이다. IT계 사이트와 달리 과학계 사이트에는 특별한 수익구조가 없다는 것이다.

'그렇지 않다. 나의 기사는 비싸게 팔릴 것이다'라고 생각하는 기자도

있을지도 모른다. 하지만 '인터넷과 보도'라는 주제 자체가 사회학의 소재가 된 지 오래되었으며, 몇몇 관련 서적도 간행되었다. 예를 들어, 『사이버 저널리즘론: 인터넷에 의해 변용되는 보도(サイバージャーナリズム論 インターネットによって變容する報道)』(東京電機大學出版局)는 아래와 같이 지적하고 있다.

"그런데 이러한 미디어 기업의 인터넷 진출 속에서 한 가지 분명하게 나타나는 것이 있다. 그것은 각각의 미디어 기업이 갖는 비즈니스 모델의 본질이다. 예를 들면, 신문사는 유능한 기자에 의한 취재와 정확한 기사가 자신의 강점이며 핵심적 능력이라고 생각한다. 하지만 실제로는 인쇄와 배송시스템이라고 하는 신문 미디어의 속성에 그 본질이 있는 것은 아닐까. 바꾸어 말하면, '신뢰할 수 있는 뉴스 콘텐츠 생산'이 아니고, '신문을 인쇄하고 집에 배달하는 구조'에 신문사 비즈니스 모델의 본질이 있다고 생각한다. ≪월스트리트저널≫ 같은 예외가 있기는 하지만, 대부분의 신문사는 인터넷으로 오프라인의 종이 신문과 똑같은 기사를 제공할 경우 구독료를 회수하지 못하기 때문이다. 만약 뛰어난 콘텐츠가 자사의 핵심적 능력이라고 한다면, 인터넷상의 기사에서도 수익을 얻을 수 있을 것이다."

이에 대한 해설은 불필요할 것이다. 이와 같은 지적이 거짓말이라고 생각하는 기자는 시험 삼아 웹 사이트를 시작해서 자신의 팬들만으로 운영해보면 알 수 있다. 인터넷에서는 각각의 기사에 대해 독자들이 몇 번이나 접근했는지가 구체적인 숫자로 나타난다. 독자로부터 대가를 받기는커녕 독자 그 자체를 모으지 못할 수도 있다. 조직의 간판을 잃은 기자의 참된 실력이 분명히 나타날 것이다. 인터넷은 기존 미디어를 상대화하여 본질을 분명히 밝히는 역할을 한다.

인터넷은 취재의 공간, 발표의 공간, 토론의 공간

이 글에서는 향후 인터넷상의 저널리즘 사이트, 특히 과학 기술계 사이트가 어떻게 될 것인가에 대해 살펴보고, 현재 과학 기술계 사이트에서 일어나는 정황들을 리뷰할 것이다. 우선 인터넷이 어떤 존재인가부터 살펴보고자 한다. 그 구조에 대한 것보다는 인터넷 공간이 가지는 기능에 초점을 둘 것이다.

지금도 '공간'이라는 말을 사용했지만, 이것을 한 번 더 강조하고 싶다. 인터넷은 단순히 전자 메일이나 화상을 교환하기 위한 통신 툴이 아니라 사람들이 모이는 '공간'이다. 인터넷에서는 밤낮으로 다양한 텍스트와 대화가 난무(亂舞)한다.

저널리즘의 측면에서 보면 인터넷은 정보를 모으기 위한 '취재의 공간', 기사를 발표하기 위한 '발표의 공간', 생각의 타당성을 검증하고 다양한 의견을 조율하는 '토론의 공간'이다.

검색이 잡지를 해체한다

기업·연구소·관공서·연구자 등 많은 사람이 정보 수집과정에서 웹을 텍스트 아카이브(archive)로 사용하는 현상이 나타나고 있다. 이는 검색 엔진 기술의 발전에 따른 것이다. 검색창에 키워드를 입력하는 것으로 다양한 정보와 해당 정보에 대한 의견을 얻을 수 있다. 또 검색 엔진의 발전으로 말미암아 일반인과 연구자를 비롯한 사용자들의 의식과 행동이 변화하고 있다.

얼마 전, 네이처재팬의 부케 사장을 인터뷰할 기회가 있었다〔≪細胞工學≫, 2004년 2월호(秀潤社)에 수록〕. 그는 ≪네이처≫의 아시아 지역 전자출판 담당자이기도 한데, 현재 가장 관심을 두고 역량을 집중하는 분야가 전자출판이라고 몇 번이나 강조했다. 왜 ≪네이처≫가 전자출판에 힘을 쏟는 것인가. 그것은 대학생들의 모습을 보면 알 수 있다. 요즘 대학생들은 과제가 주어지면 가장 먼저 검색 엔진으로 검색한다. 대학원생이 되면 'Medline' 같은 전문 논문검색 사이트를 이용하게 되지만 본질은 대학생과 크게 다르지 않다. 이것도 역시 일단은 인터넷에 연결된 단말기로 검색하는 것이기 때문이다. 그리고 검색 대상을 찾지 못하면 그것은 존재하지 않는 것으로 간주한다. 전문 분야인지 아닌지와 상관없이 이것이 일반적인 경향이다.

이제까지 학술 잡지의 존재가치를 결정하던 임팩트 팩터(IF)나 피인용 회수보다 검색되어 다운로드되는 건수가 현실적으로 의미 있게 되었다. 즉, 학술 잡지의 가치지표 개념이 변화하고 있는 것이다. 이미 학술 잡지는 데이터베이스 단위로 구매하는 것이 통례이다. '잡지'는 해체되고 있다. 물론 아직도 '종이'의 권위는 강하다. 그러나 전자 매체는 이제 단순한 보조 매체가 아니다.

이러한 현상은 일반 매체에서도 동일하게 나타난다. 현재의 인터넷은 이용 인원수나 연령층 면에서 아직 제한적이다. 그러나 때로는 인터넷 언론이 일반 매체보다 훨씬 우월한 힘을 드러내는 경우가 있다. 앞으로도 이러한 경향이 줄어드는 일은 없을 것이다. 검색 기술은 발표 매체 그 자체에도 영향을 준다. 이것이 인터넷 혹은 IT의 흥미로운 점이다.

검색은 서적까지 변화시킨다

2003년, 미래를 암시하는 큰 움직임이 있었다. 온라인 서점 아마존이 서적을 풀텍스트(full-text) 차원에서 검색할 수 있는 'Search Inside the Book' 서비스를 시작한 것이다. 검색어를 입력하면 그 단어를 포함한 페이지가 검색된다. 이는 190여 출판사가 간행하는 12만 권의 출판물을 대상으로 했다. 최대 3,300만 페이지를 검색할 수 있다고 한다. 실제로 사용해보니 정말 놀랄 만한 서비스였다. 자신이 전혀 몰랐던 책, 예상치도 못했던 책을 찾을 수 있었다. 거대 도서관에서도 이런 서비스는 없다.

이에 대해 미국의 작가 단체는 책이 팔리지 않게 된다며 반발하는 움직임을 보였다. 아마존 측은 페이지를 인쇄할 수 없도록 배려했다. 하지만 ≪뉴욕타임스≫의 보도에 따르면, 구글(Google)도 서적 본문을 검색할 수 있는 데이터베이스 구축에 대해 출판사와 논의 중이라고 한다. 이미 시작된 변화의 흐름은 좀처럼 멈추지 않는다.

저작권이나 책의 매출 외에 분명히 다른 문제도 있을 것이다. 여하튼, 단기적으로는 앞날이 불투명할지 몰라도 장기적으로 보자면 분명히 알 수 있다. 책은 풀텍스트를 검색할 수 있는 방향으로 변화하고 있다. 현재 상황으로 미루어 짐작해볼 때, 앞으로 검색되지 않는 책은 거의 참조되지 않을 것임을 예상할 수 있다.

다시 한 번 강조하지만, 일반인·전문가가 정보를 찾는 방법에 큰 변화가 오고 있다. 그렇지만 정보를 생산하는 사람들이 이 점을 크게 의식하고 있지 않다는 사실에 글쓴이의 불만은 크다. 하지만 결국 추세에 따라 정보생산자들은 점점 인터넷으로 옮겨갈 것이다.

과학 저널리즘의 공간으로서의 전자 매체는 아직 정립(定立)되지 않았다. 하지만 미래의 전자 매체에서는 논문의 원문이나 인터뷰 자료에 링크할 수 있다. 종이 잡지가 전체를 훑어보거나 여러 쪽을 함께 보기는 편리하지만,

다양한 자료의 축적과 검색의 측면에서는 웹이 압도적으로 유리하다.

웹로그 혹은 웹 일기 형식을 권장한다

조사(調査)보도에 필요한 일람 기사, 즉 특정 주제를 일자별로 정리하는 작업도 전자 매체를 이용하면 누구나 쉽게 할 수 있다. 현시점에서 방대한 기사 데이터를 취급하고 있는 것은 메이저 언론사의 뉴스 사이트뿐이지만, 그러한 작업을 돕는 '콘텐츠 매니지먼트 시스템(CMS)'이라는 것도 등장하고 있다. 개인에 의한 정보발신 형태로서 주목받고 있는 '웹로그'도 CMS의 일종이라고 할 수 있다.

이미 말한 것처럼 과학 기술계의 웹로그는 아직 별로 없다. 하지만 신진 연구자에 의한 웹로그가 서서히 등장하고 있다. 그중에는 논문을 하나하나 선택하여 정중하게 논평하는 것도 있어 일상적인 정보 수집에 도움이 된다. 또한 재미도 있다. 향후 과학 기자나 과학저술가에 의한 웹로그가 많아지기를 바란다. 웹로그는 그냥 흘러가버리는 정보에 주목하게 하거나, 단편적인 정보를 연결하여 독자에게 제시하기에 매우 유용하다.

RSS, 시맨틱웹

웹로그의 흥미로운 점은 정보가 꼬리에 꼬리를 물고 연결되는 것이다. 쓰는 사람은 기사를 투고할 때 어떤 분류 항목에 넣을 것인가를 선택하기만 하면 된다. 기사는 자동적으로 그 분류에 등록된다. 동시에 기사는

'RSS'라고 불리는 요약 정보를 자동 생성한다.

RSS란 'RDF Site Summary'의 약칭으로 XML 형식에서 기술되는 웹 사이트의 메타데이터 표준 형식이다. 자세한 것은 생략하지만, RSS는 이 데이터 형식을 애플리케이션으로 표시하는 것으로, 최종 사용자는 뉴스나 랭킹 등의 '표제'나 '요약'을 간단하게 자신의 웹 사이트에 표시되도록 할 수 있다. RSS 파일 제공자 입장에서는 간단하게 헤더를 전달할 수 있다는 것이 이점이다. 국외에서는 BBC 등이 RDF 파일을 공개하기 시작했다. 일본에서도 컴퓨터 관련 뉴스 사이트 등이 공개되기 시작했지만, 매스컴의 대응은 그다지 민감하다고는 할 수 없다. 그러나 이것들은 분명히 트래픽에 큰 영향을 준다. 광고에 의존하는 미디어 사이트가 많은 사람에게 읽히는 것을 존재 목적으로 하고 있는 이상, RSS 혹은 유사 기술의 도입 흐름은 멈추지 않을 것이다.

이러한 기술이 목표로 하는 차세대 지능형 웹의 하나로 '시맨틱웹 (semantic web)'이 있다. 시맨틱웹은 웹 사이트가 포함한 정보에 대한 정보, 즉 메타 데이터를 XML로 기술함으로써 웹 전체를 하나의 데이터베이스로 취급하려는 구상이다. 시맨틱웹에 따라 웹이 인공지능처럼 작동하는 것이 가능해진다고 한다.

현실적으로는 어려운 것 아닌가 하는 시각도 있다. 하지만 이러한 기술에 대해 언급한 의미를 잘 생각하기 바란다. 기계가 자동으로 요약을 만드는 것만이 아니고, 참조해야 할 과거의 정보까지 연결해주는 시대가 오고 있다. 과학 기사에서 흔히 볼 수 있는, 기자회견에서 배포되는 자료를 베끼는 보도는 외면받게 될 것이다. 인간에게 기계가 할 수 없는 일들, 정보 간 연관 짓기나 아직 존재하지 않는 정보의 생성, 본질의 고찰이나 분석 등이 더 엄격하게 요구될 수 있다. 그것에 응할 수 없는 미디어는 도태된다.

저널리스트라면 웹 사이트를 만들자

저널리즘은 정보를 취급한다. 그런데 현실에서는 정보기술에 약한 기자나 디렉터가 많다. 기술에 약한 것을 자랑하는 캐스터까지 있다. 하지만 때에 따라 기술은 근본적으로 사물을 바꾼다. 저널리즘 자체도 변화의 대상이 되고 있다. 예를 들어 2003년부터 하드(HDD) 레코더와 전자 프로그램표가 보급되면서 방송시간에 따라 광고단가를 결정하는 텔레비전 업계의 비즈니스 모델이 근본적으로 변화되고 있다. 하지만 대부분의 사람은 그러한 변화를 눈치채지 못했다. 눈치챘을 때에는 이미 옛날로 돌아올 수 없게 될 것이다. 휴대전화가 커뮤니케이션을 바꾸어버린 것처럼 말이다.

앞으로 어떻게 미디어 기술을 이용해야 할 것인가? 그것은 스스로 경험하지 않으면 알 수 없다. 우선 웹 사이트를 만들자. 당신이 저널리스트라고 자부하고 있다면 무엇인가 쓰고 싶은 것이 있을 것이다. 회사에서 보수를 주지 않아서 나는 아무것도 쓸 수 없다? 그렇다면 당신은 영락없는 샐러리맨이다. 신문사에 있는 자칭 과학 저널리스트들이 웹로그를 시작하는 것만으로 인터넷상의 과학 기술 콘텐츠가 풍부해지게 된다. 왜 그러한 상황이 일어나지 않는 것인가. 이유는 각자 생각해보기 바란다. 인터넷은 자발적인 것을 요구한다.

칼럼 ## 스파이, 마약 밀매인, 밀입국자

1977년, 과학 기자가 된 지 얼마 안 된 시기에 일본 최초의 국제 과학 취재로 국외에 나갈 기회가 많았다. 거기에는 생각하지도 못한 함정이 기다리고 있을 때가 있다. 특히 도시에서 멀리 떨어진 지방에 가면 이따금 예측하지 못한 일이 일어난다.

먼저, 불가리아의 원전지역인 코즐로두이(Kozloduy)에서 식은땀이 흐르는 경험을 했다. 체르노빌과 같은 종류의 원자력발전소가 있는 이 지방에서 사진을 찍고 있는데, 갑자기 경찰이 자동소총을 들이대면서 카메라에서 필름을 뽑아냈다. 그러고 나서 심문이 시작되었는데, 그들은 영어를 이해하지 못했고 철자도 영어와 전혀 달랐다. 결국 의사소통이 안 되어 감옥에 들어갈 뻔했다. 그들은 나를 스파이라고 생각한 것 같았다.

루마니아의 호텔에서는 취재를 마치고 돌아왔는데 도어맨이 나를 안으로 들어가지 못하게 했다. 나중에 알게 되었는데, '동양계의 마약 밀매인이 온다'는 정보가 있었다고 한다. 호텔 측의 착각이었다.

한겨울 체코의 오지에서는 눈 쌓인 시골 길을 따라 빨간 소형 자동차가 앞으로 다가왔다. 영화의 한 장면 같은 아름다운 광경이었다. 그런데 그 차가 눈앞에서 정지하더니 양쪽 문에서 권총을 든 국경 경비대원들이 뛰쳐나왔다. 이때는 산성비로 말라 죽어가는 슈바르츠발트(Schwarzwald) 지역을 취재 중이었다. 아마도 그들은 내가 독일로 밀입국하려고 한다고 생각했던 것 같았다. 동유럽의 민주화가 시작된 지 얼마 되지 않은 시기인 1991년의 일이었다. 국외의 지방 취재는 아무쪼록 신중해야 한다. 상대방이 '취재'란 개념을 가지고 있을지 알 수 없기 때문이다.

- 나가쓰지 쇼헤이(長辻象平), ≪산케이신문≫ 편집위원

3부 과학 저널리스트의 조건

12장
과학 저널리스트의 역할

이노우에 요시유키(井上能行)

　신문 기사 중에서도 과학 기사는 독특하다. 1면에 게재될 수도 있고 사회면에 실리기도 한다. 2면이나 3면의 '내정(內政)면'이라든가 '종합면'에서도 볼 수 있으며, 또한 별도의 '과학면'도 있다.

　1면은 '경파(硬派, 경성 뉴스)'라고 하며, 과거에는 주로 정치부·외신부·경제부의 기사가 게재되었다. 사회면은 '연파(軟派, 연성 뉴스)'라고 하며, 사회부가 독차지하는 지면이다. 과학 기사는 어느 면에 있어도 독자에게 위화감을 느끼게 하지 않는다. 국가의 원자력 정책부터 남아선호에 따른 성비 불균형 출산이나 공룡의 화석 등 모두 과학 뉴스다. 신문사 내외에서 과학 기자는 전문적이라고 여겨지기 쉽지만, 그가 담당해야 하는 범위는 대학으로 치면 이학부, 공학부, 농학부, 의학부, 약학부 등 다방면에 걸친다. 광범위하고 전문적인 이야기를 어떻게 기사로 작성하는지 실제의 현장을 구체적으로 소개하고자 한다.

과학 기사란

　신문 과학 기사를 모두 과학 기자가 쓴다고는 할 수 없다. 대부분의 과학 기자는 도쿄에 있으며, 오사카에 과학부를 둔 신문사도 있다. 지방신문의 경우 과학부나 과학 담당 기자가 있다고 해도 그 수가 적다.

　그러나 과학 뉴스는 어느 지방에서나 발생할 수 있다. 예를 들어, 노벨상 수상자의 기자회견은 현지에서 행해진다. 나고야대학의 노요리 료지(野依良治) 교수나 시마즈(島津) 제작소의 다나카 고이치(田中耕一)의 경우, 기사회견장에는 과학 기자보다 사회부 기자가 많았다.

　과학 기자가 항상 과학 기사를 쓴다고는 할 수 없다. 마이니치신문 과학환경부(科學環境部)는 "이과백서[理系白書]"라는 연재기사를 썼다. 이 연재물에는 대부분의 관청에서 이공계 출신 공무원의 진급이 국장 정도에서 그치고 마는 현실이 그려져 있다. 이러한 기사는 일반인이 생각하는 과학 기사는 아니지만, 과학 기자가 아니면 쓰기 어렵다.

기자클럽

　문부과학성의 기자클럽에는 각 신문사의 과학 기자가 모여 있다. 이러한 기자클럽은 경제산업성(經濟産業省)이나 후생노동성(厚生勞働省), 환경성(環境省)에도 있으며, 거의 모든 신문사의 기자들이 상주한다. 이들 관공서에서는 거의 매일 과학과 관련된 발표가 있다.

　글쓴이가 과학기술청(현 문부과학성)의 기자클럽에서 일한 것은 1987년부터 다음 해까지의 1년간이었다. 신문·텔레비전·통신사 기자 수십 명

〈그림 12-1〉 문부과학성의 기자클럽

산더미 같은 자료에 둘러싸인 과학 기자

이 상주하고 있었다. 과학부나 과학 취재를 전문으로 하는 팀을 가진 신문사나 통신사에는 과학 기자가 있었다. 그러나 민영방송 소속기자 중에는 우연히 과학기술청을 담당하게 되었고, 다음에는 경시청을 담당한다고 하는 기자도 있었다.

클럽의 기자들은 넉넉하지 않은 공간에 언론사별로 각각 하나씩의 책상을 배정받았다. 그 위에 전화와 신문, 책, 자료, 원고용지 등이 어수선하게 널려 있기도 하고, 사람에 따라서는 질서정연하게 놓여 있기도 했다. 아침에 집에서 나오면 곧바로 과학기술청으로 간다. 그곳에서 신문을 읽고 기자회견을 듣고 원고를 쓴다(〈그림 12-1〉). 거의 회사에 나가지 않고 귀가했었다. 클럽이 곧 직장이었다.

매일 같은 방에 있다 보니 자연스럽게 기자들끼리도 친해진다. 같이 식사하러 가는 일도 드물지 않았다. 로켓 발사 취재 등 출장도 함께하는 일이 많다. 이런 사실 때문에 기자클럽은 종종 '친구클럽'이라는 비판을 들었다.

그 당시 같이 일하던 기자들과는 지금도 종종 만나서 술을 마신다. 그러나 단순한 친구 사이가 아니다. 기자클럽은 경쟁의 장이기도 하다. 각 사를 통틀어 클럽에 배치되는 과학 기자는 한 명씩뿐이다. 누가 기자회견의 내용을 기사로 잘 정리했는지, 누가 특종을 썼는지 당사자는 잘 안다. '사이좋은 클럽'의 내부에는 힘든 경쟁이 있다.

도쿄대, 교토대, 오사카대, 나고야대 등 대학교에도 기자클럽이 있다. 교토대 이외에는 대학 측의 발표를 취재하기 위해 설치된 것이며, 각 신문사의 기자가 상주하는 일은 없다.

학회 취재

학회 취재는 학회가 시작되기 전에 거의 끝난다. 기자는 우선 일정을 조사하고 사전에 학회 사무국에 연락하여 발표자료집을 입수한다. 발표자료집이란 학회 발표의 요약문을 모은 것이다. 이것으로 뉴스가 될 만한 발표가 있는지를 조사하여, 만약 있으면 발표자에게 연락하여 취재한다. 통근열차에서 신문이나 잡지를 읽듯이 발표자료집을 읽는 기자도 있다고 한다. 신문에서 "○○일의 학회에서 발표한다"라고 쓰인 기사는 대부분 이러한 노력이 열매를 맺은 것이다.

일본화학회나 일본천문학회 등에서는 사전에 기자설명회를 열어서 뉴스가 될 만한 발표나 이벤트를 소개하고 있다. 취재 편의를 제공해주기도 하고 발표자 자신도 적극적으로 취재에 응해준다. 연구자에게는 연구성과를 사회에 환원할 의무가 있으므로 이러한 홍보 활동은 활발해질 것이다.

학회 기사에서 유감스러운 점은 수학회(數學會)의 기사가 많지 않은 것이다. 수학회는 매년 기자설명회를 개최한다. 그러나 어느 신문사도 학회상(學會賞) 수상자의 소개 이외는 거의 기사를 싣지 않았다. 게다가 수상자의 연구내용과 결과는 매우 간략하게 다루어진다. 이를 설명할 수 있는 기자가 거의 없기 때문이다. 비록 이해할 수 있는 기자가 있어도, 독자에게 이해시킬 능력은 없다. 대부분의 경우 보도 가치에 따라 기사의 크기가 결정되지만, 신문 기사를 통해 전달할 수 있는가 하는 점에 의해서도 크게 좌우된다는 것이다.

학술 잡지와 학회지

영국의 ≪네이처≫나 미국의 ≪사이언스≫와 같은 학술 잡지에 논문이 게재된다고 하는 기사는 거의 매주 나온다. 게재 사실은 연구자나 연구자가 소속되어 있는 기관이 발표하는 경우가 있고 출판사의 보도자료를 통해 홍보되는 경우가 있다. 기사게재는 잡지의 발행일 이후라고 하는 조건이 붙어 있어 언론사가 모두 같은 일자에 동시에 기사화한다.

권위 있는 학술 잡지에 논문이 게재되었다는 것은 전문가 사이에서 평가되었다고 하는 것이다. 과학 관련 사건을 독자적으로 취재했을 경우, 뉴스 가치 판단을 취재 대상 이외의 전문가에게 확인할 필요가 있다. 그러나 학술 잡지의 경우는 기본적으로 그럴 필요가 없다는 점에서 편하다. 그러나 기사를 쓰는 감각이라는 소중한 힘을 잃게 되는 측면도 있을

것 같다. 개인적으로 이것이 기자클럽 제도보다 영향이 클지도 모른다고
생각한다.

취재대상의 확대

과학 보도는 사실을 기술하는 것만으로는 불충분하다. 의학 분야에서
는 최신 의료기술을 소개하는 기사의 열독률이 높다. 그러나 이식 의료나
생식 의료, 그리고 유전자 치료 등의 경우 윤리적인 측면에 대해서도 고려
해야 한다. 윤리학은 과학 기자의 일이 아니라고 회피할 수는 없다.

예를 들어, 어떤 유명인사가 대리모를 통해 아이를 낳았다고 하면, 기
대하던 아이를 얻어 기뻐했다는 기사가 미디어에 넘친다. 출산에 동반되
는 위험을 타인에게 맡겨 자신의 아이를 낳는 것이 윤리적으로 올바른
것인가에 대한 논의는 좀처럼 나오지 않는다. 그러나 대리모가 화제가
되기 시작했을 무렵부터 신문은 상당 부분 이러한 기사를 채택하고 있었
다. 대리모가 되는 사람의 보수는 100만 엔 정도다. 자원봉사라고도 이
야기되지만 기본적으로는 궁핍한 사람이 대리출산을 지원한다.

일본에서는 친족이 대리모를 맡은 케이스가 있다. 일반적으로 미담으
로 받아들여지지만, 이식 의료에서는 종종 친족으로부터 받은 은혜는 유
산상속 때에 돌려준다고 하는 식으로, 실질적으로는 금전이 얽혀 있는
경우가 있다. 의학 취재를 하고 있으면 당시에는 미담이었으나 시간이
흐를수록 복잡한 이야기가 되는 경우를 보게 된다. 과학적인 측면 이외
에 일반인의 판단 근거가 될 수 있는 것까지 전달하는 것도 과학 기자의
직무이다.

이것은 의학에만 한정된 것은 아니다. 지진방재, 환경 문제, IT 등과 같이 사회와 관계 깊은 주제에서는 반드시 과학적인 측면과 사회적인 측면이 있다. 기존의 과학 뉴스는 과학적인 측면만을 전달해왔다. 하지만 과학적인 것을 잘 아는 과학 기자야말로 사회적인 측면도 알기 쉽게 전달한다.

연구자 중에는 과학 기자에게 연구자와 일반인을 이어주는 해설자의 역할을 기대하는 사람이 있다. 분명히 많은 과학 기사에는 전문적인 내용이 이해하기 쉬운 용어로 쓰여 과학에 대한 흥미를 증진시키는 데 도움이 되고 있다. 그러나 과학 기자는 저널리스트다. 과학 기술의 발전 방향이 올바른 것인지를 점검하는 것이 가장 중요한 임무이다. 일본은 분야를 불문하고 학계마다 구성원과 연구실적의 평가 문제를 골칫거리로 여기고 있다. 그러기에 더욱 과학 기자의 역할은 중요할 것이다. '귀 따가운 말을 하는 기자야말로 좋은 기자다'라고 믿고 있다.

안전책임자

과학 기자에게는 □□를 쓰는 것 외에도 또 다른 일이 있다. 그것은 다른 기자의 안전확보다. 글쓴이□□ □□년 6월, 나가사키현(長崎縣)의 운젠(雲仙) 후겐타케(普賢岳)의 화쇄류(火碎流)를 □□ □□ 3일에 대형 화쇄류가 발생하여 많은 사람이 실종되었다(최종 사망자 수□ □0명을 넘었다). 각 언론사에서 기자와 카메라맨 10명 정도가 현지에 급파□□□다. 캡(상부)으로부터 최초로 지시받은 것이 '위험 지역의 위치를 정□□게 파악하라'였다. 요즘 식으로 □□□ 화쇄류의 위험지도를 만□□□ 것이다. 기자나 카메라맨은 한 걸음이라도 현장에 가깝게 가는 습성이 있다. 당시 동료들은 글쓴이가 만든 위험지도를 손에 쥐고 취재를 시작했다.

이바라키현(茨城縣) 도카이무라(東海村)에서 일어난 JCO 임계 사고에서도 기자나 카메라맨이 얼마나 현장에 가까이 갈 수 있는가에 대해 판단해야 했다. 후겐타케의 위험지도는 이후 시마바라시(島原市)가 공개했고, JCO에서도 피난권고 등이 나왔지만, 공공기관의 결정은 늦다. 사고 직후의 취재는 각 언론사와 기자의 책임인 것이다. 화재나 교통사고는 상식이 통용되지만, 과학 기자가 아닌 다른 기자들은 관련 전문지식이 거의 없는 경우도 있다. 동료의 안전을 지키는 것은 기사를 쓰는 것 이상으로 중요한 일이다.

13장
의료 저널리즘에 요구되는 관점

세가와 시로(瀨川至朗)

생식보조 의료 보도

과학 뉴스에는 의학·의료, 원자력, 우주개발, 천문, 지진·화산, 첨단 기술, 환경 등 다양한 장르가 있다. 이 가운데 의학·의료 분야의 뉴스가 차지하는 비율은 꽤 크다고 말할 수 있다. 요즘은 특히 생식보조 의료(불임 치료)나 재생 의료 등이 화제를 모으고 있다. 국내 신문에 보도된 기사 제목부터 살펴보자.

A "국내 최초 / 30대 부부가 제삼자로부터 난자 제공받아 / 체외수정으로 출산"

B "국내 최초 대리출산 / 나가노(長野)의 산부인과 / 체외수정란을 여동생에게서 / 후생노동성은 '금지' 견해"

C "신고하지 않고 '착상 전(着床前) 진단' / 태아 성별검사 2건, 염색체 검사 1건 / 고베의 한 병원"

D "남편 사후 보존된 정자로 출산 / 부자(父子) 관계 인정하지 않다 / 마쓰야마(松山) 지방 법원 판결"

모두 신문 첫 페이지의 톱 뉴스로 다뤄진 기사들이다. A의 '제삼자의 난자 제공'은 아내 이외의 여성으로부터 제공받은 난자와 남편의 정자를 체외수정시켜, 그 수정란[전문용어로는 '배(胚)'라고 한다]을 아내의 자궁에 넣어 착상, 출산에 이르게 하는 생식 기술이다. B의 '대리출산'은 체외수정으로 만든 부부의 수정란을 다른 여성의 자궁에 넣어 출산한다. C의 '착상 전 진단'은 체외수정으로 만든 수정란의 염색체나 유전자를 검사하여, 성별이나 염색체 이상 등을 조사한다. D의 '사후 보존된 정자'는 동결 보존하고 있던 남편의 정자를 남편이 사망한 후 아내의 자궁에 넣어 수정시키는 것이다. 모두 기본 기술은 체외수정과 인공수정이며, 그 응용 기술로서 시행된 것이 사회에서 주목받는 뉴스가 되었다.

왜 주목받는 것일까. 쉽게 생각할 수 있는 것은 생식 기술의 급속한 진전이 새로운 인간관계를 만들어내는 가운데, 그것이 현행법으로 포괄할 수 있는 범위를 넘어서는 '불일치'가 발생하고 있기 때문이다. 대리출산이나 남편 사망 후의 아이의 출생은 법률의 테두리를 초월하고 있다. 착상 전 진단은 성별 확인이나 염색체 이상 검사에 사용된 것이 생명을 선별한다는 우려를 낳았다. 모두 생식 기술의 진전에 사회의 기존 관념이 따라가지 못한 것이 이유가 된 문제들이다. 아니, 따라잡지 못한다고 하는 표현은 조심해야 한다. 사회의 기존 관념을 운운하기 전에 생식 기술의 성급한 응용이야말로 규제해야 한다고 하는 의견도 많다.

그리고 생식 기술 진전의 최종점에는 복제인간이 있다. 특정 인물의 유전자를 복제한 인간을 탄생시키는 클론 기술은 '인간의 존엄이란 무엇인가', '태어나는 아이는 행복한가', '우성 사상(優性思想)과 연결되지 않는가'라는 생명윤리의 문제를 날카롭게 제기하고 있다. 의학 저널리스트는 문제점이 있다면 정면에서 제기하여 진지하게 대답을 찾아야 한다.

흥미로운 점은 제삼자의 난자 제공이나 대리출산 같은 오늘날 화제가 되고 있는 생식 기술은 세계 최초 혹은 일본 최초의 체외수정 아기가 탄생한 시점에서 벌써 예견되어 있었다는 것이다.

1978년 7월 26일 한 석간신문. 영국에서 탄생한 세계 최초의 체외수정아에 대한 뉴스는 "세기의 아기"로 보도되었다. 본래는 체내에서 자연스럽게 진행되는 수정을 체외에서 인위적으로 조작해 시행했다는 점에서 '시험관 아기'라는 이름이 붙여졌다. ≪마이니치신문≫은 이 기사를 1면 톱과 사회면 톱에 게재했다. 사회면에는 "'세기의 아기의 첫 울음소리'에 대한 세계의 뜨거운 시선"이라는 표제로 다양한 의견을 소개했다.

불임치료 전문가는 "의학계로서는 매우 좋은 일"이라고 평가하면서도, "물론 윤리적·사회적 문제가 제기되므로 부부 사이의 체외수정에 한정될 것이다"라고 말하고 있다. 다른 산부인과 의사는 체외수정을 불임 치료법으로서 인정하면서도, '머리 좋은 아이, 잘생긴 아이를 낳아준다'라고 광고하는 '출산장사꾼'마저 나타날 가능성이 있으므로 의사 윤리 준수가 더욱 중요하다"라고 지적하고 있다. 한 여성평론가는 "핵에너지를 손에 넣고 원자폭탄을 만들어낸 인류가 '신의 영역'에 비집고 들어가는 것이 크게 우려된다"라고 지적하면서, 이 새로운 생식 기술에 대한 보도를 접했을 때에 적지 않은 시민이 느낀 감상을 여실히 표현했다.

1983년 10월에는 일본 최초의 체외수정이 도호쿠대(東北大) 병원에서 시행되었다. 당시 관련 기사는 "체외수정 시술은 잘못하면 대리모나 수정란 매매를 조장할 우려가 있다"라고 분석했다. 신문 기사가 앞으로 일어날 수 있는 일을 정확하게 '예상'하여 '우려'하고 있었다고 말할 수 있다.

새로운 생식 기술이 가져온 것은 현행법과의 불일치만이 아니다. 오히려 '인간이란 도대체 무엇인가'라는 더욱 근본적인 질문을 던지고 있다. 체외수정이라고 하는 모체 외 조작 기술을 확립한 것으로, 난자나 정자, 수정란, 자궁이라고 하는 인체의 일부(또는 생명의 맹아)를 의료 재료로 이용하는 행위가 본격적으로 시작된 것이다. 제기되고 있는 또 다른 문제는 '생명의 시작은 언제부터인가'라는, 즉 생명관(生命觀)에 대한 것이다.

21세기의 의료로서 최근 재생 의료가 주목받고 있다. 재생 의료란 생체에서 유래한 재료를 이용하여 파괴된 조직이나 장기(臟器)를 정상적으로 되돌리는 의료기술을 말한다. 'ES 세포(Embryonic Stem cell, 배아줄기세포)'는 다양한 조직이나 장기가 될 수 있어 만능세포라고도 불리는 최고의 생체 재료이다. 이러한 인간의 ES 세포를 만들기 위해서는 수정란(배)이 반드시 필요하다.

재생 의료의 연구 혹은 치료용으로 필요한 수정란을 어떻게 조달할 것인가? 이 문제를 피할 수는 없다. '생명의 시작은 언제부터인가'라는 문제도 수정란 공급 문제와 관련되어 있다. 한편, 거부반응이 적은 이상적인 ES 세포를 얻으려면 복제인간을 만드는 것과 마찬가지로 체세포 핵이식 기술을 이용해 만드는 인간 클론 배아가 필요하다. 이 인간 클론 배아를 연구 목적에 한해서 만들어도 좋을 것인가라는 논의도 있어, 수정란과 클론 배아를 포함한 인간 배아를 어떻게 취급해야 하는지에 대한 검토가 정부 종합과학기술회의를 중심으로 진행되고 있다.

인체 일부를 연구나 의료에 이용하는 것의 옳고 그름을 판단하는 매우 중요한 주제이지만 유감스럽게도 시종일관 난해한 전문용어만 나열됨으로써 국민적 논의를 끌어내지는 못했다.

언론매체는 이러한 본질적인 생명윤리에 대한 논의에 공간이나 시간을 더욱 할애해야 한다. 또한 주요 쟁점을 알기 쉽게 소개함으로써 많은 국민의 관심을 유도하고 논의를 불러일으킬 책무가 있다고 생각한다. 그러나 실제로는 인간 배아의 취급 문제를 지속적으로 제기하는 신문사도 있지만, 대부분의 미디어는 무관심으로 대응하고 있다. 표면으로 드러나는 난자 제공이나 대리출산 '사건'을 보도하는 것에 그칠 것이 아니라, 근저에 흐르는 생명윤리 문제를 열심히 지속적으로 보도할 필요가 있다.

뇌사와 장기이식

의료기술의 진전은 사람의 탄생과 죽음을 비롯한 생명관에 큰 영향을 미치고 있다. 인간의 일생에서 '생명의 시작'이라는 관점에서 제기될 수 있는 것이 수정란의 취급이나 생식보조 의료의 문제라고 한다면, '생명의 마지막'이라는 관점에서 등장하는 것은 뇌사의 문제와 뇌사자로부터의 장기이식(뇌사이식)이라고 할 수 있다.

글쓴이는 1983년에 의학·의료 취재를 시작한 경험이 있다. 처음 담당하게 된 분야가 뇌사이식, 특히 심장이식에 관한 것이었다. 1968년 8월에 삿포로의대(札幌醫科大)에서 시행된 최초의 심장이식 이후, 일본에서는 뇌사이식이 금기시되고 있었다. 그러던 중 일본에서 불가하다면 미국에 가서 심장과 폐를 이식받고 싶다고 희망하는 여성이 나타났다. 그 인물은 에히메현(愛媛縣)의 나카타 아케미(仲田明美)이다. 선천성 심방중격(心房中隔) 결손증에 폐고혈압증(肺高血壓症)이 있어 이식 이외에 치료법이 없다는 것이었다.

당시 미국에서 가장 활발히 활동하던 심장이식 의사는 스탠퍼드대의 노먼 섬웨이(Norman Shumway) 교수였다. 오사카에서 열린 일본외과학회 총회의 강연에 섬웨이 교수가 초대받아 방문한 것을 기회로 나카타가 섬웨이 교수에게 직접 호소하는 회견이 급히 마련되었다. 그러나 미국에서도 심장과 폐를 동시에 이식하는 수술에 대한 장기제공자는 많지 않았고, 결국 나카타는 이식수술을 받지 못한 채 사망했다. 그러나 나카타의 호소가 계기가 되어 일본에서 심장이식을 재개하려는 움직임이 본격화되었다. 글쓴이도 당시의 회견 이래로 뇌사와 장기이식의 취재에 지속적으로 관여하게 되었다.

심장이식의 역사는 체외수정보다 10년 정도 앞선다. 1967년 12월, 남아프리카의 크리스천 버나드 박사가 세계 최초의 심장이식을 시도했다. 다음 해인 1968년 8월에는 삿포로의대에서 일본 최초의 심장이식이 시도되었다. 삿포로의대의 이식에서는 장기제공자의 사망판정을 둘러싸고 이의가 제기되어, 집도의가 살인죄로 고발되는 사태가 벌어졌다(결과는 기소 유예). 장기제공자의 사망판정을 둘러싼 혼란으로 인해 일본에서는 심장이식이 오랫동안 금기시되었다. 1997년에 뇌사자로부터의 이식을 인정하는 「장기이식법」이 제정되어, 이 법에 따른 첫 번째 뇌사판정과 장기제공이 1999년 2월에 있었다. 심장도 제공되어 오사카대 병원에서 재개(再開)된 이래 첫 번째 심장이식이 시행되었다. 삿포로의대의 이식으로부터 31년이 지난 후였다.

사실 심장이식의 최대의 문제는 이식 그 자체가 아니다. 심장이식 수

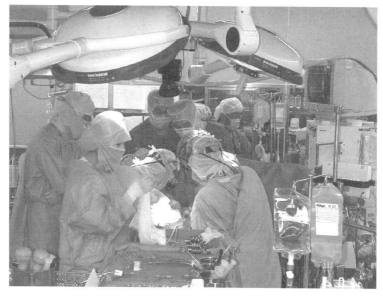

자료: 오사카대 부속병원 촬영(1999. 2. 28).

술은 굵은 혈관을 봉합하게 되므로 일반적인 심장 수술보다 간단하다고 한다. 그러나 뇌사자로부터 제공된 '신선한' 심장이 아니면 이식에 사용할 수 없다. 이 뇌사라고 하는 상태를 사람의 죽음으로 인정할 것인지에 대한 논의가 계속되었던 것이다.

뇌사 자체는 20세기 후반에 급속히 발전한 응급의료 기술에 의해서 태어난 비교적 새로운 개념이다. 생명유지 장치, 특히 인공호흡기가 도입된 이후 교통사고 등에서 뇌기능은 회복 불가능한 손상을 입었으나 인공호흡기의 도움으로 심장이 움직이는 환자가 나타난 것이다. 심장으로부터 혈액이 전신에 보내지기 때문에 뇌를 제외한 나머지 인체의 장기나 조직은 기능을 하고 있다. 몸도 따뜻하고 겉보기에는 살아 있는 듯이 보인다. 그러나 뇌는 중추부를 포함하여 모든 기능을 잃었기 때문에 소생할 수 없다. 인공호흡기를 떼면 심장박동은 잠시 후 멈추게 된다. 뇌사 환자에게 죽음을 선고할 수 있는가? 그렇지 않으면 종래대로 세 가지 징후에 의한 사망확인(三兆候死: 심박 정지, 호흡 정지, 동공 확대)까지 기다려야 하는가?

세포 차원에서의 죽음, 개체로서의 죽음, 의학적인 죽음, 가족이 받아들이는 죽음, 그리고 법적인 죽음 등 다양한 차원에서 서로 다른 죽음의 의미가 있다. 뇌사로 판정되면 정말로 소생할 수 없는가 하는 의문이 생기는 것도 당연하다. 뇌사를 둘러싼 여러 가지 문제를 깊이 이해하고 문제점을 정리하여 국민에게 알리는 것이 언론의 중요한 역할이다. 뇌사나 장기이식에 대한 국민적 논의를 위해 일본 정부는 1990년 봄에 '뇌사임시행정조사회'(임시 뇌사 및 장기이식 조사회)를 발족시켰다.

1992년 1월, 뇌사임시행정조사회는 '뇌사를 인간의 죽음으로 인정해도 좋다'라는 결론을 냈지만, '인간의 죽음으로 인정하지 않는다'라는 소수의견도 첨부되었다. 이 뇌사임시행정조사회의 보고서를 근거로 「장기이식법」이 만들어졌다. 「장기이식법」이 장기제공자 본인의 의사를 존중해서 생전에 뇌사 단계에서의 제공 의사를 서면을 통해 분명히 밝힌 사람으로부터의 제공만을 가능하게 한 것은 뇌사임시행정조사회에서 소수의견을 존중한 결과일 것이다. 그런데 최근 이 「장기이식법」에 대한 개정 움직임이 있다. 어쨌든 '생명의 마지막'과 관계된다는 면에서는 불충분하지만, 국민적인 논의가 이루어진 점을 보아 뇌사 문제의 공론화에 미디어도 일정한 공헌을 했다고 생각하고 있다.

그러나 미국 등과 비교하면 생명의 시작이나 마지막과 관계되는 생명윤리에 대한 논의가 전반적으로 저조한 상황을 부정할 수 없다. 일본과 미국의 종교적 차이도 이유 중 하나로 생각할 수 있지만, 미디어도 생명윤리의 중요성을 국민에게 더욱 알릴 필요가 있다.

뇌사와 장기이식의 문제에서도 인체 조직의 재료화·물건화라는 측면을 지적하고 싶다. 앞에서 뇌사자의 장기를 어쩔 수 없이 '신선한'이라고 표현했다. 다른 적절한 단어를 생각해내지 못했기 때문이다. 장기의 이용이라고 하는 점에서는 확실히 신선한 장기가 요구된다. 멈춘 심장보다 멈추기 전의 심장이 이용가치가 훨씬 높다. 일찍이 외국에서 뇌사자의 몸을 '인체 공장'으로 활용하는 구상이 화제가 된 적도 있다. 수정란이나 인간 배아에 대한 논의처럼 인체의 재료화·물건화는 어디까지 허용되는가? 사람의 존엄을 어떻게 생각할 것인가? 이러한 부분에서 과학 저널리스트의 전문성이 의심받게 된다.

의사에서 환자의 관점으로, 그리고 사회의 관점으로

생식보조 의료나 뇌사·장기이식 이외에도 의학 연구나 의료 분야의 뉴스는 날마다 보도되고 있다. 유전자 진단, 유전자 치료, 암 치료(암 신약), 에이즈, 난치병, 안락사……. 광우병이나 SARS, 조류인플루엔자라고 하는 신종 감염증의 문제도 있다. 의료 사고의 기사도 꽤 증가하고 있다. 그러면 의학 저널리스트에게는 어떤 관점이 요구되는 것일까.

과거에는 동서양을 불문하고, 의사의 가부장주의(paternalism)가 강했다고 한다. 의사와 환자의 관계에서 의사가 막강한 권한과 결정권을 갖기 때문에 약자인 환자는 의사의 결정에 따르지 않을 수 없는 구도이다. 새롭게 개발된 의료기술의 임상시험(臨床試驗)도 환자의 의견을 충분히 듣는 일 없이 '인체실험'처럼 시행되곤 했다. 결국 그 구도의 모순이 밝혀져, 1960년대 미국에서는 환자의 권리를 요구하는 운동이 벌어졌다.

그 과정에서 '환자의 자기결정권'이라는 개념이 등장했다. 의사가 증상, 치료법, 그리고 위험성까지 충분히 설명하면 환자가 자주적으로 치료법을 선택하는 것으로, '충분한 설명을 전제로 하는 동의(informed consent)'를 기반으로 한다.

20세기 후반의 의료는 의사의 관점에서 환자의 관점으로 크게 전환했다. 첨단 의료를 보도하는 의학 저널리스트에게도 의료기술 개발의 관점이 아니고 환자의 관점에서 쓴 기사가 요구되었다. 호시노 가즈마사(星野一正) 교토대 '명예교수(일본생명윤리학회 초대 회장)에 의하면, 영어의 'bioethics'는 '생명윤리'라고 번역되는 경우가 많지만, 본래는 '환자 중심의 의료 윤리'라고 한다. 그러나 첨단 의료의 동향을 볼 때, '의사의 관점에서 환자의 관점으로'라는 관점의 전환만으로는 정확한 보도가 거의 불가능하다.

예를 들어 생식보조 의료를 생각해보자. 성 감별 출산을 목적으로 하는 착상 전 진단이나 죽은 남편의 동결 보존 정자를 이용한 인공 수정 등 다양한 형태의 체외수정이나 인공수정이 최근 시도되고 있다. '꼭 아이를 갖고 싶다'는 환자의 요청을 근거로, 주치의(主治醫)는 '환자의 간절한 요청을 들어준 것이 왜 문제인가'라고 반문한다. 분명히 환자의 자기 결정권을 중시해야 한다는 측면에서는 인정하지 않을 수 없다. 그러나 이러한 새로운 생식 의료의 결과는 사회에 큰 영향을 미친다. 부모와 자식 관계나 법적 문제, 태어나는 아이의 인권, 또 기술의 안전성이나 우성(優性)사상 등의 문제도 계속적으로 주의할 필요가 있다. 이는 사회성을 강하게 띤 의료행위이며, 의사와 환자의 판단만으로 진행되어서는 안 된다는 점을 인식할 필요가 있다. 만약 환자의 자유의사를 존중한다고 하는 원칙을 고집하게 되면 죽은 아이의 클론 인간을 만들고 싶다고 하는 환자의 희망은 무조건 실현해주어야 한다.

뇌사이식도 마찬가지이다. 심장병 환자가 이식을 희망한다고 해서 바로 수술이 시작되는 것은 아니다. 장기제공자가 나타나지 않으면 성립되지 않는 것이 뇌사이식이다. 만약 장기제공자가 나타났다고 하자. 뇌사로 장기를 제공해도 좋다고 하는 사람이 있고, 이식을 받고 싶다고 하는 환자가 있으면 선의를 살리는 길을 진지하게 생각해야 한다. 그런데 만일 식물인간이 되면 장기를 제공하겠다는 의사를 밝힌 사람이 나오면 어떻게 할 것인가. 식물인간 상태는 뇌의 중추부 부분이 기능을 하고 인공호흡기가 없어도 자발호흡이 가능하다는 점에서 뇌사와는 분명히 구분된다. 이러한 식물인간 상태를 사회적인 죽음으로 인정할 수는 없기 때문에 장기제공은 허락될 수 없다. 이처럼 장기이식은 사회성과 밀접하게 결합된 의료행위이기 때문에 의사와 환자의 자유의사만으로는 결코 진행되지 않는다.

자유도에 일정한 한계를 설정하는 사례로는 경제와 환경의 관계를 들 수 있다. 경제의 자유로운 발전이 계속되면 지구온난화 등 심각한 환경 문제를 불러일으킨다. 이를 방지하기 위해 이산화탄소 삭감 등의 조치로 경제 자유도를 제한한다. 의사와 환자의 행위도 사회에 대한 영향을 고려해 제한한다. 산업이 거대화하고 의료기술이 진화한 결과, 인류의 활동은 경제뿐 아니라 의료의 세계에서도 예상을 뛰어넘는 범위까지 넓은 영향을 미치게 되었다.

의학 저널리스트에게는 새로운 의료기술에 대해 정확하고 이해하기 쉬운 정보를 국민에게 제공하는 것과 동시에, 국민의 의견을 적절한 방향으로 이끌기 위한 내비게이터의 역할이 요구되고 있다. 새로운 의료기술의 파급력이 커짐에 따라, 내비게이터의 임무는 더욱 중요해지고 있다. 사회적 관점에서, 더 넓게는 인류의 장래를 생각하는 관점에 서서 새로운 의료기술이 사용되는 방법을 감시하고 때로는 경고하는 것을 주저해서는 안 된다.

14장 과학 저널리스트를
어떻게 육성할 것인가

시바타 데쓰지(柴田鉄治)

'입사 전 교육'의 필요성

글쓴이는 중학생 시절부터 한결같이 과학자가 되고 싶다고 생각하여 연구자가 되기 위한 길을 걷고 있었다. 그러다가 대학 졸업 직전에 저널리스트의 길로 바꾸게 되었다. 직접적인 계기는 대학 3~4학년 때에 받은 '저널리스트 교육'이었다. 구체적으로 말하면, 도쿄대신문연구소에 속했던 교육부 연구생 시절, 언론사에서 근무했거나 근무하는 선생님들로부터 직접 저널리즘에 관한 강연을 들은 것이다.

도쿄대신문연구소는 약간 색다른 조직으로, 어느 대학교 혹은 어느 학부에 소속되어 있어도 참가할 수 있다. 수업은 오후 3시부터 시작하며, 2년간의 과정을 이수하면 수료증을 받을 수 있다. 그렇다고 해서 어떤 특별한 자격을 주는 것이 아니며, 말하자면 동아리 활동과 같은 것이다. 그

곳에서 강의를 들으면서 강사를 통해 전해지는 저널리즘 현장의 밝고 자유로운 분위기에 매료되어, 과학자도 좋지만 '평화와 인권을 지킨다'는 저널리스트란 직업도 할 만한 일인 것 같다는 생각에 심사숙고하여 마음을 바꾸게 된 것이다.

미국의 '저널리즘스쿨'을 따라 만들었다고 하는 도쿄대신문연구소는 글쓴이처럼 과학자를 목표로 하고 있던 사람을 저널리스트로 마음을 돌리게 만들었다. 그리고 글쓴이 외에도 비슷한 사례가 적지 않으므로 그러한 측면에서는 어느 정도 성과를 올렸다고 해도 좋을 것이다.

그러나 제도로서 반드시 성공했다고는 할 수는 없다. 그 이유는 우선 다른 대학교에는 유사한 프로그램이 생기지 않았다는 점, 매년 50명의 연구생을 모집하지만 수료증을 받는 사람이 극히 적다는 점, 그리고 무엇보다도 언론사에서 신문연구소를 수료했다는 이력을 거의 평가하지 않았다는 현실이 있다.

글쓴이가 입사하자마자 느낀 것은 신문연구소뿐만 아니라 입사 전에 저널리즘에 대해 공부한 것을 전혀 평가해주지 않는 분위기라는 것이다. 한마디로 말하자면, 아무것도 모르는 백지상태로 입사하는 것이 좋다. 일은 천천히 현업을 하면서 배우는 'OJT(On the Job Traning)' 방식으로 가르치기 때문에 어설픈 지식은 가지고 있지 않은 것이 좋다는 것이다. 이것은 아사히신문사뿐만 아니라 모든 신문사나 방송사도 마찬가지였다고 생각한다.

그런데 그로부터 약 40년이 지난 최근에는 이러한 분위기가 크게 변했다. 입사 전에 확실한 저널리스트 교육을 받은 인재가 필요하다고 하는 주장이 모든 언론사에서 공통으로 나오고 있다고 해도 과언이 아니다. 이제 '입사 전 교육은 필요 없다. 백지가 좋다'라고 외치는 사람은 어느 언론사에서도 찾아볼 수 없다.

그 이유를 한마디로 정리하면, 세상이 점점 더 복잡해져 전문 기자의 필요성도 높아질 뿐 아니라 OJT만으로는 충분치 않다는 것이다. 그러나 그 내부 실상은 더 복잡하다. 예를 들어 IT 시대로 들어서면서 컴퓨터로 검색한 타인의 기사를 도용하고서도 부끄러워하지 않는 기자가 나타나기까지 하는 상황에 각 언론사가 비명을 지르기 시작한 것이다.

이러한 상황을 반영하여, 각 언론사는 우선 기자의 채용 방법을 바꾸었다. '백지' 상태인 졸업예정자뿐만 아니라 언론사 경력자나 일반 사회 경험이 있는 인재를 모집하는 등 새로운 방법을 도입하여 다채로운 인재를 뽑고 있다. 동시에 대학에서의 저널리스트 교육에도 큰 관심을 보이며 기자를 강사로 파견하거나 혹은 거액의 기부를 하여 기업 이름을 앞세운 강좌를 마련하려는 움직임도 활발하다. 이에 호응하여 대학 측의 관심도 높아져 새로운 저널리즘 강좌를 마련하는 곳도 많아지고 있다.

과학 저널리스트를 어떻게 육성하는가 하는 주제에 관해서도 좀 더 범위를 넓혀 입사 전 교육까지 생각하는 새로운 시대가 되었다고 말할 수 있다.

이과 출신인가, 문과 출신인가

과학 저널리스트에게 요구되는 자질이란 무엇일까. 물론 모든 저널리스트에게 요구되는 '왕성한 호기심'이라든지 '끝까지 파헤치는 열정', '치밀한 취재력' 그리고 '다양한 시각으로 사물을 보는 균형 감각' 등이 과학 저널리스트에게도 필요한 조건들임은 두말할 필요도 없다. 조금 과장해서 말하면, 과학 저널리스트에게 특별히 필요한 조건은 따로 없다고 해도 과언이 아니고, '뛰어난 저널리스트는 모두 뛰어난 과학 저널리스트가 될 수 있다'는 말은 한편으로 핵심을 찌르는 것이라고 말할 수 있다. 그러나 다른 분야의 저널리스트에 비해서 고도의 전문지식이 필요하다는 점과 과학은 '정량(定量)의 세계'이므로 숫자의 의미를 읽어낼 수 있는(즉, 숫자에 익숙한) 능력이 있어야 한다는 점을 유의해야 한다. 이 두 가지 조건을 갖춘다면 별다른 이의는 나오지 않을 것이다.

지금까지 각 언론사는 이러한 조건을 입사 전 교육과정에서 몸에 익힌 사람으로 여겨지는 이공계 출신자를 과학 기자로 채용해왔다. 과학과 관련된 뉴스가 증가하고, 각 신문사나 방송사에 과학부나 과학 취재반 등이 생긴 1950년대 후반부터 1960년대에 걸쳐서는 언론사 사이에 이과계 출신자의 '스카우트'도 행해진 것 같다. 그러나 1970년대 이후에는 저널리스트를 목표로 하는 이과계 출신자가 급속히 증가하면서 별다른 스카우트가 필요하지 않게 되었다.

물론 인문사회계 출신의 과학 기자도 적지 않다. 그래서 '이공계인가, 인문사회계인가'라는 논의가 일어나는 것이다. 글쓴이가 오랜 세월 신문사 내에서 경험한 바로는 인문사회계에서 과학 기자를 지원하는 사람은 드물고, 그런 만큼 의욕도 강하다. 그리고 과학 기자로서의 능력은 전공 계열에 따른 차이가 전혀 없다고 느껴진다.

이공계 출신자가 유리한 것은 무엇보다도 전문적인 지식이 많은 것과 숫자의 취급에 익숙하다는 것이다. 또한 큰 장점 중 하나는 이공계 연구자에게 취재하러 갔을 때 기자의 대학 전공이 '이공계'라고 하면 매우 안심한다는 것이다. 한편으로 인문사회계 기자가 유리한 것은 전문지식이 부족하다는 자각에서 남들보다 두 배 이상 열심히 공부한다는 것이다.

이공계 출신이라 하더라도 극히 일부 전공을 제외하고는 과학 기술 전반에 밝은 것은 아니다. 따라서 공부를 열심히 하는 인문사회계 출신자에게 전문지식에서도 오히려 더 떨어지는 경우도 드물지 않다.

결국 과학 저널리스트가 되는 데는 전공과는 큰 관계가 없는 것 같다. 굳이 대학시절의 전공에 대해 말하자면 교양학부처럼 다양한 분야의 학문을 접해보고 배우는 것이 가장 좋을 것이라고 생각한다. 이는 과학 저널리스트만이 아니고, 모든 저널리스트에게 해당되는 것이기도 하다.

앞에서 서술한 것처럼, 대학에서의 저널리스트 교육이 더욱 충실하고 풍부해져야 한다는 주장이 제기되어 새롭고 다양한 움직임이 일어나고 있는 것은 반가운 일이다. 그러나 이와 관련하여 개인적인 의견을 말하자면, 대학교에서의 저널리스트 교육은 필요하지만 과학 저널리스트를 전문으로 양성하는 코스를 마련할 필요는 없다는 생각이다. 그것보다 모든 저널리스트를 대상으로 하는 교육의 핵심에 과학 기술 전반에 대한 기본적인 지식을 제대로 몸에 익히는 교육을 중심으로 하는 것이 중요하다고 글쓴이는 생각한다.

사회 속에 과학 기술이 깊숙이 들어와 사람들의 생활을 바꾸는 시대이기 때문에, 어떤 분야를 전문으로 하는 저널리스트이든 간에 과학적인 지식과 과학기술사(科學技術史) 정도는 배워야 한다. 한마디 덧붙인다면, 과학 보도의 역사나 과학 보도의 성공과 실패 사례 등 과거의 경험을 살펴봄으로써 교훈을 얻는 것도 중요할 것이다. 이러한 폭넓은 저널리스트 교육을 받은 사람 중에서 뛰어난 과학 저널리스트가 태어나는 것이라고 확신한다.

뛰어난 과학 저널리스트가 필요한 이유

앞으로 뛰어난 과학 저널리스트가 더 많이 필요한 이유를 원점에서 다시 한번 생각해보자.

세계가 과학 기술 문명 일색으로 물든 것은 20세기 이후의 일이다. 과학 기술이 경제 발전의 원동력임을 인식하게 되면서 각국이 경쟁적으로 과학 기술의 진흥에 힘을 쏟기 시작한 것이다. 그전까지는 다양한 문명이 세계 각지에서 번창하고 있었기 때문에 어느 문명이 '앞서가고 있다'라고 말할 수 없었다. 그러나 20세기 들어서는 과학 기술 진보의 단계가 사회 수준을 측정하는 하나의 기준처럼 되면서 온 세상이 과학 기술 문명에 빠진 것이다.

과학 기술이 발전한 나라(선진국)가 선두에 서서 풍요로운 사회를 목표로 함께 달리기 시작했을 때까지는 좋았다. 그러나 이윽고 과학 기술이 '외로운 질주'를 시작하더니 '과학의 진보가 반드시 인간을 행복하게 한다고는 할 수 없다'라는 회의가 제기되었다. 지구 환경 문제의 심각성이나 생명을 다루는 기술의 등장에 따른 인간 존엄성 훼손 문제가 발생한 데 따른 것이다. 핵무기 개발은 상징적 예로 볼 수 있다.

더구나 온 세상이 풍요로운 사회가 되기는커녕 남북 격차만 더욱 확대되고 있다. 말하자면 과학 기술 문명은 지금 큰 벽에 부딪혔다. 극단적으로 말하면, 인류는 스스로 발전시켜온 과학 기술 문명 그 자체에 의해서 멸망해버릴지도 모르는 갈림길에 서 있다.

이러한 상황을 어떻게 헤쳐나가야 할 것인가? 과학 기술이 홀로 독주하지 않도록 감시하여 사회 속에 제대로 정착시키는 것이 중요하다. 그러려면 과학 기술과 사회를 잇는 과학 저널리스트의 활약이 중요하다.

초기의 과학 저널리스트에게는 '어려운 과학을 알기 쉽게 설명한다'는 해설자의 역할이 중요했다. 그것이 점차 비판하기도 하는 논평자의 역할로 바뀌어왔다. 아마도 앞으로의 과학 저널리스트는 이런 '방관자'의 입장이 아닌, 사회를 대표하여 과학 기술의 폭주에 제동을 거는 '당사자' 역할을 하게 될 것이라고 글쓴이는 생각한다.

'과학저널리스트아카데미'의 탄생

이 책을 편찬한 '일본과학기술저널리스트회의(JASTJ)'는 신문, 방송, 출판, 혹은 프리랜서로 일하는 과학 저널리스트들이 모여 만든 광범위하고 자발적인 조직이다. 앞서 이야기한 바와 같이, 문제의식을 가지고 다음 세대를 담당할 뛰어난 과학 저널리스트를 육성하고자 2002년 9월 '과학저널리스트아카데미'를 열었다(〈그림 14-1〉).

실제로 실행하자고 나선 발기인은 NHK의 고이데 고로(小出五郎), 지지통신의 사토 도시오(佐藤年緒), 그리고 아사히신문에 근무했던 글쓴이, 이렇게 세 명이다. 우리는 '삼인위원회'라고 자칭하고, 오다큐(小田急)선 신유리가오카(新百合ヶ丘)역 근처 찻집에서 몇 차례나 모여 논의하면서 구체안을 정리해갔다.

장소는 도쿄 우치사이와이쵸(內幸町)에 있는 일본기자클럽의 회의실에서 월 2회, 오후 6시부터 8시까지. 6개월간 12회를, 수업료는 1만 2,000엔으로 정했다. 이러한 뼈대는 비교적 간단하게 정할 수 있었지만 문제는 어떤 사람을 대상으로 모집할 것인가 하는 것이었으며, 가장 큰 걱정은 실제로 수강생이 몇 명이나 모일 것인가 하는 문제였다.

〈그림 14-1〉 과학저널리스트아카데미의 수업 모습

　　우선 수강생에 대해서는 이제 과학 저널리스트가 되려고 하는 학생들을 중심으로 생각했지만, 기존의 저널리스트 혹은 과학자와 연구자, 기업이나 행정기관의 홍보 담당자도 연령·성별·국적을 불문하고 받아들이기로 했다. 강사는 물론 일본과학기술저널리스트회의 회원인 베테랑 과학 저널리스트들에게 자원봉사활동으로 부탁했다. 강좌의 설계는 전반 4회를 소개와 개요, 후반 8회를 각론의 강의로 나누어 12회의 수업 일정표를 만들고 모집요강에 정리했다.

　　문제는 수강생의 수인데 일단 모집 인원은 20명으로 결정했다. 그러나 비록 10명이라도, 아니 5명이라도 시행하자고 이야기하던 터였다. 그런데 실제로 모집해보니 60명이나 응모하는 덕에 걱정은 기우로 끝났다. 모집요강을 각 대학교 등에 보낸 효과도 있었지만, 무엇보다 모집 기사를 신문에서 보도한 영향이 컸다. 그 영향 때문인지 지원자는 예상과 달리 학생보다 사회인이 압도적으로 많았다. 이에 응모한 60명 중 50명을 선발하여 2002년 9월에 과학저널리스트아카데미의 첫 강의를 시작했다.

우선 처음 1, 2회 강의는 "왜 과학 저널리스트가 되었는가"라는 주제로 다무라 가즈코(田村和子, 전 교도통신), 다카하시 마리코(高橋眞理子, ≪아사히신문≫), 하야시 가쓰히코(林勝彦, NHK), 오고세 다카시(生越孝, 고단샤)에게 각각의 체험을 바탕으로 자유롭게 이야기하게 했다.

3회는 "과학 담당 특파원의 임무"라는 제목을 붙이고, 워싱턴 특파원으로 근무했던 쓰지 아쓰코(辻篤子, ≪아사히신문≫)에게 강의하도록 했다. 쓰지는 자신의 활동 내용 외에 미국에서 활약하고 있는 넓은 의미에서의 과학 저널리스트의 다양한 활동을 인상 깊게 소개했다. 4회째는 "과학 저널리스트에게 필요한 자질은 무엇인가"라는 주제로 신문의 입장에서 아사히신문 출신의 글쓴이와 텔레비전의 입장에서 NHK 출신의 고이데 고로가 각각 과학 저널리스트론을 전개했다. 여기까지가 이른바 오리엔테이션이었으며, 이후 각론에 들어갔다.

5회와 6회는 "지구 환경 문제를 어떻게 전달할까"라는 주제였다. 강사는 ≪마이니치신문≫의 요코야마 히로미치(橫山裕道)로, 과학 보도 중에서 해마다 중요성을 더해가는 환경 문제를 다양한 각도에서 설명하고 수강생에게 숙제까지 내주는 열정 넘치는 강의와 토론이 진행되었다. 7, 8회는 "리스크를 어떻게 대처할 것인가"라고 하는 제목으로 원자력으로부터 광우병까지 ≪아사히신문≫ 출신인 다케베 슌이치(武部俊一)가, 그리고 9, 10회는 복제인간을 주제로 NHK의 야타베 마사쓰구(谷田部雅嗣)가 강의를 맡아주었다. 11회와 12회는 노벨상을 주제로 ≪요미우리신문≫ 출신인 바바 렌세이(馬場練成)와 ≪아사히신문≫의 쓰지 아쓰코가 각각 충실한 과학 보도론을 이야기하여 수강생과 열띤 질의응답이 오고 갔다.

프로그램을 마친 후, 수강생들을 대상으로 설문조사를 시행했다. 응답 중에는 '귀중한 체험담을 들을 수 있어서 좋았다', '수강생들끼리 토론할 수 있던 것이 기뻤다' 등 대체로 호의적인 의견이 많았다. 물론 '문장을 쓰는 방법 등 연습 시간이 더 많았으면 좋겠다'는 의견도 적지 않았다. 삼인위원회에서도 기대 이상으로 지원자가 많았던 것이나 활발한 교류가 이루어진 점, 수업 외에 이메일로 활발히 의견을 주고받았던 점 등을 들어 성공적이었다고 총평했다. 당시 노벨상의 일본인 연속 수상이나 복제인간 탄생 소동 등 과학 관련 뉴스가 연속된 것도 행운이었다.

그래서 즉시 제2기의 준비를 시작했다. 2기의 수업 내용은 1기 수강생들이 참여하는 검토위원회를 구성하여 구체적인 제언을 부탁했다. 그 결과 '스스로 무엇인가 만들어보고 싶다'는 의견이 많았기 때문에, 2기는 실습 중심의 수업 내용으로 변경했다.

구체적으로는 한 면의 신문 제작과 10분짜리 영상 프로그램을 만드는 것이다. 12회 중 2, 3, 6, 7, 10, 11회의 6회를 실기 작업으로 충당하고, 신문 제작 지도는 글쓴이가, 그리고 영상물 제작 지도는 고이데 고로가 맡기로 했다. 오리엔테이션을 다카하시 마리코에게, 그리고 마지막 강의는 요코야마 히로미치에게 각각 부탁했다. 그 사이에 "과학 저널리스트에게 듣고·묻고"라는 제목의 강좌를 마련하여, 신문을 사토, 텔레비전을 하야시, 잡지를 다카기(≪닛케이사이언스≫), 프리랜서 저널리즘을 진보 데쓰오(神保哲生, 비디오 저널리스트)가 자유롭게 강의하도록 했다.

제2기에도 60명에 가까운 응모자가 있었지만 48명으로 제한했다. 여섯 명씩 8팀으로 나누어 연습하기 위해서였다. 2기생은 1기생 이상으로 사회인의 비율이 높았고, 의사나 고등학교 교사 등 멤버도 더욱 다채로웠다.

신문 제작과 영상 프로그램 제작은 '양쪽 모두 하고 싶다'고 하는 수강생이 많았기 때문에 그렇게 하기로 했다. 경쟁하는 것이 중요하다는 생각에서 두 팀이 같은 주제로 작품을 제작하는 방식을 택했다. 첫 수업에서 수강생이 하고 싶은 주제를 제출하도록 했는데, 30개 가까이 되었고, 그것을 정리해서 최종적으로 '유전자 치료', '환경 문제', '과학 기술 정책', '이과(理科) 교육'의 네 가지로 결정했다. 수강생들은 각각 희망하는 주제로 나누어져 8팀이 '조사하고 정리하여 발표'하는 작업을 시작했다. 주어진 시간은 약 5개월이었지만 직장 관계 등으로 두 개 팀이 중도 탈락한 것이 유감스러웠다. 그러나 나머지 여섯 팀은 신문 제작과 영상 프로그램 제작을 모두 훌륭하게 마무리 지었으며 완성도도 높았다. 마지막날에 아카데미 학생과 강사진의 투표로 '그랑프리'를 선정하여 시상도 했다. 이후 2004년 3월에 2기생의 모든 코스를 끝마쳤다.

이러한 '과학저널리스트아카데미'는 세계에서도 별로 사례가 없을 것으로 생각하며, 2기생까지의 성과는 만족스러운 것으로 평가하고 있다. 이 아카데미에 의해서 과학 저널리즘을 지지하는 사람의 고리가 확실히 넓어지는 것을 실감하고 있다. 과학저널리스트아카데미의 성과는 수강생뿐 아니라 강사진의 육성에도 일정한 역할을 완수할 것이라 기대할 수 있다. 앞으로도 이 등불이 꺼지지 않도록 계속해서 노력해나갈 생각이다.

15장
새로운 과학 저널리스트상

이노우에 마사오(井上正男)

현대에는 과학과 사회가 기술 혹은 정치를 통해서 서로 깊고 복잡하게 영향을 미치고 있다. 따라서 사람들이 과학 기술의 부정적 영향을 우려하는 미래의 위험 사회에서는 저널리스트들에게 과학적인 합리성만이 요구되는 것이 아니다. 여론의 동향에 주의를 기울이고 기술적인 재량 여부를 묻는, 절차를 중시하는 사회적인 합리성을 지닌 활동이 강력히 요구될 수 있다. 피해를 미리 방지하거나 피해자나 약자의 구제에 도움이 되는 활동을 위해서 지금 일본의 과학 저널리즘에 필요한 것은 향후 일어날 수 있는 일에 대한 정확한 예측이며, 그 예견 내용의 근거를 제시하면서 사회에 경고해나가는 것이다.

3부 과학 저널리스트의 조건

근대 저널리즘의 존재 이유

과학 저널리즘을 비롯한 이른바 '일본형' 저널리즘의 관점에서 살펴보면 사건이 일어난 다음에 떠들어대는 '사건대기 저널리즘', 다양한 견해를 무시하고 선정주의적으로 접근하는 '일과성 저널리즘', 사건 이후의 보도는 흐지부지되는 '중단 저널리즘', 공익과 소속 보도기관의 이익을 하나로 보는 '기업 내 저널리즘'이라고 하는 네 가지 문제점을 꼽을 수 있다.

이러한 문제점은 자율적인 보도나 평론을 어렵게 하는 폐해에 그치는 것이 아니다. 일반인과 전문가의 역할과도 선을 긋는, 근대 저널리즘의 존재 이유 그 자체를 부정할 수도 있는 악영향을 가져오고 있다. 세계적으로 잘 알려진 미국의 저널리스트인 리프먼(Walter Lippmann)은 『여론〔世論〕』(岩波新書文庫)에서 뉴스와 진실은 동일한 것이 아니며, 따라서 분명히 구별해야 한다고 강조했다. 그는 "뉴스의 기능은 사건 하나의 존재를 알리는 것이다. 진실을 밝힌다는 것은 거기에 숨겨져 있는 여러 가지 사실에 빛을 비추어 서로 관계 짓도록 함으로써 사람들이 그것을 근거로 해서 행동할 수 있는 현실의 모습을 그려내는 것이다"라고 근대 저널리즘의 존재 이유를 명쾌하게 서술했다.

그래서 이 장에서는 새로운 과학 저널리스트상을 구체적으로 제안하고자 한다. 소박한 과학 계몽주의를 넘어, 앞서 언급한 존재 이유에 따라 과학 저널리즘이 필수적인 전문직업 집단으로서 널리 사회에 인지되기 위해서 과학 저널리스트는 어떻게 행동해야 할 것인가 하는 점을 경고 행동의 방식, 예방 행동의 방식 등을 통해 생각해본다.

뉴스와 진실을 구별한다

과학 저널리스트는 사건의 신호에 지나지 않는 뉴스와 관련된 신호로 부터 얻을 수 있는 몇 가지 진실을 분명히 구별해야 한다. 또한 그 진실에 의거해 현실의 모습을 그려내도록 활동한다. 문제는 향후 무슨 일이 일어날지, 혹은 무엇을 해야 하는지에 대한 예측력을 발휘하는 것이다.

그 구체적인 모습을 글쓴이에게 분명히 가르쳐준 사건은 '아베 다케시(安部英) 약해(藥害) 에이즈 재판'에 대한 도쿄 지방법원 판결이었다. 2001년 3월에 선고된 판결에서는 '결과 예견 가능성에 관한 사실 관계' 및 '결과 회피 가능성 및 결과 회피 의무에 관한 사실 관계'에 집중했다. 법원은 ≪네이처≫나 ≪사이언스≫ 등에 게재된 많은 관련 논문을 상세하게 인용하면서 여러 사실의 관련성을 검토하고 있었다. 과학 저널리스트라면 쉽게 읽을 수 있는 잡지들이다. 마치 과학논쟁을 재판하는 것처럼 되었지만, 그 대부분이 이미 공표된 데이터를 바탕으로 하고 있었기 때문에 마음만 먹으면 과학 저널리스트도 할 수 있는 분석이었다. 결국 법원은 '확률은 낮지만, 비가열 제재의 투여에 의해서 혈우병 환자가 HIV에 감염되는 위험성은 예견할 수 있었다'라는 판결을 내렸다. 법원은 또한 최종적으로 특정 피해자 한 사람만의 검증에 머무르지 않고, 혈우병 치료와 에이즈의 관계에 대해서 '다양한 각도에서 추가적인 검증을 시행하는 것이 의료 본연의 관점에서 볼 때 의의가 있다'라며 향후 해야 할 일을 제시했다.

후생성이 가열 제재를 인가한 후에 비가열 제재의 회수를 제조사에 지시하지 않았던 것은 무슨 이유 때문이었을까? 이러한 지연이 피해를 크게 확대시켰다. 그러나 당시의 보도는 거의 이 점을 추궁하지 않았다. 사

건을 기다린다고 하는 보도의 '사건대기'적 성격이 행정의 심각한 복지 부동을 초래했다. 이러한 사실은 프로그램 방송 후에 추적 취재해서 정리한, 『묻힌 에이즈 보고(埋もれたエイズ報告)』(三省黨)에도 자세히 나와 있다. 예측성을 발휘하려면 독자적인 문제의식을 갖고 재판 방청 등을 통해서 스스로 검증하는 것을 잊지 말아야 한다. 조사보도의 한계와 위험성을 자각하는 겸허한 자세를 유지하고, 예측을 하는 것이 과학 저널리스트가 명심할 제1원칙이라고 말하고 싶다.

저널리스트의 네 가지 사회적 책임

과학 저널리스트는 네 가지 사회적 책임을 자각하여, 세상의 다양한 의견에 귀를 기울이며 자신도 의견이나 주장을 가지고 활동한다. 과학자나 기술자의 사회적인 책임을 추궁하면서, 자신의 사회적 책임도 분명히 지각해야 한다.

네 가지 책임이란, ① 자율적 보도·평론, ② 공정한 보도와 책임 있는 평론, ③ 국민의 '알 권리'의 옹호, ④ 신뢰를 얻는 자정(自淨) 능력의 발휘이다. 과학 저널리스트는 권력이나 대중에 영합하지 않고, 감시 기능을 완수할 수 있도록 자율적으로 행동해야 한다. 이를 위해서는 종신고용 등 일본형 고용 시스템에 안주하는 일 없이, 개인 자격으로 소속될 수 있는 조직을 만들거나 국제적인 조직에 참가하거나 한다.

공정한 보도와 책임 있는 평론을 위해서는 원저 논문을 꾸준히 읽는 등 전문지식을 몸에 익혀야 한다. 동시에 논쟁에 참가할 때 스스로 건설적인 의견을 가지고 있지 않으면 저널리즘은 성립되지 않는다. 그 이유는 비록 5W 1H에 따라서 기사를 썼다고 해도, 기자는 자기가 본 현실을 취사선택하여 문장으로 재구성하지 않을 수 없기 때문이다. 문자 그대로의 객관 보도란 존재하지 않는다. 객관 보도란 극히 창조적인 과정을 가리키는 것이다. 비록 정부에서 발표한 것이라도 '무엇이 문제인가' 하는 비판정신을 가지고, 혹은 소수의견에도 눈을 돌리면서 다양한 견해를 대중에게 제공해야 함을 고려해야 한다. 기자의 문제의식과 의견을 서명 기사로서 게재하는 ≪마이니치신문≫의 "기자의 눈" 칼럼은 진부한 객관 보도를 개선하려는 뛰어난 시도 중 하나이다.

일본의 신문 사설은 정치나 경제가 중심이며, '과학과 사회'를 논한 주제는 극히 적다. 불편부당·공평중립·시시비비라는 무책임한 편의주의에서 벗어나, 비판의식을 가지고 문제점은 지적하고 끈질기게 개선을 요구할 수 있는 인재를 기르는 등 개선해야 할 부분이 있다.

사회적 책임 점검

과학 저널리스트는 취재 대상인 과학자나 기술자 등 전문가에게는 세 가지 사회적 책임이 있다는 인식을 갖고, 그 책임을 완수하고 있는지 점검하는 활동을 한다.

이를 통해 과학 저널리즘은 계몽주의적 한계를 넘는다. 세 가지 사회적 책임이란, ① 과학적 사실에 충실해야 하는 설명 책임, ② 과학적으로 알려진 것과 알려지지 않은 것의 경계, 혹은 기술이 어떠한 조건 아래에서 적용되고 있는지 그 한계를 말하는 리스크 예측 책임, ③ 그 한계나 경계를 넘었을 때 무슨 일이 일어날 것인가 하는 결과를 예측하여, 사회에 적극적으로 알리는 예방 책임이다.

'과실이 없으면 책임도 없다'라는 20세기적인 가치관은 인간 건강에 중대한 악영향을 미칠 우려가 있는 상황을 방관하는 전문가에게는 적용되지 않는다. 예를 들어 「제조물책임법」과 같이 '무과실 책임'이라는 고도의 주의 의무를 들 수 있다. 비록 예측 가능성이 작아서 과실은 아니라고 해도 통상 가져야 할 안전성이 부족했을 경우 '결함 책임'이 있다고 판단하는 것이다. 이것을 문제 삼지 않으면 첫 번째 희생자가 나타나지 않는 한 구제의 길이 열리지 않는 비인간적 논리가 통용되게 된다. 이러한 인식 아래, 과학 저널리스트는 예컨대 전문가들로 구성된 행정심의회 위원들이 어떻게 책임을 지는지 분석하고 그것을 검토할 필요가 있다.

대화형 공공권 만들기

과학 저널리스트는 과학자, 기술자, 대중, 저널리스트 간의 의사소통을 도모하는 대화형 공공권〔公共圈, 합의수렴회의(consensus conference)를 포함하는〕을 만들기 위해 적극적으로 노력해야 한다.

즉, 미디어 비평 등 대중이 미디어의 특성을 이해할 수 있도록 매체식자율(media literacy) 증진 활동을 벌이고, 인터넷 등을 이용해 전자 저널리즘의 가능성을 모색해야 한다. 이러한 공공권 만들기의 중요성은 『미디어와 공공권의 정치(メディアと公共圈のポリティクス)』(東京大出版會) 등에서 알 수 있듯이 연구자들에 의해 이미 지적되었다.

의심스럽다면 '경고의 행동규칙'으로

과학 저널리스트는 사회적으로 리스크를 회피할 수 있는 방향으로 활동한다. 단정적이진 않더라도 어느 정도의 근거에서 유추했을 때 리스크와 원인 사이의 인과관계가 존재한다고 추정되면, '의심스럽다면 경고한다'라는 '경고의 행동규칙'에 따라 사회적으로 리스크를 최소화할 수 있도록 활동하는 것이다.

정부나 관리들은 흔히 '과학적 확증이 없다'고 말한다. 이것을 구실로 사건이 일어난 다음에야 요란하게 떠드는 '사건대기형'이라는 비판에서 벗어나려고 하는 것이다. 이 규칙에 따라 광우병 보도를 분석했다면 일본에서 감염된 소가 처음으로 발견되기까지 적어도 네 번의 경고 기회가 있었다. 하지만 모두 놓치고 말았다. 저널리즘의 취약함을 반성할 필요가 있다.

이러한 규칙에 충실히 따라 성공한 예가 레이철 카슨(Rachel Louise Carson)의 『침묵의 봄(Silent Spring)』이다. '매년 봄 마당에 날아오던 개똥지빠귀가 왜 지저귀지 않게 되었는가'라는 친구의 소박한 의문에 카슨은 민감하고 재빠르게 반응했다. 관련 논문들을 폭넓게 읽고 서로 연관짓기를 시도했으며, 결과에 상상력을 동원하여 개똥지빠귀의 죽음과 DDT의 공중 살포 간 인과관계를 추적하기 시작했다. 그것이 역사를 바꾸는 성과를 올렸던 것이다.

문제는 '풍문 피해'나 패닉 상황을 일으키지 않도록, 누구에 대해서, 어느 시점에, 목적은 무엇인지를 명확하게 하여 구체적으로 경고해야 한다는 것이다. 이 중 한 가지만 부족해도 풍문 피해나 패닉 상황이 일어날 가능성이 높다는 것은 최근에 있었던 '아사히 TV 다이옥신 소송 판결'(2003. 10)에서도 분명히 알 수 있다. 최고 재판소가 보도 기관인 방송 본연의 모습을 찾으라고 엄격하게 경고한 것이다. 양치기 소년처럼 요란 하게 떠들어대는 경고는 '경고의 행동규칙'에 반하여, 경고가 되지 못한 다. 반대로 이 세 가지 조건을 지킨다면, 「수은 금눈돔 탐사보고」(후생노 동성, 2003. 6)처럼 미나마타병(水俣病)의 원인 물질인 메틸수은 등의 유기 수은이 검출되었다고 해도 국민은 비교적 침착하게 대처할 수 있다.

불확실성은 '예방의 행동규칙'으로

과학 저널리스트가 사건을 다룰 때는 몇 가지 원인이 서로 얽혀 있고 인과관계가 있다고 보기 어려운 경우라 하더라도, 사회적으로 중대한 결 과를 초래할 우려가 있는 경우 '예견할 수 없었다'로 기사를 끝내면 안 된다. 불확실성을 회피하여 예방한다고 하는 '예방의 행동규칙'에 따라 대처해야 한다. 여기서 말하는 불확실성이란 리스크와 달리 확률을 계산 할 수 없는 애매함이다. 그래서 사회적인 의사결정에서는 대중의 참여가 요구된다. 예방규칙의 구체적인 지침으로는 유럽위원회가 정한 「예방 원칙에 관한 유럽연합 지침」(2000. 2)을 참고한다. 여기에는 아래와 같은 예방 조치 원칙 적용의 가이드라인이 공표되어 있다.

  o 목표로 하는 보호 수준과 실제로 시행하는 조치 간의 균형을 맞춘다
     (균형성).
  o 같은 상황에는 같은 조치를 시행한다(일관성).
  o 조치는 과거의 대책과 모순되지 않게 한다(정합성).

o 행동 여부에 따른 비용 편익(便益)을 계산한다(비용 편익성).

o 새로운 과학적 데이터에 비추어 조치를 재검토한다(재검토성).

o 정부나 기업은 포괄적인 리스크 평가에 필요한 과학적인 증거를 제출할 책임이 있다(입증 책임성).

이 가이드라인은 정부를 감시하는 역할이 주어진 저널리즘에도 적용하면 도움이 될 수 있다.

이러한 관점에서 일본의 지구온난화 보도를 점검해보자. 현재 온난화는 확정된 사실인 것 같이 전달된 경우가 매우 많다. 기후 변동에 관한 정부간 패널(IPCC)의 제2차 평가보고서(1995년)가 온난화에 대해서 정책 결정자용 요약으로 "아직 많은 불확실성이 있다"라고 강조하고 있는데도 말이다. 재검토성이라고 하는 예방의 행동규칙에 대해서 논의되는 경우는 거의 없다. 이렇게 과학 논쟁 없는 일본 과학 저널리즘의 태만을 경고한 유일한 저서가 사회학자 야쿠시인 히토시(藥師院仁志)의 『지구온난화론에의 도전(地球溫暖化論への挑戰)』(八千代出版)이었다. 이 책에서는 논쟁 없는 저널리즘의 실태를 구체적으로 지적하고 있다. 지금도 재검토성에 기반을 둔 다양한 과학논쟁이나 조치의 타당성 논의가 과학 잡지에서 활발하게 계속되고 있는 미국과는 현저한 차이가 난다. 유럽에서도 롬보르그(Bjørn Lomborg)가 『환경 위기를 부추겨선 안 된다〔The Skeptical Evironmentalist〕』(2001)에서 환경보호론자의 입장에서 온난화 논의의 취약성을 근거로 제시하면서 날카롭게 지적하고 있다. 다만 이 저작에 대해서는 일면적이라는 비판도 있으므로, 과학 저널리스트들은 독자적인 관점에서 온난화를 재검토해야 한다.

통찰력 · 상상력을 구사한다

　과학 저널리스트는 경고, 예방의 행동규칙이 유효하게 기능 하도록 전문지식 습득에 노력한다. 동시에 이변(異變)을 재빨리 감지할 수 있도록 통찰력이나 상상력을 구사하여 활동한다.

　예를 들어, 이시무레 미치코(石牟禮道子)가 미나마타병에 매달렸던 모습은 위험사회에서의 과학 저널리즘 본연의 모습을 앞서 보여주었다. 이시무레는 1965년에 미나마타병의 비참한 실태를 고발한『고해정토(苦海淨土)』[1]의 원형이 되는 소설을 현지 동인지(同人誌)에 발표했다. 미나마타병이 사회 문제로 매스미디어에 크게 다루어지기 전의 일이다. 이것은 당시의 저널리즘 - 현지 언론인 ≪구마모토니치니치신문≫ 등 일부를 제외한 - 이 시종일관 국가나 기업 측의 발표에 중점을 두고 보도한 것과는 현저하게 달랐다. 기존 저널리즘이 미나마타병을 한 지방의 풍토병 정도로 취급하지 않고 어디에서도 일어날 수 있는 '공해병(公害病)'으로 그 실태를 크게 다룬 것은 1970년대 이후였다〔예를 들어 NHK 특집 〈무라노 타마노의 증언: 미나마타의 17년〉(1972)〕. 더 정확하게는 1973년의 구마모토 지방법원 판결로 피해자 측이 승소한 이후이다.

　이시무레의 재빠른 대응은 과학 저널리스트가 적극적으로 과학논쟁에 도전해야 한다는 것을 선구적으로 보여준 것이다. 건강 피해와 같은 중대한 영향을 예측할 수 있는 경우에는 뒤늦지 않도록 현장에서의 경험을 바탕으로 상상력과 통찰력을 동원해야 한다.

---

1) (역주) 1969년에 발표한 작품으로, 우리나라에는『슬픈 미나마타』라는 제목으로 소개되었다. 2004년에 간행된『이시무레 미치코 전집 시라누이』(전 12권)에『고해정토』의 연작인『신들의 마을』과『하늘의 물고기』를 발표했다.

저널리스트들이 그렇게 할 수 없었던 이유는 무엇일까? 보도의 중립성이 점검 기능을 상실케 했던 것이다. 한센병 사건에서도 일본한센병학회가 국가가 시행하는 격리 정책의 잘못을 바로잡지 못했다는 것을 스스로 인정하는 '반성성명'(1995. 4)을 발표한 이후에야 언론들은 국가에 대한 책임 추궁을 위해 움직이기 시작했다. 지진 예지에서는 국가의 측지학(測地學)심의회가 ≪리뷰보고≫(1997. 6)로 '예지는 어렵다'고 하기 전까지는 예지 연구의 문제점을 언론이 검증하는 경우는 거의 없었다. 언론이 학계와 정부에 의존하려는 경향과 중립성 개념의 관계를 앞으로 구체적인 사건을 통해 검증해나갈 필요가 있다.

스스로 의제를 설정한다

과학 저널리스트는 (지역) 사회의 힘이 되도록 과학자·기술자·대중과 협력하고, 공익에 이바지하는 의제설정을 위해 노력하며, 자신도 설정한 의제에 따라 활동한다.

이러한 문제 해결형 저널리즘은 퍼블릭 저널리즘으로서 1990년대 이후 미국에서 주목받고 있다. 구체적인 사례로 『미나마타병의 과학(水俣病の科學)』(日本評論社)를 소개하고자 한다. 이 책은 저널리스트와 공업화학자가 장기간에 걸쳐 협력해 문제의 원인인 메틸수은이 어떠한 과정을 거쳐 미나마타만에 확산되었는가 하는 지금까지 불투명했던 문제점에 처음으로 접근해서 매우 구체적이고 정량적으로 분석한 것이다. 또 다른 사례로, 저널리스트 다치바나 다카시의 『뇌사(腦死)』(1986)와 『뇌사재론(腦死再論)』(中央公論社)이 있다. 과학자가 말하는 뇌사 조건(이른바 다케우치 판정 기준)을 그대로 믿어도 되는가 하는 문제의식에서 출발하여, 어떤 조건이 충족되어야 뇌사를 '죽음'이라고 할 수 있는가에 대한 답을 얻고자 의사의 협력을 통해 접근한 것이다. 다치바나는 이러한 관점을 견지하면서 1992년에 『뇌사 임시 행정 조사회 비판(腦死臨調批判)』(中央公論社)을 펴내는 등 앞으로의 과학 저널리즘이 갖춰야 할 모습을 구체적으로 보여주었다.

이는 저널리즘과 학문지상주의가 사회적 약자나 피해자 구제라는 공통의 문제의식을 바탕으로 협력한 문제 해결형 조사보도라고 할 수 있다. 독자적인 조사보도의 한계를 뛰어넘는 시도라고도 할 수 있다.

보도의 책임

과학 저널리스트는 사실에 반하거나 합리성이 결여된 보도 및 평론이 원인이 되어 피해자가 나왔을 경우, 그에 대한 처리나 구제를 자율적으로 시행한다.

NHK나 일본민간방송연맹 등 방송계에서는 아직 미흡하지만 이 문제를 처리하고자 제3의 기관인 '방송과 인권 등 권리에 관한 위원회(BRC)'를 공동으로 설립했다. 그러나 신문 업계에서는 업계 전체를 대표할 만한 통일된 기관을 설립하지 않았다. 과거 몇 차례나 자율기관에 대한 논의가 있었는데, 아직은 각 신문사의 대응에 맡긴 상황이다. 국민에게 신뢰를 받을 만한 자정 능력이 있는 저널리즘이 되도록 시급히 태세를 정비할 필요가 있다.

자신에 대한 규제

과학 저널리스트는 보도와 평론에 일관성이 있도록 자신의 주장은 자신에 대해서도 적용하도록 스스로 자율 규제한다.

이러한 규정은 반드시 필요한 것은 아니라고 생각하는 저널리스트도 있을 것이다. 그러나 저널리즘 전반에 대한 국민의 불신감을 불식하는 새로운 저널리스트상(像)을 확립하려면 이 정도의 규제는 있어야 한다.

이상의 행동 기준에 따라서 활동한다면, 사회는 과학 저널리즘을 필수 불가결한 것으로 인식할 것이다. 과학자나 기술자들도 매스컴에 대한 고정관념 ― 왜곡보도를 일삼고 사건에 대한 해설 혹은 비난만 한다는 ― 에서 벗어나 과학 저널리스트의 필요성을 통감하게 될 것이다.

칼럼

과학 보도와 윤리

과학 기자로서 지낸 30년 동안, 보도 윤리에 대해 생각하게 되는 일이 많았다. 의학 관련 취재에서는 환자의 사생활 보호를 이유로 보도를 막으려는 의료관계자와 새로운 기술의 응용과 그 효용 및 위험을 사회에 공정하게 알리고자 하는 과학 기자가 대립하는 경우가 많았다.

1982년 도호쿠(東北)대에서는 일본 최초의 체외수정에 의한 임신 성공이 공표되었다. 언론사마다 시술자를 찾아내느라 혈안이 되어 있었다. 시술자의 사생활 보호가 가장 중요하며, 임부(姙婦)에게 정신적인 부담을 주면 유산할 우려도 있다고 하여 대학 측은 입을 열지 않았다. 도쿄 본사의 과학부와 센다이(仙台) 지사가 총동원되어 찾아나선 끝에 오래전부터 친한 사이였던 병원 의료진으로부터 정보를 얻었다. 센다이 지사의 젊은 직원이 육아용품 판매원을 사칭하여 환자를 만나 확인하고 가족과 신뢰관계를 쌓았다. 출산일에 남편의 체험수기를 받기로 약속하고, 대신 실명보도는 자제하기로 했다. 출산 당일 직전까지 지방지 등 세 신문사가 가족과 접촉한 것 같았는데, 우리는 약속을 지키며 취재 성과를 잇달아 제휴 언론사들에 보냈다.

그러나 다음 날 도쿄의 한 신문사가 환자의 이름과 소재지를 공개했다. 우리를 뒤따라 취재하면서 가족에게 양해도 구하지 않고 쓴 것 같았다. 이로 인해 가족의 태도가 돌변하는 바람에 약속한 수기도 못 받게 되었다. 데스크인 나는 마무리를 잘못했다며 회사의 꾸중을 들었다. 그러나 먼저 보도한 신문을 따라 실명을 공개하는 것은 편집 간부와 대립하면서까지 단호하게 거부했다. 센다이에서는 수많은 사진 주간지들이 뒤쫓는 바람에 부모와 아이들이 1년 이상 자택에 못 들어갔다. 그로부터 20년, 일본에서 체외수정으로 태어난 아기는 현재 6만 명을 넘었다.

- 다무라 가즈코(田村和子), 교도통신사 객원 논설위원

4부 과학 뉴스의 취재와 보도

16장
생명과학의 취재와 보도

아오노 유리(靑野由利)

'자기 분야'라고 하는 것

같은 과학 저널리스트 간에도 각각 '자기 분야'라고 하는 것이 있다. 그런데 자기 분야가 결정되는 과정은 상당히 미묘하다.

신문사 과학 기자가 하나의 분야만 열심히 해서 '먹고산다'는 것은 불가능하다. 날마다 변화하는 모든 분야에 대응하는 능력이 요구되며, 그래서 몇 년마다 다른 분야에 순차적으로 배치된다. 10년 정도 지나면 거의 모든 분야를 망라하게 되므로 자신의 취향에 맞는 분야를 파악하게 된다. 글쓴이의 경우는 그것이 생명과학과 우주과학이었는데, 그때까지는 지진이나 화신, 원자력, 물리학 등의 분야를 취재해왔다. 돌이켜보면 어느 시기까지는 생명과학을 '내 분야'로 여기게 되리라고는 상상도 못했었다.

글쓴이는 대학에서 이공계를 전공하고 곧바로 신문사에 입사했다. 왜 전문 분야를 전공하고 다른 분야로 취업하게 되었느냐는 질문을 받을 때마다 적당히 얼버무려 왔다. 그런 탓에 전공을 바꾼 진정한 이유가 무엇인지 자신도 정확히 알지 못한다. 나름대로 글 쓰는 것을 좋아했기 때문이라는 것이 정확하진 않지만 적절한 대답일 것이다. 그렇다고 해도 '신문사'를 직장으로 선택한 것은 상당한 비약이긴 하다. 같은 학과의 동문이 "정말로 괜찮아?"라며 진지한 얼굴로 걱정한 것을 기억하고 있다. 실제로 입사 초기에는 괜찮지 않았다.

요코하마 지국에서 1년간 경찰 담당을 하고, 2년째에는 도쿄 본사의 사회부로 돌아와 도청에 출입했으며, 3~4년째는 도내의 지국에서 도내판(都內版) 작성을 중심으로 일했다. 그동안 대학에서 배운 것을 취재에 응용한 것은 거의 없었다. 사실 그것은 과학 분야에만 한정된 일이 아닐지도 모른다. 하지만 그전까지 실험실을 중심으로 생활하던 사람에게 경찰이나 관청을 취재하거나 지역에서 기삿거리를 찾는 것이 너무나 낯선 일인 것은 사실이었다. 매일 '더는 못하겠다'라는 생각을 했다.

그러나 그것은 과학 취재를 할 수 없었기 때문이 아니다. 입사 초기에는 우선 과학과의 인연을 끊으려고 생각했다. 당시 사내에 독립적인 과학부가 없고, 사회부 안에 과학 담당이 있었기 때문이다. 경찰 담당이 성격에 맞지 않는 것은 분명하고, 도저히 사회부 기자가 될 수 없다고 느끼고 있었기 때문이다.

그런데 경찰 취재는커녕 다른 어느 분야에서도 기자로서의 적성이 없다는 생각이 들 무렵에 과학부가 사회부로부터 독립했다. 가능성이 남아 있다면 이제 이곳밖에는 없다고 생각했다. 그리고 마침내, 1984년에 운 좋게 과학부로 배치된 것이 글쓴이가 과학 기자가 되는 첫걸음이었다.

놓칠 수 없는 생명과학의 사회적 영향

당시와 지금을 비교하면, 과학 기자가 하는 일에는 기본적으로 변화가 없을지도 모른다. 하지만 되돌아보면 일상생활은 다소 차이가 났다. 과학부에 배치된 초기에는 과학 취재의 요령을 전혀 모르기도 했지만, 취재대상과 접점이 되는 하나의 도구로서 학회가 지금보다 더욱 중요한 역할을 하고 있었다.

과학 관련 학회의 초록집을 사전에 입수하여 대강 훑어보다가 기사가 될 것 같은 논문을 발견하면, 해당 과학자에게 연락하여 취재하고 학회 행사에도 참석한다. 그러한 작업을 반복하는 동안에 그 분야의 토픽이 무엇인지, 핵심인물이 누구인지, 어떤 사건을 '획기적 발견(break through)'이라고 말할 수 있는지 등이 서서히 보이게 되었다. 다양한 분야에서 이러한 정형화된 작업을 거듭하면서 글쓴이가 놓친 분야 가운데 하나가 생명과학이었다. 그러던 중 가장 큰 변화의 계기가 된 것이 1984년에 센다이에서 열린 '국제바이러스회의'이다.

당시는 에이즈 바이러스가 발견된 지 얼마 되지 않은 시기로, '바이러스 업계'는 활기에 차 있었다. 바이러스는 유전자 그 자체라고 할 수도 있는 생물(혹은 반생물)이기 때문에 최첨단의 유전자 해석이나 유전자 공학과도 밀접하게 결합되어 있었다. 바이러스는 또한 암 발생과 관계가 있으며 인류학에도 단서를 제공하는 등, 생명과학의 전 분야와 폭넓게 연결된다. 현재 프리온(Prion)은 감염성 단백질로 인정되지만, 당시는 '슬로 바이러스'라고 분류되었다.

최근에는 국제회의가 있다는 소식을 들으면 '또 있구나' 정도로 흘려 버리지만, 그 당시에는 필사적으로 사전 취재를 하고 센다이에도 나가서 매일 같이 원고를 썼다. 그러한 경험이 생명과학에 대한 흥미로 연결되었고 그중에서도 유전자 해석이나 유전자 공학에 대한 관심으로 발전해갔다.

생물이나 유전자에는 흥미가 없었고 물리·화학 분야의 실험에만 관여했던 대학 시절을 생각하면 의외의 전개였지만, 그럴 만한 이유가 있었다. 이 분야가 발전함에 따라 '사회적 영향'과 긴밀하게 관련될 것이라는 점을 기자로서의 '후각'이 둔한 글쓴이도 느낄 수 있었던 것이다. 즉, '생명윤리'와 관계되는 분야로서, 아주 현실적으로 이야기한다면 '좋은 기삿거리'를 제공하는 주제인 것이다.

그때부터 지금까지 글쓴이가 나름대로 깊이 생각하여 취재한 생명과학의 주제들을 돌아보면 대개 생명윤리와 관계되는 분야이다. 물론 뒤집어 생각해보면 현재의 생명과학에 관한 논의 대부분이 생명윤리와 무관할 수 없는 것도 사실이다.

대략적으로 정리해보면 다음과 같은 주제들이 떠오른다.

o 유전자 관련 기술(여기에는 인간게놈계획이나 유전자 진단, 유전자 치료,
  유전자 변형 작물 등이 포함된다)
o 복제 기술
o 재생 의료
o 뇌사·장기이식
o 생식 의료

이러한 생명과학 기술은 각각 독립적인 것 같으나 사실은 같은 뿌리에서 나온 것임은 두말할 필요조차 없다. 바로 인간의 탄생과 죽음, 생명의 질, 인간과 생명의 존엄이며, 때로는 기술 그 자체가 공통의 뿌리를 갖고

있기도 한다. 여기서는 이들 가운데 '사람의 유전자 해석'과 관계되는 문제를 채택하여 이 주제를 추적하는 과정에서 느낀 점들을 소개해보기로 한다.

인간유전자 해석에서 보는 생명윤리 정책

사람의 유전자를 해석하는 것이 사회에 미치는 영향에 대해 글쓴이가 주목하게 된 것은 1986년의 일이다. 당시, 도쿄대 이학부장이었던 와다 아키미쓰(和田昭允)가 인간 유전정보(인간게놈) 전체의 한 세트분을 해독하는 데 몇 년이 걸리는지를 계산했다는 소식을 듣고 취재에 나섰다. 아직 '인간게놈계획'이나 '게놈'이라는 말이 일본에서 시민권을 얻지 못한 시기의 이야기다. 이때부터 우여곡절을 거쳐 '인간게놈계획'은 미국 주도로 진행되게 된다. 그러한 과정을 포함하여 초기에는 지금까지의 생물학 방법론과는 크게 다른 톱-다운 방식의 대형 프로젝트에 일본이 참여하는 자체가 큰 화제였다.

하지만 계획의 윤곽이 드러나면서 인간의 유전자 해석이 어떤 사회적 영향을 가져올지 간과할 수 없음이 밝혀졌다. 특히 글쓴이가 주목한 부분은 미국이 정리한 '인간게놈 5개년계획'의 핵심영역으로, '윤리적·법적·사회적 문제(Ethical·Legal·Social Implications: ELSI)'에 상당한 비중을 둔 것이다. 그 배경에는 인간게놈계획을 추진해온 제임스 왓슨(James D. Watson) 박사의 '게놈 예산의 3~5%를 ELSI에 할애한다'라는 제안이 있었다. 이런 부분을 생각하면 지금도 일본과 미국의 과학적 수준 차이가 느껴진다.

일본에서 취재하다 보면, 과학자들은 생명윤리 문제에 그다지 관심을 두고 있지 않다는 것을 알 수 있다. 오해를 살 각오로 말하자면, 생명윤리에 관심이 있는 이들은 '과학자'라고 할 수 없다는 분위기마저 느껴지곤 한다. 생명윤리 문제에 대해 논의하는 자리에 과학자가 적극적으로 참여하는 경우는 매우 드물다. 극단적으로 말하면 '생명윤리에 관심이 있는 집단'과 '과학자 집단' 사이에는 큰 벽이 있어 서로 적대하는 것처럼 보이기도 한다.

더욱이 과학 기술 정책 측면에서도 일본이 인간 유전자 해석에서 생명윤리의 중요성을 깨달은 때는 매우 늦은 시점이었다. 미국이 ELSI 분야에 상당한 예산 편성을 하는 것을 보면서도 일본은 인간게놈계획의 윤리 문제에 본격적으로 예산을 책정한 적이 없었다. 유전자 해석에 대한 국가 차원의 가이드라인은 밀레니엄 계획에 따라 대규모 유전자 해석 시행이 결정되고 나서야 서둘러 작성되었다.

이러한 흐름에 따라 과학 기자들은 '생명윤리 집단'과 '과학자 집단', 그리고 '과학 정책 입안 집단'을 별도로 취재해 나갔다. 이처럼 새로운 과학적 발견이 이루어지면 취재하는 기자의 지적 호기심도 채워진다. 그러나 한편으로는 불안감을 느낄 수밖에 없는 장면과도 마주치게 된다. 또 다른 예로 문부과학성이 2003년부터 5개년계획으로 시작한 '오더메이드(order made)의료 실현화프로젝트'를 살펴보자.

영국 바이오뱅크와 일본 사례의 차이

이 프로젝트는 생활습관병(성인병) 환자 30만 명을 대상으로, 임상 데이터와 유전자 해석 결과를 묶어 유전자의 개인차와 질병에 취약한 정도, 약제에 대한 반응성의 관계를 명확히 하는 것을 목표로 했다. 영국은 1999년부터 국민 50만 명을 대상으로 임상정보와 라이프스타일 정보, 유전자 정보를 함께 해석하는 '바이오뱅크' 계획을 수립했다. '오더메이드 의료 실현화프로젝트'는 이 프로젝트에 비유하여 '일본판 바이오뱅크'라고 불리기도 한다.

이 두 개의 바이오뱅크를 ELSI의 관점에서 비교했을 때 그 차이는 크다. 영국은 프로젝트가 구상된 지 4년이 지난 2004년 봄까지도 아직 시작하지 않았다. 이렇게까지 준비기간을 길게 두는 이유 중 하나가 ELSI 관련 논의 때문이다. 전문가로 구성된 위원회가 바이오뱅크의 ELSI 관련 사항에 대해 면밀하게 검토를 거듭했을 뿐 아니라 환자 단체 등에서의 청취 조사도 사전에 시행되었다. 또한 일반 시민 대상의 공청회도 열리고 있다.

영국 내의 유전학 관련 연구에 대해 정부에 조언하는 '인간유전학위원회 (Human Genetics Commission)'의 책임자인 헬레나 케네디(Henlena Kennedy)는 진중한 논의를 거듭하고 있는 이유에 대해 "국민의 반발을 사지 않기 위해서다"라고 답했다. 영국의 과학 정책은 우해면상뇌증(BSE)이나 유전자 변형 작물 등을 계기로 국민의 신뢰를 잃었다. 향후에 그러한 일이 일어나지 않도록 사전에 충분한 논의를 통해 국민에게 정보를 알리는 것이 중요하다고 생각하는 것이라고 한다.

한편 일본판 바이오뱅크는 문부과학성의 '리딩 프로젝트'로서 예산을 배정받았는데, 여기에 ELSI 팀이 설립된 것은 프로젝트가 시작되고 나서였다. 그전에는 문부과학성의 과학기술학술심의회 산하에 설치된 '생명윤리안전부회'나 종합과학기술회의의 '생명윤리전문조사회'의 의제로 거론되지 않았다. 국민을 대상으로 한 공청회가 열렸던 것도 계획이 시작된 후의 일이다. 영국과의 이 사소해 보이는 차이가 문제이다.

이러한 일을 과학 기자가 문제시하면 "모처럼 국민의 건강이라는 선의의 목적으로 진행하는 프로젝트에 찬물을 끼얹을 생각인가"란 말을 듣기 쉽지만, 실제로는 그렇지 않다. 영국이 국민 반발을 고려하여 신중한 논의를 계속하는 것은 계획을 더욱 순조롭게 진행하기 위한 것이다. 즉, 매우 실용적이고 전략적인 정책이다. 이것은 미국이 재빨리 인간게놈계획의 ELSI를 구상했던 것과 같은 조치라고 생각한다.

일본의 프로젝트도 앞으로 ELSI 관련 문제가 걸림돌이 되면 '선의의 목적'은 멀어진다. 그것은 유전자 해석 연구에 한정된 이야기가 아니다. 종합과학기술회의가 논의를 진행해온 '인간 배아' 문제도 마찬가지다. 사람의 수정 배아나 복제 배아를 이용해서 재생 의료 연구를 하려는 연구자의 최종 목적은 환자의 구제이며, 그 자체에 이론을 달기는 어렵다. 하지만 ELSI 관련 문제가 생기면 목적은 실현될 수 없다.

이처럼 ELSI에는 윤리적 과제뿐 아니라 과학적 타당성의 문제도 포함된다. 따라서 과학 기자는 한쪽 손에 과학 발전의 기대를, 다른 한쪽 손에 그 발전이 사회에 가져올 수 있는 부정적 측면을 쥐고 양쪽 모두를 보도하는 것이다. 결과적으로, 과학자들로부터는 "과학 발전에 지나치게 비판적이다"라는 소리를, 반면에 생명윤리에 민감한 사람들로부터는 "비판이 부족하다"라는 소리를 듣는다. 이는 과학 기자의 숙명일 것이다.

언론인 직접 참여의 딜레마

마지막으로, 미디어 종사자가 생명윤리 정책을 논의하는 정부 관계의 위원이나 의료시설의 윤리위원회 위원 등으로 활동하는 것의 옳고 그름에 대해 이야기하고자 한다.

글쓴이 자신도 「인간게놈과 유전자 해석 연구에 관한 윤리 지침」〔이른바 삼성지침(三省指針)〕 작성 당시에 작업 위원회 멤버로 참여했다. 그 후, 이 지침에 따라 대학에 설치된 윤리심사위원회의 멤버로서 활동했다.

물론 이러한 현장에 내부 당사자로서 참여하는 것을 과학 기자로서 많이 고심했다. 다만 당시 휴직 중이었으며 외국에 있었기 때문에, 실제 보도에 영향을 줄 가능성이 적다고 판단하여 참여를 결정했던 것이다. 대학의 윤리위원회에 대해서는 새롭게 시작한 지침의 운용을 현장에서 보고 싶다는 생각과 일반 시민의 상황을 대변하고 싶다는 생각이 있었다.

결론부터 말하면 귀중한 체험이었으며 외부에서는 접하기 어려운 구체적 현실도 알게 되었지만, 동시에 내부의 어려운 상황이라는 것도 분명하게 알게 되었다. 특히 윤리위원회 같은 경우 현재 일본의 시스템으로는 위원 개인이 감당해야 하는 부담이 너무 커서 다른 일을 하면서는 도저히 책임을 완수하지 못할 것이라고 느꼈다. 지금도 윤리위원회로서의 판단이 정말로 올바른 것이었는지, 과연 피험자의 권리를 지킬 수 있었는지 등 불안한 점들이 있다. 하지만 그것을 직설적으로 신문보도에 활용하는 일 또한 쉽지 않았다.

이처럼 미디어 종사자가 보도와는 다른 영역에서 어떤 역할을 수행한다는 것은 일본 과학 저널리즘의 장래를 생각하는 데 하나의 과제가 될 수 있을 것이다.

17장
환경 문제의 취재와 보도

사토 도시오(佐藤年緒)

　과학 저널리스트에게 환경 문제는 주요 취재 대상의 하나이고, 그 비중도 더욱 커지고 있다. 오늘날 과학 기술은 자연과 사회를 변화시키는 거대한 원동력으로서 지구 환경에 큰 영향을 끼친다. 한편, 과학 기술에 의한 관측이나 분석 없이는 현재 발생하는 환경 문제를 올바르게 파악할 수 없다. 그러나 과학적인 접근만으로는 문제의 해결책을 제시할 수 없는 것도 사실이다. 피해로 고생하는 지역이나 개발도상국의 사람들까지 생각하면서 그 문제를 발생시키는 경제적·사회적 요인과 국제 관계 등을 명확하게 해야만 비로소 전체 구조가 보이는 것이다. 하나의 전문적인 연구성과를 전달하는 것만으로는 부족하며, 지역 현장에서 자연환경이나 다양한 입장의 사람들에 대한 취재가 필요하다. 환경 문제를 전달하는 과학 저널리스트의 역할과 가능성은 무엇인지, 그리고 유의점은 무엇인지를 살펴보고자 한다.

현장 중심주의

'현장에 선다'. '현장을 걷는다'. 이것은 환경 문제에만 국한되는 것이 아니다. 경찰 사건이나 재해 보도에서도 우선 사건의 발생현장이나 재해 지역으로 이동해야 그 주제가 자신의 것이 된다. 반대로 현장에 가지 않았던 사건은 이후에 아무리 관련 기사를 썼다고 해도 어디까지나 남의 일처럼 겉돌고 거리감을 느끼게 된다.

현장 기자들이 보낸 원고를 읽는 데스크 입장에서는 현장을 모르는 것이 오히려 제삼자로서 냉정하게 원고를 읽게 되는 장점이 있다. 그러나 개인적으로는 휴일 등을 이용하여 쟁점이나 화제가 되는 현지를 가능한 한 방문하려고 했다.

개발의 물결 속에서 간신히 살아남은 산반세(三番瀬)나 후지마에(藤前) 간척지. 대규모 공공사업으로 중단 논란이 있었던 나가라가와(長良川) 하구의 제방이나 이사하야만(諫早灣) 간척지, 가와베(川邊)강의 댐. 그리고 도쿄 다마(多摩) 지구의 쓰레기가 모이는 히노데쵸(日之出町)의 쓰레기처리장이나 수도권 산업폐기물 투기 현장 등을 그 예로 들 수 있다. 한편으로 풍부한 자연을 간직한 장소로 세계유산에 등록된 시라카미(白神) 산지, 야쿠시마(屋久島), 그리고 야생 고양이[西表山猫]가 서식하는 이리오모테(西表島)섬 등, 맑은 공기 속에서 그 지역 고유의 동식물과 접하는 기쁨은 환경 취재의 참다운 즐거움이기도 하다.

현장에서 시(視), 청(聽), 후(嗅), 촉(觸), 미(味)의 오감을 통해 자연을 접하여 개발이나 환경 파괴의 상황을 아는 것이 취재의 원점이다. 과학자가 연구실 내에서 실험하고 관찰하는 것이 사회에서 일어나는 모든 사상(事象)을 설명하지는 못한다. 일반적으로 과학 분야의 취재는 연구자로부터 이야기를 듣는 방식으로 이루어진다. 그러나 환경 문제의 취재는 다양한 자연현상과 사회적 사상이 혼재한 현장으로 나가는 것이 중요하다. 그것이 전체적인 사실 관계를 파악하는 기본이다.

사람을 만나고 이야기를 듣는다

다만, 현장에 간다고 해서 모든 것을 알게 되는 것은 아니다. 대기(大氣)나 수질 오염 및 폐기물 투기 현장의 경우에는 지역에서 그 문제에 직면한 사람들로부터 이야기를 들어봐야 비로소 사태의 심각함을 알게 된다. 국립공원 내의 풍부한 자연을 알아보는 데 자연해설원과 함께 걷는 기회를 얻게 된다면 다행이다. 혼자서는 간과하기 쉬운 생물계의 아름답고 오묘한 세계에 대한 설명을 들음으로써 새로운 관점으로 자연을 바라보게 된다. 즉, 현장에서 관계자를 만나서 이야기를 듣는 것이 필요하다.

미나마타병 문제의 진실에 접근하여 정부나 기업의 책임을 추궁한 공해학자인 우이 준(宇井純, 오키나와대 명예교수)도 "미나마타병 발생의 원인을 밝혀내려고 할 때 대학교에서 배운 화학 지식만으로는 도움이 되지 않았다. 결국 사람들의 이야기를 지속적으로 듣는, 신문기자가 취재하는 것 같이 할 수밖에 없었다"라고 털어놓았다.

객관적이라고 할 수 있는 수질오염 측정 데이터 등도 정부나 기업이 발표한 것을 그대로 믿을 수 있는 것은 아니다. '기업의 공장 폐수가 이정도의 소량은 아닐 것이다'라고 직감한 우이는 "관공서가 단속하지 않을 듯한 새벽 3시경에 공장에서 몰래 폐수를 배출할 것이다. 기업에서 엔지니어로 일을 했던 경험이 있었기 때문에 안다"라며 자신의 체험을 바탕으로 기업의 데이터가 거짓이라는 것을 확신했다.

이처럼 현지에 가서 직접 관계자를 만나 기업 내부에 감춰져 있던 '유기수은이 원인'이라는 사실을 밝혀낸 우이의 노력에 의해 미나마타병 문제가 세상에 알려지게 되었다. 취재자가 제한된 시간 속에서 현장의 상황을 아는 중요 인물을 찾아갈 수 있는지, 피해를 받은 사람을 만날 수 있는지, 그리고 진지한 이야기를 들을 수 있는지 하는 점들은 환경 문제에만 국한된 것이 아닌, 진실에 접근하는 데 중요한 조건들이다.

환경 담당의 주축에

환경 문제를 과학적으로 파악해 평가하여 앞날에 대해 경고하거나 정책 제언을 전달하는 데에는 이제까지보다 높은 역량이 과학 저널리스트에게 요구된다.

전후(戰後) 경제성장기에 표면화된 공해 문제는 법적 소송으로 비화하는 경우가 종종 있었기 때문에 사회부에 의한 취재가 중심이었다. 그러나 원자력발전소 사고에 의한 방사능 오염이나 대기오염, 수질오염, 오존층의 파괴, 지구온난화, 생태계 파괴 등의 문제가 지구적 규모로 확산되는 가운데, 더욱 과학적인 관측과 분석이 필요한 시대가 되었다. 그에 따라 이런 사건을 보도하는 기자들에게 더 높은 수준의 과학적 역량이 요구되는 것이다.

그런데 역사를 살펴보면 과학 기자가 제도적으로 활약하게 된 것은 원자력개발이나 우주개발 등 '국가에 의해 주도되는 거대 기술'이 진행되면서부터이다. 이전에는 과학기술청이나 문부성의 기자클럽을 중심으

〈그림 17-1〉 홍수 때마다 침수되는 빈민 주거지

이들은 물 위에 살면서도 깨끗한 물을 구하지 못해 애를 먹고 있다(방글라데시, 글쓴이 촬영).

로 한 취재가 많았다. 그러나 지금은 대상이 환경·생명 분야로 확대되었으며, 더구나 시민이 어떻게 행동하면 좋은가를 판단하는 데에 도움이 되는 '시민 과학'의 관점이 요구되고 있다.

글쓴이 자신도 시사통신사의 과학 담당 기자로서 과학기술청이 진행하는 원자력 연구나 로켓 발사 등을 취재했다. 지구 환경 문제가 국제적인 초점이 되는 가운데, 1992년에는 환경청 담당 기자로서 브라질의 리우데자네이루에서 개최된 유엔 환경개발회의를 취재했다. 당시 각 신문사는 사회부나 정치부 소속의 기자뿐 아니라 과학부 기자에게도 환경청을 담당하게 했다.

피해자와 가해자와의 관계가 명확했던 공해의 시대를 지나, 이제는 점차 양자의 관계가 불분명해지고 있다. 복합적 원인에 의한 피해가 전 지구적 차원에서 다양한 양태로 나타나고 있다. 인과관계를 따지기 어려운 환경 피해를 대중에게 강하게 호소려면 현장에서 일어나고 있는 사건 그 자체뿐만 아니라 과학적으로 뒷받침된 데이터가 필요하다.

과학적 증명의 선후 논란

환경 호르몬(내분비 교란 화학물질)의 문제는 『빼앗긴 미래(Our Stolen Future)』(1996)의 출간에 따라 제기되었다. DDT나 노닐페놀(4-Nonylphenol) 등의 화학물질이 내분비계(호르몬)에 영향을 미쳐 생체(生體) 장해 등의 유해 영향을 끼친다는 점이 지적되었다. 당시의 보도에 대해서 산업계나 일부 연구자들은 '센세이셔널하다'라 비판했다. 환경 호르몬의 유해성은 아직 해명되지 않은 부분이 많아, 환경성(環境省)도 물질 하나하나에 대해서 대기나 수질 등 환경에서의 검출 상황이나 야생 생물에 대한 체내 축적의 영향을 계속 조사하고 있다. 인체에 대한 영향은 당연히 실험할 수 없고 다양한 물질의 복합적인 오염에 의한 영향을 측정할 수 없는 상황에서 흑백을 가르기에는 시간이 걸린다. 이러한 경험을 통해 화학물질을 사용할 때에는 관리자나 기업 모두 이용의 편익과 위험성을 평가하여 국민에게 제시해야 한다는 '리스크 커뮤니케이션' 개념이 제기되었다.

그런데 저널리즘은 피해가 과학적으로 증명되지 않으면 문제를 제기할 수 없는 것일까? 물론 할 수 있다고 생각한다. 예를 들어 자동차 배기가스에 의한 대기오염과 천식(喘息) 피해의 인과관계에 대해 추궁당한 니시요도가와시(西淀川市)나 가와사키시(川崎市) 등 각지의 공해 소송에서 정부와 도로 관리자는 '건강 피해에 대해 의학적 관점에서 인과관계가 증명되어 있지 않다'라는 주장을 계속했다. 그러나 도로 인접 지역에서 다른 지역에 비해 천식 환자 발생률이 높다는 사실에서 역학적으로 인과관계가 있다고 추정되었다. 처음에는 인정하지 않았던 법원도 재판을 거듭하는 가운데 인과관계를 인정하게 되었다. 의학적 메커니즘의 인과관계를 수반하는 '과학적인 증명'에 시간이 걸리면 그만큼 피해자가 늘어나는데, 그럴 때는 정치적인 해결이 필요하다.

미래를 예측하는 힘

지구온난화 문제에 대해서도 대기 중 이산화탄소 증가와 온난화의 인과관계, 그리고 이상 기후와의 관계를 둘러싸고 논쟁이 계속되어왔다. 이산화탄소 배출 규제에 반대하는 미국에서는 과학자가 이산화탄소의 증가와 온난화와의 인과관계를 인정하는 것에 대해 신중한 입장이었다. 한편 '기후변화에 관한 정부 간 패널(IPCC)'에서 과학자들은 컴퓨터를 이용한 모의실험을 통해 배출 규제를 하지 않은 경우와 대책을 세웠을 경우의 온난화 영향과 효과를 예측하여 때를 놓치지 않도록 하기 위한 '예방 조치'가 필요하다고 주장해왔다.

IPCC의 주요 멤버로 활약하고 있던 국립환경연구소의 모리타 쓰네유키(森田常幸) 사회환경시스템 영역장(領域長)도 그 중 한 명이었다. 대단히 안타깝게도 2003년 9월에 53세의 젊은 나이로 죽었지만, 그 직전까지 우리에게 '(온난화 예측의 오차범위가 넓다는 점 등) 과학적인 불확실성이 현저하게 크다고 해도, 지금 우리가 무엇인가 하지 않으면 후세들이 막대한 손해를 입을 가능성이 있다면, 과학자는 정책결정자에게 어떠한 메시지라도 보내야 한다'며 전 세계 과학자들의 목소리를 대변했다. 또 불확실성이 있어도 그 당시 시점에서 가장 신뢰성이 높은 과학적 판단이라고 여겨지는 것을 정책결정자에게 제공하는 것이 중요하다며, 과학과 정책의 중개역을 자임하고 있었다. 이러한 의욕적인 사고방식은 모든 과학 저널리스트의 자세와 같을 것이다.

2003년 여름, 유럽에서는 이상고온 현상에 의해 1만 명이 넘는 사람이 사망했다. 이러한 이상 기상이 온난화의 영향에 의한 것인지에 대해 단정을 피하는 과학자가 여전히 많다. 그러나 "세계 정책 담당자들은 틀림없이 온난화에 의한 이상 기상이라고 생각하고 있다"(환경성 간부)고 하니, 이제는 더 이상 정치적인 대처를 피할 수 없는 상황이다. 대책이 없는 상황이 불러올 미래의 모습을 상상력을 가지고 예견하며, 때로는 과학소설 같다는 말을 듣더라도 세계를 조명함으로써 미래를 경고하는 일도 환경 문제를 추적하는 과학 저널리스트의 역할일 것이다.

남북 문제의 대립 속에서

1992년 유엔 환경개발회의는 처음으로 개발도상국에서 환경 문제를 취급한 유엔 회의이었다. 개최지 리우데자네이루에서는 총으로 무장한 군대가 삼엄한 분위기 속에 회의장을 지키고 있었고, 평소에는 어디에서나 볼 수 있는 거리의 아이들은 눈에 띄지 않았다. '파베이라'로 불리는 산에 달라붙듯이 흩어져 있는 슬럼 지역을 올려다보면서 환경회의가 진행되었다. 개발도상국에서는 빈곤을 어떻게 극복하는지, 경제 발전을 위해서 개발을 어떻게 진행하는지에 대한 명제 속에 환경 문제가 존재한다. 환경은 개발과 이율배반 관계에 있다. 국제적으로 추구해야 하는 것은 '지속가능한 개발' 또는 '지속가능한 이용'이다.

선진국이며 대소비국인 일본의 환경 문제를 다룰 때, 한편으로 개발도상국의 빈곤이나 환경오염을 직시하는 것이 필요하다. 리우 서미트로부터 10년이 지난 2002년 남아프리카 요하네스버그의 환경과 개발 서미트에서는 더욱 심해진 남북 간의 대립 도식 속에서 빈곤 박멸이나 경제적인 격차 시정이 요구되었다.

온난화 문제도 당연히 개발도상국으로부터의 관점이 필요하다. 앞에서 모리타 등이 작성한 시뮬레이션 모델에서도 온난화에 따라 주로 개발도상국에 큰 피해가 일어남을 확인할 수 있는데, 특히 아시아나 아프리카에서 한발이나 홍수로 보리나 옥수수 등의 농업 생산에 피해가 집중된다고 예측되었다. 모리타는 "피해는 개발도상국의 약자가 제일 먼저 받는다. 약자를 배려하는 관점을 잊으면 그 피해는 단번에 모든 사람에게 미친다. 온난화 피해는 개발도상국보다 약간 늦어질 뿐이며, 선진국에서도 점차 피해의 심각성이 드러나고 있다"라고 경고했다.

NGO에 대한 기대

환경 문제에 접근하는 경우 행정기관이나 관련 연구자뿐 아니라 시민단체, 환경 NGO(비정부기구), NPO(비영리단체)에 대한 취재도 불가피하다. 정부나 행정이 모든 정보를 독점하고 있었던 시대도 있었다. 물론 지금도 그러한 경향은 변함없는데, 특히 중요한 사건이나 부정적인 사건은 은폐하려고 한다. 그럴 때 NGO의 조사나 정보 수집력이 필요하다.

국제적인 NGO의 경우, 국제회의 장소에 있는 지부와 다른 나라 지부

간에 긴밀한 정보 교환이 이루어진다. 따라서 NGO로부터 얻는 정보가 정부 기관의 정보보다 신속하고 양이 많은 때도 있다. 또 그린피스나 세계자연보호기금(WWF) 등은 독자적인 연구조사 조직을 갖추고 있기 때문에, 이러한 기관에 의한 과학적인 연구 리포트는 참고자료가 된다. 경험적으로 볼 때, 프레온 가스 규제를 정한 '몬트리올의정서'를 비롯한 지구온난화 방지나 생물다양성 보호를 위한 국제 조약의 책정 과정에서는 이러한 단체들이 적극적인 로비 활동을 전개하기 때문에 NGO 취재를 놓쳐서는 안 된다.

지역과 세계가 연결되는 순환

어떤 미디어를 통해서 기사를 전달할 것인가? 저널리스트에게는 그 채널 확보가 제일의 과제이다. 환경 문제를 다룰 때도 큰 신문사에서 일하는 기자들이 유리한 것이 사실이다. 따라서 매스컴 기업에 취직하는 것이 일하기 쉬운 환경이라고 생각하기 십상이다. 그러나 그것만이 유일한 방법은 아니다.

프리랜서 기자 중에는 충실한 취재를 거듭하는 사람이 많다. 잡지에 기고하는 사람뿐만 아니라 환경보호 단체나 NPO 등에 소속되어 홍보활동을 진행하는 사람도 있다. 고정 수입을 기대하기 어렵다는 문제가 있지만, 인터넷의 파급력을 자유롭게 활용할 수 있다는 장점이 있다.

지역사회의 환경 문제도 소홀히 할 수 없다. 신문사 등 언론사들은 지방 지국을 통해 각 지역에서 일어나는 다양한 사건이나 화제를 취재한다. 시민단체가 다루는 자연보호나 주민운동 등을 기사로 채택할 기회도 많다. 그러나 어떤 미디어든지 지역사회에 발생하는 환경 문제를 생각하고 지역민의 관점에서 문제를 전달하는 자세가 중요하다.

글로벌리즘과 로컬리즘은 별개의 것이 아니다. 세계는 하천·바다·대기를 통해서, 점(點)에서 면(面)으로, 그리고 공간으로 연결되어 있기 때문이다. 한 때 화젯거리였던 바다표범들이 광범위한 지역의 여러 하천에 출몰한 덕분에 도쿄만 주변의 강들이 서로 연결되어 있음을 알게 되어 새삼 놀란 적이 있다. 한편, 최근 새로운 인플루엔자의 발생은 동남아시아 전역에 걸쳐 이동하는 철새의 영향이 크다고 한다.

대기나 물의 순환에 의한 지구온난화도 마찬가지다. 일본의 이산화탄소 소비는 세계의 기상에도 영향을 준다. 그러한 자연의 관계성을 분명히 밝히는 것이 과학의 눈을 통해 가능해질 것이다. 삼림이나 수산자원, 농산물 등을 외국에 의존하는 일본은 생물자원을 통해서도 세계와 연결된다. 더욱이 가정에서 사용이 끝난 중고 전기제품이나 중고 자동차는 개발도상국이 가져가고, 폐기물도 세계로 흘러간다. 지역에서부터 '순환'을 키워드로 추적해간다면, 반드시 세계와 지구의 환경 문제에 도달한다. 그런 의미에서도 글로벌리즘과 로컬리즘은 결합된다.

자연을 좋아하는 사람뿐만 아니라

마지막으로 환경 저널리스트를 목표로 하는 젊은이들에게 한마디 하고자 한다. 산이나 바다 등 자연을 좋아하는 야외활동파는 두말할 필요도 없이 환경 저널리스트의 소양을 지녔을 것이다. 그러나 그만큼 행동적이지 않은 사람이라도 자연과 접하면 크게 기뻐한다든가, 지상의 생물이 사라지면 자기 자신이나 동료를 잃는 것 같은 상실감에 빠지는 등의 감수성이 있다면 환경 저널리스트로서의 소양을 가지고 있다고 말할 수 있다.

숲에 사는 원숭이로부터 진화한, 더욱 거슬러 올라가서 바다의 생물로부터 진화한 인류의 역사를 되돌아보면, 환경 파괴로 인류의 생존 기반이 무너진다는 위기감을 느끼게 될 것인지? 과연 자연에의 위협이나 외경(畏敬)에 대한 생각을 하고 있는 것인지? 이러한 감수성은 다양한 현장 취재나 자연과의 만남을 거듭하는 가운데 육성되는 것이다. 이는 다양한 생물종(生物種)에 의해서 지구가 구성된다는 '생물 다양성'에 대한 과학적인 인식과 관련된 감성인 동시에, 생명의 존중이나 미래 세대에의 책임 등을 인류 공통의 가치로 하는 '환경윤리'의 사고(思考)와도 통하는 것이다.

과학 기술이라고 하는 힘을 얻어 환경을 파괴한 인간 자신이 과학 기술의 힘만으로 환경을 회복·재생할 수 있을지에 대한 의심이 들기도 한다. 그러나 인류에게는 적어도 스스로 만들어낸 문제를 조금이라도 해결하도록 노력할 책임이 있다는 관점에서 많은 시민이나 연구자, 행정 담당자들이 씨름하고 있다. 그러한 움직임을 전달하여 여론을 환기하는 것이 우리의 사명이라고 생각하고 있으며, 같은 뜻이 있는 젊은 기자가 계속해서 나타날 것으로 기대하고 있다.

18장
지방신문의 과학 보도

이지마 유이치(飯島裕一)

'일점돌파(一點突破), 전면전개(全面展開)'. '단카이 세대(團塊の世代)'[1]가 젊은 시절에 흔히 하던 말이다. 학생 운동이나 반전 운동 등에서 자주 사용되었다. 이 말들의 유래는 알 수 없지만, 어쨌든 '어떤 한 가지를 고집하면 결국 길이 열린다'라고 해석할 수 있다. 전국지나 통신사와 같이 확고한 과학 취재 체제를 구축하거나 분야마다 전문 기자를 갖추는 것이 곤란한 지방신문에서 과학 취재를 하다 보면 항상 이 말이 떠오른다.

---

1) (역주) 제2차 세계대전 직후인 1947~1951년에 태어난, 이른바 일본의 제1차 베이비붐 세대를 가리킨다.

지방에서 중앙으로

지방신문인 이상, '지역의 기삿거리(地ダネ)'라고 하는 현지발 뉴스를 비롯해 독자적인 뉴스를 고집하여 지역의 관점이나 지역의 생활관을 포함시킬 것을 강하게 요구받는 것은 당연한 일이다. '지방에서 중앙으로, 그리고 세계에. 세계의 뉴스도, 중앙의 뉴스도 지역으로'는 과학 뉴스를 비롯한 우리 지방신문 기자의 구호이다.

사회와 일상생활의 공간에서 과학과의 접점이 많아지는 가운데, 지역 뉴스에 많은 노력을 기울이고 신경을 쓰는 한편, 통신사에서 받은 기사에 지역적 관점을 포함시키기 위한 추가 취재도 빼놓을 수 없다. 그러나 긴급 뉴스가 발생했을 때에는 마감이라는 시간 제약이 항상 따라다닌다. 과학 전문기자를 별도로 둔 전국지에 비해 불리한 점이 있음은 부정할 수 없다.

반면, 소수 인원 또는 소규모의 과학 취재 스태프라는 장점을 살려 상황 변화에 대해 즉각적으로 대응할 수도 있다. 과학 기자로서 '이것만은' 고수해야겠다는 부분에 대해서는, 독자적으로 기획과 취재를 해서 자기만의 영역으로 만듦으로써 장기 기획물로 전개해나갈 수 있는 이점이 있다. 물론 이것은 스트레이트 기사에서도 마찬가지다. 취재기자가 뜻과 의지를 가질 수 있는 주제인 만큼, 이러한 연재기사는 담당기자가 '일점돌파, 전면전개'할 수 있는 요소를 다분히 지니고 있다.

지방신문의 강점과 약점

예를 들어, ≪시나노마이니치신문(信濃毎日新聞)≫이 1980년대 중반 이후 전국을 누비며 취재했던 과학 분야의 주요 장기 연재물을 열거해보자. 노화의 메커니즘 연구에 대한 르포 "노화를 살펴 본다", 복합형 에너지 개발을 추적한 "에너지를 연다", 암과의 싸움을 취재한 "암 치료 최전선", 뇌연구의 최전선을 소개한 "뇌, 소우주로의 여행", 현대사회에 내재한 마음의 병을 살펴본 "피로의 진료기록", 첨단 의료기술의 빛과 그림자에 관한 르포 "생명의 해도(海圖)", 보완(補完) 대체 의료로서의 "온천의 의학", 야생과 인류가 사는 길을 모색한 "공생의 세기에" 등이 있다.

한 명의 기자가 단독으로 담당한 것이나 혹은 몇 사람이 팀을 구성하여 제작한 기획물도 있지만, 참여 인원이 적은 만큼 기자 개개인의 면모가 잘 드러나며 기사에 대한 책임 소재도 명확하다. 취재·집필·연재는 시간에 쫓기는 긴장의 연속이지만 데스크와 일선 기자 등 팀의 동료가 무릎을 맞대고 논의할 수 있다는 점도 소규모 팀 단위의 중점 취재가 가지는 장점일 것이다.

다만, '시나노마이니치신문사'라고 하는 명함은 나가노현(長野縣)을 중심으로 한 지역 이외에서는 전국지처럼 통용되지 않는다. 다행스럽게도 나가노현은 가루이자와(輕井澤)와, 후지미(富士見), 다테시나(蓼科) 고원, 아즈미노(安曇野), 노지리호(野尻湖)로 상징되는 수많은 휴양지가 있어서, 과학 기사에 관심이 많은 독자가 지면을 읽을 기회가 더러 있다(이 것은 압력이 되기도 한다). 하지만 전국 각지의 연구자에게 취재나 인터뷰 요청을 하면, "어디요? 아, 나가노에 있는 지역 신문사입니까?"라는 질문을 몇 차례나 받는다. 또한 지면이 전국에 유통되지 않기 때문에 기자가 자신이 취재한 연구자에게 계속해서 시리즈 전체를 읽을 수 있도록 배려하려면 매번 신문을 보내줘야 한다. 르포가 중심인 만큼 하나의 기획이 끝날 무렵에는 70명에서 100명, 때로는 100명이 넘는 연구자들에게 신문을 발송해야 한다.

이것이 지방신문의 현실이지만, 20년 가까이 과학 분야를 담당하게 해준 이 조직에 감사하고 있다. 오히려 통신사에 의지할 것은 의지하고 지역을 중시하며 스스로 선택한 기획취재에 집중한다는 것의 의의는 크다. 특히 과학 보도에서는 취재원과 관계를 유지하며 기삿거리를 축적하는 것이 중요하다. 대부분의 연구자에게서 지속적인 지도를 받고 계속적인 교류가 오고 간다. 처음 취재를 시작할 때는 조수나 강사였던 연구자가 시간이 지나면서 교수 등의 책임자가 되어 있는 경우가 많다. 심지어 취재원의 가족과도 지속적이고 변함없는 교류를 유지하는 경우도 있다. 새삼 '일점돌파, 전면전개'라는 우직한 반복 취재의 중요성이 느껴지는 부분이다.

≪시나노마이니치신문≫ 사례

조금 늦긴 했지만 지방신문이 기삿거리를 중시한다는 것에 관해 말하고 싶다. ≪시나노마이니치신문≫이 취재 영역으로 삼은 주요 연구기관은 신슈대(信州大)이다. 자연과학 분야로 마쓰모토시(松本市)에 의학부·이학부, 우에다시(上田市)에 섬유학부, 가미이나군(上伊那郡) 미나미미노와무라(南箕輪村)에 농학부, 나가노시(長野市)에 공학부·교육학부가 있는 전형적인 분산형 대학교이다. 나가노현 간호대학은 고마가네시(駒ヶ根市)에 있다. 나가노현이나 기업의 연구소 등도 포함하여 스트레이트 뉴스는 원칙적으로 나가노 본사, 마쓰모토 본사의 보도부, 각 지사가 담당하며 과학 담당 편집위원, 문화부의 과학 담당 기자, 마쓰모토 본사의 신슈대 담당 기자가 각각 한 명씩 지원된다.

지방신문인 이상 지역 기사가 전국지나 텔레비전 뉴스에 먼저 기사화되는 것은 용납할 수 없는 일이며, 그렇기 때문에 기자 각자가 신경을 쓴다. 이것은 '경찰·사법 담당'도 마찬가지이다. 그런 의미에서 볼 때 지방신문의 기자 한 사람 한 사람에게는 과학을 포함한 모든 분야를 다룰 수 있는 올라운드 플레이어의 능력이 요구된다. 물론 이것은 지방신문에 그러한 경향이 더 강하다는 것이며, 전국지의 지사나 지방부의 기자들에게도 해당되는 말이다.

지방신문의 경우, 신슈대 의학부의 생체간(生體肝) 이식, 뇌사간(腦死肝) 이식 등의 큰 뉴스를 다루기 위해서는 전사적 동원체제를 유지할 수밖에 없다. 신슈대 공학부의 엔도 모리노부(遠藤守信) 교수가 나노 테크놀로지로 노벨상 수상의 가능성이 제기되었을 때에는 첫 페이지의 준머리기사로 보도했다. 전국지에서는 '일본의 수많은 노벨상 후보자 중 한 명'으로 간주했기 때문에 후보 단계에서의 보도는 전혀 없었다. 하지만 현지인, 지역사회, 지방의 연구자에게는 '후보가 된 것 자체'가 큰 뉴스였기 때문에, 지방신문으로서는 그러한 취급이 당연했다.

일주일에 한 면이 배정되는 과학면이나 가정면에 속하는 의학·건강 등의 연재 기획은 편집위원, 과학 담당 기자, 문화부 기자들이 담당한다. 과학 담당 데스크는 문화부 데스크가 겸임한다. 앞서 소개했던 바와 같이 지방신문이 주도한 전국 규모의 장기 연재, 그리고 '지역의 연구실 소개', '신슈(信州)의 ○○' 등 지역의 기획 기사들은 여기서부터 나온다.

또 2004년 1월부터 6개월 예정으로 "방지하자, 의료 사고"의 연재를 진행 중이지만, 이것은 사회성을 중시하여, 나가노 본사 보도부가 담당하고 있다. 규모가 작은 만큼 이러한 유연성이 항상 요구된다.

〈그림 18-1〉 신마이 건강포럼

"환자와 의사, 더 나은 관계 형성을 위하여"를 주제로 2004년 2월에 마쓰모토시에서 열린 '신마이 건강포럼'. 400명이 넘는 청중이 회의장에 꽉 들어찼다(시나노마이니치신문사 제공).

또한 '신마이(信每) 건강포럼'을 비롯해서 많은 '건강·의료 포럼'을 개최하고 있다. 신마이 건강포럼은 신슈대 의학부의 협조로, 나가노현 내 각지에서 매년 4회씩 개최하고 있으며, 이미 38회(2004년 5월 현재)를 기록했다. '요통', '두통', '치매', '당뇨병', '알코올과 사귀다', '마음의 병', '건강과 노화', '환자와 의사' 등 친밀한 테마를 채택하여 개최하고, 이후 강연 내용과 공개 토론의 요지를 지면에 특집으로 게재하는 시스템이다.

테마에 따라 다르지만, 매번 300명에서 500명 정도의 시민이 참가하는 등 호평을 받고 있다. 이 밖에도 광고국 개발부 주최의 건강 관련 포럼도 해마다 상당한 횟수로 열린다. 이것도 매번 수백 명, 때로는 천 명 가까운 인원이 참가하는 성황을 이루고 있다. 강사의 선택, 포럼의 사회와 진행, 기사 집필 등에서 과학 담당 기자의 협력을 빼놓을 수 없다.

이러한 포럼에 많은 사람이 참여하는 것은 배우는 것을 좋아하는 나가노 사람들의 특성 때문이기도 하지만, 신문사의 역할도 크다. 독자와 함께 열린 신문을 만드는 작업의 하나로, 이 포럼은 앞으로도 중요한 행사가 될 것이다.

과학 보도에 임하는 자세

지방신문의 기자라고 해서 과학 보도에 임하는 자세가 전국지 기자와 차이가 있는 것은 아니다. 글쓴이가 담당하는 분야는 의학·의료·건강 문제인데, 최근 '건강을 위해서는 죽어도 된다'라는 형용모순의 농담처럼 비정상적인 건강 붐이 우려되기도 했다. 따라서 질이 높은 정확한 정보를 제공해야 한다. 데이터 같은 사실에 근거한 정확한 기사 말이다. 다만, 알기 쉽지 않으면 의미가 없다. 아카데미즘과 독자 간의 접점이 되는 과학 저널리즘이 하는 일은 절대 쉽지 않다. 결국은 기자의 뜻과 열정, 정의감이 원동력이 된다고 생각한다. 이는 일반인의 시각으로 사건을 바라보는 것에서부터 시작한다. 이것이야말로 과학 기자에게 요구되는 가장 중요한 자세이다.

첫머리에서 언급한 '일점돌파, 전면전개'로 돌아가자. 자신의 테마를 결정하면 흔들리지 않고 취재를 진행시키라는 의미이다. 과학의 어느 한 분야를 깊이 취재하고, 하나의 시리즈를 완수하면 다양한 분야에 대해서도 '지금, 무엇이 중요한가'를 판단하는 힘을 얻을 수 있다. 과학의 방법론은 분야마다 그렇게 큰 차이가 없기 때문이다. 우선은 '일점돌파'를 하는 열정이다. 그리고 마라톤과 같은 지구력, 우직하게 달리는 것이 요구된다.

19장
과학 기술 정책 보도

도리이 히로유키(鳥井弘之)

　과학 기술 정책은 크게 나누어 두 가지 종류가 있다. 하나는 로켓의 개발 계획을 어떻게 할 것인가, 또는 장기이식이나 유전자 치료를 인정해야 할 것인가 등 개별 분야에 대해 어떻게 접근할 것인지에 관한 정책이다. 다른 하나는 과학 기술 전체에 대해 어떤 정책을 세울 것인지, 연구개발 체제를 어떻게 활성화할 것인지 등 과학 기술 전반에 걸치는 과제에 어떻게 임하는가에 대한 정책이다.

판단하기 곤란한 문제 잇따라

　과거 과학 기술이 사회를 발전시킨다고 단순하게 생각하던 시대에는 개별 분야가 발전하는 것은 바람직한 것이었으며, 그것을 지원하는 정책도 별다른 의심 없이 환영받았다. 매스미디어도 그렇게 반응했다. 그러나 과학 기술의 영향력이 커지면서 막대한 연구자금이 필요해지고, 우리 자신과 직접 관계되는 생명과학 분야의 연구가 진행되면서 상황은 달라졌다. 이러한 상황의 변화에 따라 무엇을 어떻게 할 것인지 쉽게 판단하기가 어려워졌다.

예를 들어 뇌사자 장기이식이 있다. 이식을 받지 않으면 죽게 되는 환자가 있고, 이식 기술을 가진 의사가 있고, 이식해야 할 장기가 있으면 사람의 생명을 구해야 하는 것이 아니냐는 주장이 있다. 반면, 다른 한편에서는 사생관(死生觀)과 관련된 문제인 만큼 신중하게 생각해야 한다든지, 충분한 사회적 합의가 되어 있지 않다는 식의 의견도 있다. 무엇에 따라 시비를 판단해야 할지 아직 글쓴이는 결론을 내리지 못했다. 쉽게 '국민적 합의'라는 말을 사용하지만, 정작 어떤 상황이 되었을 때 합의되었다고 볼 수 있는 기준 자체가 없는 실정이다.

국제적인 핵융합 프로젝트인 국제열핵융합실험로(ITER)의 유치 문제도 판단하기 어렵다. 최첨단 국제 프로젝트를 일본에 유치할 수 있으면 세계적으로 일본의 지위는 향상되고, 에너지 문제 극복에 새로운 길을 여는 데 공헌할 수 있다. 그런 차원에서는 일본이 유치하는 것이 바람직하다. 그러나 일본이 거액을 부담해서까지 유치할 수 있는 상황인가를 논의하게 되면 그렇지는 않다. 또한 유치에는 현실적 이해(利害)가 복잡하게 얽혀 있다. 따라서 일본에 실험로를 건설하는 것에 대한 시비를 판단하기는 매우 어렵다.

앞으로는 이렇게 판단하기 곤란한 과제가 잇따라 나올 것으로 예상된다. 윤리적인 문제도 증가할 것이고, 어린이에 대한 영향도 충분히 배려해야 한다. 게다가 투입할 수 있는 자원에 한계가 있으면 선택이 요구된다. 관계자는 아무래도 자신의 논밭에 물을 끌어들이고 싶어 한다. 그것을 어떻게 판단할지에 따라 과학 저널리스트의 진정한 가치에 대한 평가가 내려질 것이다.

과학 기술 정책 전반의 보도

과학 기술 전반에 걸치는 정책에 대해서는 어떻게 보도되었는가. 과학 기술 정책 전반에 관한 보도를 생각해보는 것이 이 장의 주된 목적이다. 개별 문제에 대한 보도와 비교하면 정책 전반에 대한 보도는 그 빈도가 낮다고 생각된다. 예를 들면, 제2차 과학기술기본계획 수립 과정에서 몇 차례나 회의가 열려, 다양한 측면에서의 논의가 활기차게 진행되었다. 최근에는 정보 공개가 이루어져 매스미디어도 논의 내용을 알 수 있다. 그럼에도 논의 과정에서의 보도는 그리 많지 않다.

그 이유는 무엇일까? 과학 기술, 특히 정책의 대상이 되는 대학교 연구자나 국립 연구기관의 연구자는 사회의 극소수에 지나지 않는다. 과학 기술 정책이라고 하면 아무래도 그들에 관한 정책이 된다. 과학 기술 커뮤니티에 의한, 커뮤니티를 위한 정책이라면 일반 시민과는 관련이 없고 기업과 산업계에도 직접적인 영향을 미치지 않는다. 따라서 매스미디어도 큰 관심을 보이지 않는다.

이에 대한 데이터를 보자. 닛케이신문사가 제공하는 기사검색 서비스(닛케이텔레컴21)를 사용하면 주요 신문의 기사를 키워드로 검색할 수 있다. 이것을 사용하여 과학 기술 등이 기사로서 얼마나 보도되었는지 조사해보았다. 조사 대상으로 한 것은 검색의 한계로 5개 전국지, 즉 ≪아사히

신문≫, ≪마이니치신문≫, ≪요미우리신문≫, ≪산케이신문≫, ≪닛케이
신문≫으로 한정했다. 조사기간은 1998년 1월 1일부터 2003년 12월 31일
까지의 6년간이다.

기사 검색으로 조사

우선 5개 신문의 전체 기사 중에 과학 기술 등의 키워드가 포함되는
기사 건수는 얼마나 될까. 개별적인 정책에 관한 기사 속에 '과학 기술'
이라는 키워드가 포함되는 경우는 드물다. 따라서 과학 기술이라는 키워
드로 검색하는 것은 포괄적 차원에서 과학 기술 정책을 조사하는 것에
해당한다고 보았다. 과학 기술 관련 키워드를 조사한 검색 결과는 〈표
19-1〉에서 보는 바와 같다. 5년간 5개 신문 전체에서 과학 기술이라는 키
워드를 포함한 기사는 3만 6,309건이었다. 그중 '종합과학기술회의'
1,531건, '과학 기술 정책' 1,039건, '과학기술기본계획'은 381건이었다.
종합과학기술회의는 과학 기술 정책의 기본을 심의하는 기관으로서 내
각부(內閣府) 산하로 구성된 위원회이며, 과학 기술에 관한 종합사령탑(司
令塔)으로 자리매김했다. 종합과학기술회의가 5년마다 책정(策定)하는 것
이 과학기술기본계획으로, 국가 정책의 방향을 결정하는 중요한 지침이
다. 그럼에도 이 회의에 관련된 기사가 많지 않은 이유 무엇일까.

같은 방법으로 원자력, 우주, 산업 기술에 대해서도 검색을 시행했다.
원자력이라는 키워드를 포함한 기사는 5만 6,298건, 우주는 4만 1,284건,
산업 기술은 6,259건이었다(〈표 19-1〉 참조). 이 숫자가 많은 것인지 적은
것인지를 판단하기 위해, 과학 기술 이외의 관심사에 대한 기사 수는 어

<표 19-1> 과학 기술 관련 키워드 조사

과학 기술		우주 관련	
키워드	기사 건수	키워드	기사 건수
과학 기술	36,309	우주	41,284
종합과학기술회의	1,531	우주개발	8,038
과학기술기본계획	381	우주개발위원회	787
과학 기술 정책	1,039	우주개발 정책·계획	3,892
원자력		산업 기술	
키워드	기사 건수	키워드	기사 건수
원자력	56,298	산업 기술	6,259
원자력위원회	1,295	산업 기술 정책	28
원자력 장기계획	284		
원자력안전위원회	2,137		
원자력 정책	2,383		

<그림 19-1> 다른 분야와 과학 기술 분야의 기사 수 비교

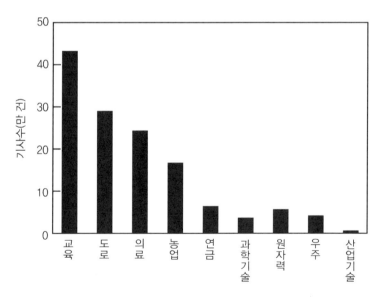

〈표 19-2〉 각 키워드에서 '정책'이라는 키워드를 포함하는 비율

분야	정책기사 비율	분야	정책기사 비율
과학 기술+정책 / 과학 기술	18.8%	농업+정책 / 농업	11.5%
과학 기술+정책 / 산업 기술	16.7%	의료+정책 / 의료	9.4%
원자력+정책 / 원자력	15.3%	교육+정책 / 교육	8.9%
우주+정책 / 우주	9.3%	도로+정책 / 도로	6.7%
연금+정책 / 연금	22.3%		

떤지 알아보았다. 교육, 도로, 의료, 농업, 연금에 대해 검색한 결과가 〈그림 19-1〉이다. 과학 기술의 기사 수(3만 6,309건)와 비교하면 교육은 약 12배, 도로는 약 8배, 의료는 6.6배, 농업은 4.6배, 연금은 1.7배였다. 현대사회에서 과학 기술에 대한 의존이 더욱 커지고 있다는 점을 고려할 때, 과학 기술이라는 키워드를 포함한 기사가 농업을 포함한 기사의 5분의 1 정도에 불과하다는 것이 아쉬울 따름이다.

이어서 '과학 기술' 등의 키워드와 '정책'이라는 키워드를 동시에 포함한 기사를 검색해보았다. 결과는 6,579건이었다. 과학 기술이라는 키워드를 포함한 기사 3만 6,309건 가운데 6,579건, 즉 18.8%가 동시에 정책이라고 하는 키워드를 포함하는 것이다. 이와 같은 방식으로 검색했을 때, 원자력과 정책을 동시에 포함하는 기사는 8,610건, 우주와 정책은 3,829건, 산업 기술과 정책은 1,046건이었다. 각 키워드의 기사 중에서 '정책'이라는 키워드를 동시에 포함하는 기사 비율을 조사한 결과가 〈표 19-2〉이다.

과학 기술 커뮤니티를 위한 과학 기술 정책

　과학 관련 기사의 절대부족이라는 결과를 어떻게 해석해야 할까. 과학 저널리스트의 태만 때문이라는 소리도 자주 듣지만, 그것만으로는 해명하기 어려운 문제가 숨어 있다. 이 검색 결과는 과학 기술 정책이 과학 기술 커뮤니티에 의한, 그리고 과학 기술 커뮤니티를 위한 정책이라는 사실을 뒷받침할 것이다. 종합과학기술회의의 전문가 위원을 보면 산업계 출신은 한 명뿐이며, 나머지는 유명대학의 교수나 그곳 출신들로 구성되어 있다. 따라서 이곳에서 내세우는 계획은 사회 전체의 관심을 반영하기보다는 과학 기술 커뮤니티의 의향(意向)을 반영하는 것이다. 매스미디어가 채택해주지 않았다고 한탄하기보다는 과학 기술 커뮤니티를 위한 정책에서 탈피하여 사회를 위한 과학 기술 정책을 생각하는 것이 필요하다.

　사회를 위한 과학 기술 정책을 마련하려면 무엇이 필요한가. 우선은 과학 기술을 발전시킴으로써 어떤 사회를 만들어가려고 하는지를 명확하게 제시하는 것이 중요하다. 에도 시대 말기 이래 서구 열강의 기술력에 압도된 일본은, 메이지 시대에 이르러 외국인을 스승으로 여기고 기술력을 흡수하는 데 주력했다. 목적은 부국강병(富國强兵)이었다. 과학이 보장하는 기술, 즉 과학 기술은 부국강병의 도구였다. 그러나 제2차 세계대전 이후 강병은 국가 목표로는 걸맞지 않게 되었다. 그래서 일본인은 은연중에 과학 기술을 부국을 위한 도구라고 판단했다.

　따라서 일반인들은 과학 기술을 진흥하면 일본의 산업경쟁력이 향상되어 일본 경제가 더욱 풍요로워진다고 생각하게 되었다. 이 상황은 지금도 변함이 없다. 대학교에서도 지적 재산권을 중시해야 한다거나, 학교에 벤처기업을 만들자는 주장, 또는 대학의 지적 축적물을 사회에 응용해야 한다는 등의 논의가 그 사례라고 할 수 있다. 과학 기술 커뮤니티의 처지에서 보자면, 과학이 부국을 위한 도구로 활용되는 동안에는 자신들을 위한 과학 기술 정책을 이어갈 수 있다. 현재 대학교 개혁이나 연구기관의 개혁은 어쩔 수 없이 사회가 요구하는 부국을 위한 도구로서의 조건을 만족시키는 것이 목표가 되는 것이다.

사회를 위한 과학 기술 정책

과연 앞으로도 과학 기술이 경제 발전을 위한 도구로 적합할 것인가? 일본의 과학 기술은 국가 간 격차를 없애고, 세계인의 상호 이해를 증진시켜 평화로우면서도 자연에 부담을 주지 않는 세계를 만들어가기 위해 존재해야 하는 것이 아닌가? 이러한 관점에 대한 논의가 과학 기술 정책 입안 과정에서 고려된 적은 전혀 없다고 해도 과언이 아닐 듯하다.

또한 과학 기술의 폭주나 악용 같은 부정적인 측면을 방지하는 메커니즘을 어떻게 구축할 것인가 하는 것도 사회를 위한 과학 기술 정책을 모색하는 데 중요한 요소일 것이다. 과학 기술의 발전에 따라 새롭게 등장하는 리스크를 어떻게 제어할 것인지도 과학 기술 정책의 큰 과제이다. 현재는 학회 등 과학 기술 커뮤니티에 의한 자율 규제가 중심이 되고 있다. 과연 그것만으로 충분한 것인가? 지금까지는 커뮤니티가 '리스크가 이 정도라면 괜찮을 것이다'라고 판단해왔다. 그러나 리스크를 감수하는 것은 대개 일반인이다. 따라서 원칙적으로는 국민 스스로 판단하도록 해야 할 것이다. 국민이 판단하는 대로 메커니즘을 구축하는 것이야말로 사회를 위한 과학 기술 정책이다.

21세기에는 더 과학 기술에 의존하게 된다. 그러한 세계에 사는 사람들은 과학 기술의 지식이나 사고방법을 어느 정도 몸에 익히는 것이 필요하다. 현재에도 과학 기술에 대한 이해는 중요한 과제이며, 곧 검토가 시작되는 제3차 과학기술기본계획에서도 주요 과제로서 다루어져야 한다고 생각한다. 과학 기술에 대한 이해가 필요하다고 보는 이유는 우선 이대로는 차세대 산업을 담당할 인재가 부족해질 것이고, 과학 기술에 거액을 투자하려면 국민의 지지가 필요하며, 리스크 커뮤니케이션을 원활히 진행하려면 사람들의 이해가 중요하기 때문이다.

여하튼 현재는 과학 기술 커뮤니티를 위한 정책을 실현하는 수단, 즉 정책입안자의 논리에 따라 과학 기술이 인식되고 있다. 사회를 위한 과학 기술 정책이라면 국민의 입장에 서서 사람들이 더욱 건강한 삶을 영위할 수 있는 차원에서 과학 기술이 인식되어야 한다. 이를 위해 기존 사고방식을 전환할 필요가 있다.

건전한 상호작용을 통해 증가하는 보도

이러한 문제점을 총체적으로 살펴볼 때, 과학 기술과 사회의 건전한 상호작용이 필요하다. 건전한 상호작용이 이루어질 때 비로소 과학 기술을 통한 더 바람직한 사회를 구축할 수 있다. 사회를 위한 과학 기술 정책은 이러한 건전한 상호작용을 어떻게 구현할 것인지 그 방법을 찾는 것이다. 현행 과학기술기본계획의 주요 과제인 연구개발 시스템의 개혁은 사회를 위한 과학 기술 정책의 일부에 지나지 않는다.

과학 기술 정책이 과학 기술 커뮤니티를 위한 도구에서 벗어나 사회 전체를 위한 것이 될 때 과학 기술 정책에 관한 보도가 많이 증가하고, 그 가운데 정책입안 과정에서 사회적인 논의를 촉구하는 보도도 이루어질 것이다.

20장
논설위원의 주장과 현실

요코야마 히로미치(橫山裕道)

　신문 사설(논설)의 역할과 그 한계는 무엇일까. 그중에서도 과학 관련 사설은 어떻게 읽히고 있으며 또 세상에 어떤 영향을 주는 것일까. 오랜 세월 동안 사설을 쓴 체험을 바탕으로 생각해보았다.

　글쓴이는 1992년 5월부터 2003년 3월까지 약 12년간 ≪마이니치신문≫의 논설위원으로서 과학 관련 사설을 집필했으며, 그 수는 412편에 달한다. 매월 3.1개, 10일에 1개의 비율로 쓴 셈이다. "열흘에 한 개 정도면 논설위원의 업무는 수월해 보인다"라고 말할지도 모른다. 그러나 사실은 그렇지 않다. 원자력 발전 사고나 대지진의 발생, 로켓 발사 실패, 생명윤리의 문제 등, 언제 어떤 일이 일어날지 모른다. 어떤 일이 일어나도 당황하지 않고 같은 수준의 논평을 쓸 수 있도록 준비하는 것이 그렇게 간단한 일은 아니다.

　≪마이니치신문≫을 떠난 지 일 년 이상이 지났다. 이제는 머리맡에 놓은 라디오의 아침뉴스에서 과학 분야의 대사건을 들어도 단지 '그렇구

나'라고 생각할 뿐이다. '사설로 어떻게 쓰면 좋을까'라고 고민했던 때를 생각하면, 이제 심리적 부담감이 거의 없어진 셈이다.

원자력과 환경 관련 사설이 다수

내가 쓴 사설의 내용은 다음과 같다(〈표 20-1〉 참조). 회사에 따라, 또 사람에 따라 다루는 사설의 주제는 크게 달라진다. 그러나 이 표는 과학 관련 사설이 어떤 주제를 다루고 있는지를 개략적으로나마 보여준다.

가장 많은 것은 원자력(핵무기 포함)으로 89건, 전체의 23%를 차지했다. 그다음에 환경·에너지 관련이 84건(20%)이다. 다만 논설위원으로서

〈표 20-1〉 집필한 사설의 분류

분야	기사 건수	비율(%)
원자력(핵무기 관련 포함)	89	23
환경·에너지	84	20
과학 기술 정책	46	11
생명과학	43	10
우주개발(천문 포함)	34	8
지진·화산·기상	32	8
의학·의료 일반	23	6
장기이식	22	5
에이즈 약해(藥害)	14	3
생식 의료	11	3
노벨상	7	2
기타	7	2
계	412	100

정식으로 환경 문제를 담당한 것은 한참 후인 1999년 2월부터이므로, 만약 처음부터 환경 담당이었으면 원자력 관련 건수를 훨씬 능가했을 것이다. 어쨌든 과학 관련 사설에서는 원자력과 환경이 큰 비율을 차지하는 것을 알 수 있다.

세 번째로 많은 것이 과학 기술 정책에 관한 것으로 46건(11%)이었다. 다음으로 생명과학이 43건(10%), 우주개발 및 천문 34건(8%), 지진·화산·기상이 32건(8%)으로 이어진다. 개인적으로는 지진, 특히 지진 예지에 흥미가 있어서 지진·화산·기상 관련의 사설이 많았다. 생명과학에 의학·의료일반(23건), 장기이식(22건), 에이즈 약해 사고(14건), 생식 의료(11건)를 포함해, 넓은 의미의 '생명' 관련으로 분류하면 113건이 되므로 원자력이나 환경보다도 많다.

동일한 주제의 사설을 단기간에 반복해서 쓴 경우도 많았다. 환경 주제에 해당하는 지구온난화 방지에 관해 쓴 사설은 모두 24건이었는데, 2001년에는 미국의「교토의정서」탈퇴 문제에 대해 11건을 썼다. 한 달에 거의 1건씩 쓴 셈이다.

미국으로부터 수입한 비가열 혈액제재(非加熱血液製劑)로 혈우병 환자가 에이즈 바이러스에 감염된 사건과 관련된 사설 14건 가운데 7건은 1996년 2~3월에 집중되었으며, 매주 1건의 사설을 통해 정부나 제약회사의 안이한 대응을 추궁했다. 특별한 경우지만, 1995년 1월의 한신·아와지(阪神·淡路) 대지진 때는 각사의 논설위원이 참여하여 장기간에 걸쳐 그와 관련된 사설을 썼다. ≪아사히신문≫의 전 논설위원 시바타 데쓰지는 저서『과학 보도 (科學報道)』(朝日新聞社)에서 ≪아사히신문≫이 지진 발생 후 한 달 연속으로 사설에서 한신·아와지 대지진을 채택한 것을 지적하며, "사설로 논해야 할 아이템이 이렇게 많았던 사건은 이것밖에 모른다"라고 언급했다.

몬쥬(もんじゅ) 원자로를 둘러싼 사설의 차이

어떤 사설이라도 신중하게 쓰지 않을 수 없지만, 그중에서도 특별히 신경을 쓴 것이 원자력 관련 사설이었다. 정부나 전력회사는 자원이 부족한 일본은 원자력 정책을 적극적으로 추진하지 않을 수 없다고 주장한다. 특히 사용이 끝난 핵연료의 재처리로 얻는 플루토늄의 이용을 목표로 핵연료 사이클 계획을 진행시키고 있다. 반면, 다른 한쪽에서는 안전성이나 방사성 폐기물의 문제를 안고 있는 원자력의 이용을 신중하게 시행하라고 주장하며 해당 계획의 재검토를 지속적으로 요구하는 탓에 상당한 어려움이 있었다.

원자력에 관해서는 각 신문의 주장도 상당한 차이가 있었다. 1998년 10월 교토대에서 열린 에너지 관련 심포지엄에서 글쓴이가 "원자력과 신문보도"라는 제목으로 강연한 후에 공개 토론을 했다. 이 행사 참가자 중 한 사람인 후쿠이현(福井縣) 지사가 언급한 바에 따르면, 1995년 12월 발생한 고속증식원형로 '몬쥬'(후쿠이현 쓰루가시)의 나트륨 누출 사고에 관해 "≪마이니치신문≫과 ≪요미우리신문≫ 사설의 주장이 완전히 달라, 후쿠이현의 주민들은 어느 쪽을 따라야 할지 혼란스러웠다"라는 것이다.

분명히 몬쥬 원자로의 사고에 대한 두 신문의 주장은 정면으로 상충한다. 사고 직후의 사설에서 ≪마이니치신문≫은 "원자력 정책의 재검토를 요구한다"라는 타이틀로 '플루토늄 정책의 재검토를 시행해 플루토늄 의존으로부터 탈피해야 할 것이다'라고 주장하며 몬쥬 원자로 개발의 지속적 추진에 부정적인 견해를 표명했다. 이에 대해 ≪요미우리신문≫은 "하이테크 '몬쥬'의 좌절"이라고 하는 표제로 '철저한 원인 규명을 바란다'면서 "(고속증식로를) 안전하고도 경제적으로 사용할 수 있도록 개발하는 것은 국제적 과제이다"라고 말하고 있다. 그 후에도 두 신문의 사설 기조에는 변화가 없었다.

정부는 핵연료 사이클 계획이나 고속증식로 개발에 대해서는 계속 ≪요미우리신문≫의 주장에 따르는 방향으로 정책을 진행시켰다. 그 결과에 대한 평가는 다를 수 있지만, 핵연료 사이클 계획은 더욱 혼란스러워져만 간다고 볼 수 있지 않을까?

온나화 방지가 세계적으로 큰 이슈가 되는 가운데, 발전과정에서 온실효과의 원인이 되는 이산화탄소를 배출하시 않는 인자력발전에 대한 평가는 정말 어렵다. 그러나 세계적으로도 고속증식로 개발을 중단하는 흐름 속에서, 몬쥬 사고 같은 정세의 큰 변화를 보지 않고 수십 년 전에 내건 원자력 정책의 유지를 고집하는 것도 무리가 있다. ≪아사히신문≫의 원자력에 대한 의견은 '그렇다, 하지만'으로 알려졌지만, 정부의 태도는 '그렇다, 그렇다'라고 완고하게 계속 주장하는 것으로 보인다.

거듭 거론하는 것의 의의

환경에 관한 신문 간의 관점 차이나 신문과 정부 간의 생각 차이는 원자력만큼 크지는 않다. '지구 환경이 급속히 악화되고 있어서 시급하게 손을 쓰지 않으면 안 된다'라고 하는 기본 인식은 거의 일치하고 있기 때문일 것이다.

그런데도 지구온난화 방지에 관한 「교토의정서」 비준과 발효에 대한 각 신문의 사설 간에는 상당한 온도 차가 느껴졌다. 글쓴이는 지구온난화의 진행에 강한 위기감을 느껴, 「교토의정서」가 미국의 탈퇴 등으로 폐기되는 일이 있어서는 안 된다고 보고, 기회가 되는 대로 관련 사설을 써야 한다고 생각했다. 그러한 의미에서 ≪마이니치신문≫의 2001년 7월 13일자 사설, "「교토의정서」, 비준의 저항 세력은 누구인가"는 특히 감개무량한 사설이 되었다.

이날 논설회의에서는 「교토의정서」에 대해 사설을 쓰겠다는 글쓴이의 제안에 대해 '중요하다는 것은 알지만, 새로운 주장이 없지 않은가'라는 반론이 나왔다. '비록 유사한 내용이더라도 계속 쓰는 것에 의미가 있다'라는 글쓴이의 주장도 좀처럼 받아들여지지 않았다. 그때 한 논설위원이 "저항 세력과 맞서고 있다는 고이즈미 총리가 「교토의정서」 문제에서는 오히려 저항 세력인 것은 아닌가"라는 한마디를 불쑥 던졌다. 이 한마디로 「교토의정서」 문제를 채택하기로 했다.

이 사설에서는 '고이즈미 준이치로 총리의 비준 결단이 강력하게 요구된다'라는 주장과 함께, "'성역 없는 구조개혁'을 내걸어 저항 세력과 싸우는 고이즈미 총리가 유독 「교토의정서」 문제에는 우유부단한 이유가 무엇인가. 야당은 물론 자민당 내에도 조기 비준의 소리가 높아져 국회도 조기 비준을 결의했는데 총리 자신이 산업계와 더불어 비준 저항 세력으로 나서는 것은 이해하기 어렵다"라고 표명했다.

교토회의 직후 독일의 본에서 열린 유엔 기후변화협약 제6차 당사국회의(COP6) 재개 회합에서는 「교토의정서」의 운용 방식을 둘러싸고 각국이 마침내 기본적인 합의에 도달했다. 일본은 국익을 무엇보다도 중시해서 유럽연합(EU) 등과 대립했지만, 같은 해 10월의 제7차 당사국회의에서 결론 재고라고 하는 최악의 사태만은 피할 수 있었다.

신문의 사설이 정부를 직접 움직이는 경우는 그리 많지 않을지도 모른다. 그러나 일련의 움직임 속에서 다른 신문사도 '「교토의정서」 문제는 반복해서 기사화하는 것이 의의가 있다'라는 판단을 하지 못한 점이 유감스럽기도 하다.

기초연구의 경시로 연결되지 않는가

과학 기술 정책의 면에서는 2001년 1월에 내각부에서 종합과학기술회의가 발족되었다. 같은 해 4월부터 시작된 세2기 과학기술기본계획에서는 국가적·사회적 요구가 큰 생명과학, 정보통신, 환경, 그리고 나노테크놀로지 재료·소재의 네 가지를 중점 분야로 내걸었다. 그리고 국립시험연구기관의 독립 행정 법인화에 따라, 국립대도 민간적 발상에 의한 경영방법을 도입하고자 2004년 4월 국립대학교 법인으로 이행했다. 산업계의 요청으로 산관학(産官學) 제휴가 진행되어, 대학의 연구개발 성과를 산업 경쟁력의 강화와 경제 활성화로 연결시킨다는 명확한 방향이 제시되었다.

그런데 이러한 움직임이 기초연구 경시로 이어지는 것은 아닌가 하는 우려의 목소리가 높아지고 있다. 연구개발의 집중화와 효율화를 과도하게 추구하면 뜻이 있어도 응용으로 연결되기 어려운 천문학이나 소립자물리학, 생물학 등의 기초연구는 외면당하기 쉽다. 과학 기술의 발전을 위해서는 기초연구가 중요하며, 정부가 목표로 하는 과학기술창조입국도 독창적인 기초연구의 추진 없이는 이루어질 수 없다. 사설에서도 이처럼 거듭 주장했지만, 정부는 "결코 기초연구를 경시하는 것은 아니다"라고 말할 뿐이며, 계획을 수정하지는 않았다.

도카이(東海) 지진이 발생할 수도 있다는 우려에서 도카이 지진의 예지를 전제로 방재대책을 추진하고자 「대규모지진대책특별조치법(대지진법)」이 1978년에 제정되었다. 정부는 경계경보 발령이 가능하다고 호언장담했고, 도카이 지진을 예지할 수 있다는 기대가 퍼졌다. 그러나 점차지진이 복잡한 현상임을 알게 되었으며, 1995년 1월의 한신·아와지 대지진은 전혀 예상하지 못했다.

지진 예지의 무력함이 증명되면서, 당시 지진 예지 계획을 결정한 문부성의 측지학(測地學)심의회도 '지진 예지의 실용화는 어렵다'라는 내용의 보고서를 제출했다. 당연히 사설에서는 「대지진법」의 재검토가 불가피하다고 논평했다. 정부는 경계경보 발령에는 이르지 않아도 징후의 가능성이 높은 데이터가 관측되었을 때는 주의경보를 낼 것을 결정하는 등일부 수정을 했지만, 「대지진법」 개정에는 손을 대려고 하지 않는다. 한번 제정한 법률은 그렇게 간단하게 개정하지는 않겠다고 하는 강한 의지가 느껴진다.

하나의 사설이 생각지도 않은 효과를

정부나 산업계, 학계 등의 벽은 두껍고, 사설의 주장과 현실과의 괴리를 실감할 수밖에 없다. 그러나 하나의 사설이 생각지 못한 효과를 불러일으키기도 한다.

2002년 2월 10일자 ≪마이니치신문≫ 사설 "횡단형 연구, 낡은 학술계를 바꿀 때다"는 수직형 연구가 대세를 이루는 가운데 시스템공학, 제어공학, 로봇공학 등 횡단형 연구의 추진이 긴급과제라고 하는 여러 학회의 제언을 지지한 것이었다. 이것이 하나의 계기가 되어 '횡단형기간과학기술연구단체연합(橫斷型基幹科學技術硏究團體連合)'이 설립되었다. 또한 학자들의 조사연구팀이 문부과학성 진흥조정비(振興調整費)로 "횡단형 과학 기술의 역할과 추진방향"이라는 제목의 정책 제언까지 정리하게 되었다.

그런데 정부라는 벽보다 더 큰 벽이 존재하는 것 같다. 그것은 과학 관련 사설이 얼마나 독자에게 읽히는가 하는 문제이다.

대학에서 강의하다 보면 신문을 거의 읽지 않는 학생이 많다는 것을 알게 된다. 학생들은 신문은 너무 어렵고, 대신 텔레비전이나 인터넷을 통해 정보 대부분을 얻을 수 있기 때문에 큰 어려움이 없다고 한다. 그렇다면 사람들이 전반적으로 신문을 별로 보지 않게 된 것이 아닌가? 사설의 독자가 더욱 줄어드는 상황에서, 하물며 과학 관련 사설은 참담(慘憺)한 상황에 부닥쳐 있는 실정이다.

사설은 얼마나 읽히고 있는가

작가 에바토 데쓰오(江波戶哲夫)는 2003년 12월 9일자 ≪마이니치신문≫ 조간 "신문 시평"란에서 "사설 본연의 모습을 재검토해보는 것이 어떤가"라는 제안을 했다. 서두는 "신문에서 가장 많이 읽히는 것은 방송프로그램을 소개하는 면이고, 가장 읽히지 않는 것은 사설이다"라는 농담으로 시작한다. "분명히 사설은 지루하다. 왜일까?"라고 신랄하게 비판하면서, 사설은 어느 신문이나 90%의 상황 해설과 10%의 억제된 주장으로 이루어져 있다고 지적한다. 그는 "독자가 식견을 듣고 싶어 하는 사람들에게 부탁해서 그들이 매번 기명으로 사설을 쓰도록 하면 어떨까"라고 제안했다.

여성 논설위원을 주인공으로 한 소설『여자의 전성기(女ざかり)』를 쓴 작가 마루야 사이이치(丸谷才一)도 "사설의 독자는 전국 각지의 논설위원들뿐이다"라고 풍자하면서, "재미있는 사설은 거의 없다. 좋은 것은 백 개 중 하나 정도. 처음의 세 문장에서 '끝까지 읽게 하겠다'라는 기백이 느껴지지 않는다"라고 말하고 있다.

사설 본연의 모습이 정면으로 의심받고 있다. 또한 본래 어렵다고 여겨져 피하게 되는 과학을 다룬 사설은 더욱 어려운 상황에 처해 있음을 진지하게 고려했으면 한다. 원자력발전이나 지구온난화 문제 등에 관해 평소에 진지한 논의를 함으로써 신문사의 입장을 확고히 정리하는 것이 반드시 필요하다. 독자를 고려해 상황 설명을 줄이고 분명한 주장을 펼치는 등의 조치를 즉각적으로 취해야 한다. 과학 관련 사설이 더 많은 독자를 매료시킨다면, 정부는 물론 사회에 미치는 영향력도 자연스럽게 증가할 것이다.

2004년 2월 5일자 ≪마이니치신문≫의 사설 "몬쥬 원자로 개선, 국가는 허가에 자신이 있는 것인가"에서는 국가원자력안전위원회와 경제산업성(経済産業省), 원자력안전보안원이 몬쥬 원자로의 개조 공사를 승인한 것에 강한 의문을 나타냈다. 한편, 그로부터 3일 후 ≪요미우리신문≫의 사설에서는 "몬쥬, '운전하지 않고'서는 아무것도 시작되지 않는다"면서 운전 재개에 장애물이 아직 남아 있다고 주장했다. 그러나 몬쥬 원자로의 의의를 조명하고 장래에 정당하게 평가될 것이라는 기대를 표명했다. 후쿠이현 주민들은 또 한 번 당혹스러웠겠지만, 당혹감을 극복하고 현명한 선택을 해줬으면 한다.

논설위원의 무거운 책임

온난화 방지를 위해 일본과 EU는「교토의정서」를 비준했으나 러시아의 비준 지연 탓에 발효가 늦어지고 있다. 본래부터「교토의정서」에 의문을 갖고 있던 산업계나 경제산업성은 이를 기회로 별도의 온난화 방지 방안을 찾으려는 움직임을 보이고 있다. 하지만 장기간의 국제 교섭을 통해 운용규칙까지 정해지고 '교토'라는 이름까지 붙은 의정서를 그렇게 간단히 백지로 돌릴 수는 없다. 신문 사설의 역할이 도전받고 있다.

앞으로는 온난화를 시작으로 한 지구 환경 문제와 에너지나 식량 문제가 심각해질 것이다. 감염증이나 초고령 사회에 대한 대응도 중요하다. 인류가 21세기를 넘어 계속 살아남기 위해서는 생명과학 등 과학 기술의 힘은 반드시 필요하며, 정부나 산업계의 노력에 가세해 과학자도 횡단적인 제휴를 강화해야 한다. 그 이정표가 되는 것이 바로 사설이다. 잘 읽히고 많은 독자를 끌어들일 만한 사설을 쓸 필요가 있다. 이처럼 논설위원의 사회적 책임은 막중하다.

특종의 숨은 이야기

　사토 에이사쿠(佐藤榮作)가 과학기술청 장관으로 재임하던 시대, 일본 원자력연구소에서는 노사 간의 분쟁이 최악의 상황으로 치달아 1963년(쇼와 38년)에는 44회나 파업을 반복했다. 당시의 기쿠치 세이시(菊池正士) 이사장은 다음 해 2월 사임했다. 그래서 사토 장관은 학자가 아닌 산업계에서 이사장을 뽑기로 하고 후임자를 찾기 시작했다.

　그렇게 해서 물망에 오른 이름이 미쓰비시 조선(三菱造船) 회장 니와 가네오(丹羽周夫)였다. 당시 이들 사이에서 중개 역할을 한 인물은 일본 원자력발전(이하 원전)의 야스카와 다이고로(安川第五郎) 사장인 것도 알게 되었다. 평소 같으면 즉각적인 '밀착 취재'가 되지만, 야스카와 사장은 그러한 취재에 일절 응하지 않는다는 것을 동료 기자들은 모두 알고 있다. 그러던 가운데 원전(原電)의 한 간부가 던진 "아무튼 한 번 방문해보면 어떻겠습니까"라는 한마디에 기운을 내서 야스카와 자택에 야간방문을 감행했다. 예상대로, "밤에는 신문기자를 만나지 않는다"란 대답을 듣고 "실례했습니다"라고 하며 돌아가려고 했는데, "들어와 보세요"라고 권유를 받아 30분 정도 취재할 수 있었다. 그러나 후임 인사에 대한 이야기는 한마디도 하지 못했다.

　하지만 이 일이 계기가 되어 야스카와 사장에 대한 밀착취재를 계속하게 되었다. 며칠 후, 원전의 비서실에 대기하고 있는데 갑자기 야스카와 사장의 "나간다"라는 목소리가 들렸다. 그러고는 엘리베이터 앞 복도에서 '니와 카네오 이사장 취임'이라고 하는 정보를 잡았다. 이것은 ≪닛케이신문≫ 1면 3단 표제의 특종 기사가 되었는데, ≪일간공업신문≫은 1면 머리기사로 보도했다. 후일, ≪일간공업신문≫의 우미누마(海沼) 기자로부터 "사사키 기자가 나의 특종상을 빼앗았다"는 말을 들었다. 특종 경쟁은 그야말로 치열한 것이다.

- 사사키 고지(佐々木孝二), 전 ≪닛케이신문≫

21장
미국의 과학 저널리즘

제임스 코넬(James Cornell)

미디어 지각변동의 징후

≪워싱턴포스트≫의 과학 부문 편집자 커트 서플리(Curt Suplee)는 1999년 전미과학재단(NSF)의 '공공 커뮤니케이션' 조사위원회로부터 미국의 과학 보도 현황을 평가해달라는 요청을 받았다. 수상경력도 있는 유능한 과학 저널리스트인 서플리는 지금까지의 반세기는 미국 과학 보도의 '전성기'였지만, 그러한 영광의 날들은 이미 지나갔으며 미래의 전망은 불투명하다고 보고했다.

특히 서플리를 놀랍게 한 것은 세 가지 동향이었다. 즉, 미국 내 일간 신문의 독자는 감소하고 있으며, 남아 있는 독자도 고령화되고 있다. 그리고 과학 특집 페이지의 광고가 급격하게 줄고 있다. 미국 내 1,700여 개의 일간 신문 중 30개도 안 되는 극소수만이 과학에 대해 정상적으로

〈그림 21–1〉 ≪뉴욕타임스≫의 과학란

보도하는 것으로 보이며, 그 보도량조차도 감소하고 있다. 또한 서플리는 인터넷과 같은 새로운 기술이 과학 뉴스의 보도방법을 극적으로 변화시켰다고 보았다. 그러한 기술을 통해 앞으로 일반인들에 대한 과학 기술을 확산시키는 데 성공할 가능성이 있다면, NSF는 커뮤니케이션 정책을 수정할 필요가 있다고 주장했다.

이 보고서를 제출하고 2~3년 후에 서플리는 ≪워싱턴포스트≫를 그만두고 NSF의 법률 및 홍보부장으로 자리를 옮겼다. 서플리 같은 인물이 언론사에서 정부 대변인으로 이동하는 상황은, 재능 있는 사람을 간파하고 좋은 조언자를 얻는 NSF의 능력을 나타내고 있을 뿐만 아니라 미국 과학 저널리즘의 또 다른 동향을 보여주는 것이기도 하다. 즉, 최근에는 기자가 언론 현장을 떠나 기업이나 정부 등 조직의 홍보업무로 이동하는 추세이다.

전통적인 매스미디어의 과학 저널리스트는 미국의 과학 기술 및 의학 분야의 진보에 대한 뉴스를 전달하기 위해서 중요한 역할을 하고 있다. 이것은 분명한 사실이다. 그러나 현재 미국의 일반 시민은 과학 정보의 대부분을 대학이나 연구기관에서 일하는 과학저술가나 편집자, 프로듀서 등의 익명 집단이 내보내는 정보에서 얻고 있다.

이것은 다음과 같은 상황을 의미한다. 매스미디어에서는 뉴스와 오락의 경계가 모호하다. 동시에 뉴스 전달의 세분화·전문화가 계속 진행됨에 따라 신기술에 의해 촉발된 새로운 형태의 커뮤니케이션이 전통적인 정보 전달 방식을 대체하고 있다. 이러한 시대에는 연구·교육기관의 새로운 서비스가 사회와 직접 관련된다. 결과적으로 기존 과학 저널리즘의 익숙한 형태가 상당 부분 무시되거나 불필요한 것으로 간주되곤 하는 것이다.

과학 저술가들의 새로운 움직임

과학 보도의 이러한 경향은 미국과학저술가협회(NASW)의 구조와 본질을 변화시키고 있다. 30년 전에 NASW는 약 800명의 회원을 확보하고 있었는데 그 중 절반은 '활동적 회원', 즉 현직 저널리스트로 이른바 '정보 수집자'이다. 나머지 절반은 '준회원'으로서 공공정보 전달 업무에 종사하는 '정보 제공자'였다. 현재 이 협회의 회원 수는 약 2,400명으로 전문저술가 모임으로는 미국 최대 규모의 단체 중 하나이다. 이전부터 종종 물의를 빚어온 '활동적' 회원과 '준'회원의 구분은 공식적으로는 사라졌다. 이중 약 1,400명의 회원은 자신을 미디어 전문가라고 밝히고 있다. 나머지 1,000여 명은 공공기관의 홍보 담당자 혹은 저널리즘 분야의 교수와 강사라고 한다. 표면적으로 회원의 주류는 '현역 기자'라고 볼 수 있다. 그러나 '미디어'로 분류되는 회원 중 900명 이상이 실제로는 프리랜서임을 자인하고 있다. 현재 미디어 시장을 고려해보면 이 회원들의 대부분이 적어도 한동안은 홍보 분야에 종사했었다는 것을 의미한다.

사적 혹은 공적 연구기관의 홍보 부문에 종사하는 직원들은 프리랜서 계약 직원들과 함께 현역 기자 회원들의 기사작성에 도움이 되는 보도자료를 제공한다. 그뿐만 아니라 잡지나 뉴스레터, 웹 페이지, 혹은 라디오나 텔레비전의 프로그램도 작성한다.

예를 들어, 200만 명의 독자를 확보하고 있는 ≪스미소니언매거진≫은 ≪파리마치≫ 같이 발행 부수가 많은 잡지의 기사를 게재할 뿐만 아니라 유사한 방식으로 광고 활동도 하고 있다. 이 잡지는 미국의 국립박물관인 스미소니언협회가 발행하고 있는데, 이러한 공공 서비스 제공을 협회의 사명으로 추진하는 것이다.

대학 중에는 하버드대와 매사추세츠 공과대(MIT)가 동창회지 성격이면서 가판대에서도 팔릴 만한 잡지를 발행하고 있다. 이들은 동창생의 범위를 넘어 영향력 있는 부유 계층까지 독자층을 넓히려 하고 있다. 몇 년 전 MIT가 발행하는 ≪테크놀로지 리뷰≫는 모든 편집진을 해고하고 편집 방침을 완전히 바꾸었다. 이 잡지는 기술이 사회에 미치는 영향을 고찰한다고 하는 전통을 오랫동안 유지해왔는데, 갑자기 기술혁신이나 발명을 적극적으로 보도하는 노선으로 변경했다. 그리고 젊고 경제적으로 여유 있는 기술기업가들에게 노골적인 접근을 시도하고 있다.

이러한 대표적 사례들을 비롯하여 현재 미국의 크고 작은 대학과 연구기관들이 일반 시민을 대상으로 하는 흥미로우면서도 유익한 내용의 잡지를 출판하고 있다. 실제로 이러한 잡지의 수가 매우 많아지자 대학교 출판관계자들은 특별히 '대학연구잡지협회'를 결성했다.

대학과 연구기관의 홍보는 출판 활동에 머무르지 않았다. 예를 들어, 텍사스 대학의 맥도날드 관측소는 매일 방송하는 천문학 관련 라디오 프로그램을 미국과 캐나다의 공공 혹은 상업 라디오 방송사에 전송하고 있다. 스페인어판인 〈유니버소(Universo)〉는 멕시코와 라틴 아메리카 15개국에서 방송되었다.

공공기관의 홍보 부문은 다수의 비디오, 영화, 카세트, CD 같은 홍보물을 흥미를 느끼는 소비자에게 직접 보내고 있다. 실제로 미국의 많은 연구기관은 아직도 근대적인 마케팅 - 특정 수요에 따라 특정 정보를 제공하는 방식 - 을 하고 있다.

웹 사이트의 정보 입수

이러한 양상은 인터넷의 역할 변화 속에서 매우 현저해졌다. 휴대용 컴퓨터와 모뎀을 사용하여 누구든지 집이나 사무실을 벗어나지 않고 뉴스와 데이터를 수집하여 과학 기자가 될 수 있게 된 것이다.

인구의 변동, 신기술, 생산 경제의 붕괴에 의해 초래되고 있는 전통적인 뉴스 미디어(대도시의 신문이나 널리 보급된 잡지, 그리고 텔레비전 네트워크)의 변화에 따라 더욱더 많은 개인이 웹 사이트를 이용하게 되었다. 따라서 우리는 저널리즘적 해설이나 편집의 영향을 받지 않은 정보원으로부터 직접 정보를 입수할 수 있다.

2002년에 프랑스·독일·이탈리아·스페인·영국·미국 6개국의 성인 4,500명을 대상으로 한 조사에 의하면 응답자의 57%가 건강에 대한 정보를 찾을 때 인터넷을 이용하는 것으로 나타났다. 이것은 그다지 놀라운 사실은 아닌데, 해당 연령대는 주로 18세부터 54세까지였다. 54세 이상의 연령층에서는 웹 검색을 이용하는 사람의 비율이 뚜렷하게 감소했다. 가장 흥미로운 것은 모든 연령층의 응답자가 일반 사이트나 정부 및 연구기관이 운영하는 사이트가 제약회사가 운영하는 사이트보다 더 객관적이며 신뢰할 수 있다고 생각한다는 점이다.

확실한 증거는 없지만, 이런 새로운 웹 사이트나 무료 공공서비스 방송, 대학 혹은 연구기관에서 발행하는 양질의 잡지들은 과거 언론계에서 과학 저널리스트였던 사람들이 기사를 쓰거나 편집에 관여하고 있을 것이다.

이에 대해서는 몇 가지 흥미로운 이야기가 있다. 그중 하나로 미국과학저술가협회가 발행하는 뉴스레터인 《사이언스라이터》는 현재 공공

정보 관련 칼럼을 싣고 있다. 과거 준회원은 그다지 배려하지 않았던 기관으로서 이것은 커다란 변화이다.

미국과학저술가협회가 발행하는 《뉴스레터》 최신호의 리드 기사는 "일반 시민을 향한 과학 기술 커뮤니케이션에 관한 최선적 실천 사례"에 대한 회의의 보고였다. 그러나 거기서 논의된 "최선적 실천 사례"는 전통적인 과학 저널리스트에 의해서 시행된 것이 아니고 "대학이나 정부 조직, 기업 혹은 NPO 등의 연구기관, 그리고 공공의 교육기관으로서는 박물관이나 웹을 기반으로 한 NPO" 같은 조직의 '과학정보 전문가'에 의해서 시행된 것이었다. 이러한 조직에 속한 대부분의 과학 저널리스트가 칭찬보다는 비판의 필요성을 느끼고 있었던 것이다.

홍보 담당자가 많아진다?

과학저술진흥협의회(Council for the Advancement of Science Writing)가 매년 개최하는 기자설명회 "새로운 지평"은 전통적인 저널리스트만이 참여한다고 알려져 왔으나, 실제로는 앞에서 말한 과학정보 전문가들이 상당수를 차지하는 것 같다. 이 기자설명회에서는 첨단연구의 상세한 연구결과가 공개적인 자리에서 공표되기 전에 그 요점을 소개하므로, 과학 저널리스트에게는 가장 빨리 정보를 얻을 수 있는 이벤트 중 하나이다. 디렉터인 벤 패트루스키(Ben Patrusky)에 따르면, 최근 이 회의는 "진정한 저널리스트보다 대학 홍보 부문의 직원을 더 많이" 끌어모으고 있다고 한다. 유사한 경향이 미국과학진흥협회(AAAS)의 연회와 연동해서 시행되는 '저술가를 위한 직능향상워크숍'에서도 나타나고 있다.

〈그림 21-2〉 하워드휴스의학연구소가 발행하는 잡지, ≪HHMI≫

　미국에서 가장 오래되고 가장 자금이 풍부한 사립연구재단인 하워드휴
스의학연구소는 3개월마다 ≪HHMI≫라는 잡지를 발행하고 있는데, 이
잡지를 읽어보면 많은 저널리스트가 전통적인 미디어로부터 연구기관의
홍보 부문으로 옮기고 있다는 사실을 알 수 있다. 전에는 간소한 뉴스레
터였던 이 정기간행물은 화려한 소비자 전용잡지로 보기 좋게 바뀌었다.
여기에 게재되는 기사들은 과거 매스미디어 슈퍼스타인 과학저술가들,
예컨대 ≪사이언스≫지의 미치 월드롭, 위스콘신 공공 TV의 테리 데이
비드, ≪테크놀로지리뷰≫의 스티브 미어스키, ≪보스턴글로브≫에서
근무했던 리처드 사르타스, ≪사이언스뉴스≫에 있었던 패트릭 영 등이
맡고 있다. 직업 영역의 경계가 더 혼란스러워졌지만, 사르타스, 데이비
드, 월드롭, 그리고 데니스 미어디스와 같은 단골 협력자들은 현재 혹은

과거에 다른 NPO에서 전업으로 일했던 홍보 담당자이기도 했다. '미디어' 혹은 '프리랜서'로 분류되는 직업에 대한 정의는 오늘날의 미국 저널리즘의 눈으로 봤을 때 매우 폭넓다. 실제로 오늘날에는 많은 전문직의 특징 자체가 모호해졌다. AAAS 같은 몇몇 대규모 과학단체조차도 어디까지를 '기자'로 인정할 것인지에 대한 의문이 제기되어 논의를 진행하고 있다. 역설적으로 이러한 미국의 과학저술업계에서의 인구 이동은 이 업계가 이전과 달리 세련되고 전문화되었음을 증명하는 것이다.

과학저술진흥협의회의 벤 패트루스키는 "과학저술가는 20년 전보다 상당히 영리해지고 있다. 설명회에서 어떤 것을 화제로 선택하면 그들에게 매력적일지 나는 열심히 찾지 않으면 안 되게 되었다"라고 말한다.

과학 저널리스트 교육 현황

이러한 일화적(逸話的)인 보고의 배후에는 고등교육의 동향이 관련되어 있다. 위스콘신 대학의 새런 던우디(Sharon Dunwoody)에 따르면 미국에서는 50개 이상의 대학에서 대부분 대학원 수준의 과학 저널리즘 프로그램을 제공하고 있다. 예를 들어 보스턴 대학의 과학·의학 저널리즘을 위한 나이트센터(Knight Center for Science and Medical Journalism)에는 매년 엄선한 몇 명의 학생만 받아들이는 대학원 프로그램이 있다. 이곳의 공동 디렉터인 엘렌 셸(Ellen Shell)에 의하면 입학을 원하는 학생이나 입학 신청자 수가 줄지 않는다고 한다. 실제 이 대학의 이공계 분야에서 몇 개의 학위를 가진 학생들이 정원 이상으로 신청한다고 한다. 더 중요한 것은 대학원생 대부분이 졸업 후에 바로 취업할 곳을 찾는다는 것이다.

리하이 대학 학부 프로그램을 관리하는 새런 프리드먼(Sharon Friedman)
은 "이곳의 프로그램은 이전보다 훨씬 대규모로 구성되어 있다. 현재 주
전공과 부전공을 합해서 20개 프로그램이 있고, 이것은 대부분 대학의 저
널리즘 학부의 프로그램 수보다는 많지 않지만, 학생 수는 평상시의 평균
인원보다 5~6명 많다"라고 보고하고 있다. 게다가 그녀는 "이 학생들에
게는 과학 분야의 배경지식을 요구했기 때문에 상당한 엘리트 집단이라
고 할 수 있다"라고 설명했다.

"분자생물학과 생화학 분야의 학생은 증가하고 화학과 물리학 분야의
학생은 줄고 있다. 지구과학과 환경과학의 학생 수는 꾸준하다. 유전자
공학, 바이오테크놀러지, 환경 문제와 같은 분야는 현재 학생들에게 가
장 흥미가 있는 토픽들이다."

이미 기사를 쓰는 젊은 저술가 중에서도 더 높은 수준의 트레이닝을
받고 싶다는 사람이 있다. NASW가 회원들을 위해 마련한 전문직능향상
세미나는 대부분 AAAS의 연차대회 며칠 전에 열리는데 평판이 매우 좋
다. 10년 전 연차대회 점심때에 부담 없는 강좌로 도입되었을 때는 그저
몇 명의 과학저술가밖에 참여하지 않았다. 그러나 곧이어 참가 희망자가
대폭 증가하여 독립적인 반나절 코스로 재편성되었다. 일 년 후에는 일
일 프로그램으로 확대되고 AAAS로부터 독립하여 별도의 참가비가 필요
한 이벤트로 승격되었다. 2003년에는 350명의 '학생'이 종일 워크숍, 토
론회, 강연회, 연구실 견학 등의 프로그램에 참가했다. 2004년에는 450
명의 NASW의 회원이 참가했으며, 50명의 비회원은 2배의 등록비를 내
고 참가했다.

협회가 제공하는 다른 회원 서비스와 더불어 많은 과학 저널리스트를
위한 이런 트레이닝 프로그램의 성공은 NASW의 프로 의식 고양을 의미

한다. 이러한 새로운 구상 그 자체는 일 년에 한 번 개최되는 트레이닝, 총회, 회원 친목회 등의 모든 행사를 이제까지 의지해온 AAAS의 연차대회와 분리하여 독립시킨다고 하는 NASW의 2004년 총회 결정에 근거한 것이었다. 그러나 이렇게 새롭게 훈련을 받은 전문가들은 과연 어디에서 일자리를 얻을 것인가. 학생 대부분은 홍보활동에는 흥미가 없고 웹을 포함한 미디어에 종사하기 바라지만, 현재 미디어 분야의 진로는 한정되어 있다. 그래서 많은 학생은 대학이나 NGO의 홍보 부문 일자리로의 진로를 선택하게 된다.

과학 뉴스는 의학 뉴스인가?

그동안 사회는 연구결과와 공공 정책에 대한 비판적인 평가를 오랫동안 언론에 의지해왔다. 그런데 앞서 말한 바와 같이 과학 기자들은 끊임없이 홍보 부문으로 이동하고 있다. 과학 저널리즘을 오랫동안 주목해온 많은 사람은 홍보 부문이 아무리 친절하고 도움이 되는 정보를 제공해준다고 할지라도 잠재적으로 위험하다고 지적한다. 이는 미국의 대테러 전쟁과 관련한 과도한 보안 캠페인, 특히 생화학 테러리즘의 위협에 대한 비정상인 방위 노력으로 언론과 정부 간의, 그리고 국가기밀과 과학의 공개성 사이에 존재하던 대립관계가 강화되고 있는 현시점에서 치명적인 요소가 될 수 있다.

더구나 생화학 테러리즘은 편집자에 의해 다른 많은 공중위생의 문제와 마찬가지로 순수한 정치 혹은 경제 기사로 취급되는 경향이 있다. 이러한 현상은 과학 저널리즘에 커다란 걸림돌이 된다. 시민에게 그 사건의 과학적 요소를 더 능숙하게 설명할 수 있는 과학 저널리스트의 역할이 무시되기 때문이다.

미국의 과학 저널리즘은 긍정적으로 보면 변화의 과정에, 부정적으로 보면 불안정하고 예측 불가능한 상태에 있다. 극명하게 모순된 상황이지만, 부정적으로 보자면 유해한 경향에 빠진 것은 확실하다. 주류 미디어에서 계속 종사하는 것을 선택한 저술가들조차도 주저하게 되는 곤란한 문제에 직면하고 있다. 예를 들어, 피상적이며 선정적으로 이름을 드러내고사 하는 저널리즘의 시대에 어려운 과학 기술 관련 문제나 복잡한 사회경제적인 주제에 대해 깊이 있게 다룬 기사를 읽는 독자를 어떻게 하면 찾아낼 수 있을 것인가.

미국과학재단이 제시하는 지표에 따르면, 산업화 사회에서는 일반 시민의 과학과 기술에 대한 관심이 매우 높다. 특히 현대사회에서는 사회의 중추적 역할을 담당하는 과학과 기술의 응용에도 관심이 높다. 이것은 주류 미디어가 전하는 과학 기술 뉴스의 독자가 확대될 가능성을 보여주는 것이며, 한편으로는 그 역효과 또한 사실임을 입증하는 것이다. 서구 여러 국가에서 나타나는 매스미디어 상업주의화의 심화는 뉴스와 오락의 경계를 모호하게 만들었다. 대중의 요구보다 광고 수입을 중시하여 편집자보다 경영 전문가가 결정하는 독자층을 대상으로 하는, 기업 저널리즘이라 할 만한 형태가 되었다. 대중매체들은 세계적인 경기침체와 그로 말미암은 광고 수입의 감소 탓에 독자나 시청자의 눈길을 끌면서 동시에 비용을 낮춰야 하는 새로운 압력을 받고 있다.

'과학 보도'에서 '의학적 발견', '기적적 치유' 그리고 '역사적 발견'이 더욱더 중요하게 여겨지는 것은 틀림없다(이 같은 한심한 상황에서 우주비행은 예외라 하더라도 '과학 뉴스'라고 하는 것이 실제로는 '의학 뉴스'이며, 그 대부분은 다이어트나 미용성형, 외과 수술 같은 개인의 건강에 관한 이야기로 채워지고 있다. 이러한 현상은 미국 전국 네트워크 텔레비전에서 여실히 나타난다).

동시에 광케이블, 전자책, 비디오, 그리고 인터넷 등 다양한 매체의 등장이 미디어의 세분화를 발생시켜 채널 수를 증가시키고 있다. 그러나 매체마다 이용자는 한정되어 그 수가 줄어들고 있다.

미국의 일반 시민은 전례가 없을 정도로 깊고 자세하면서도 많은 과학 정보를 입수할 수 있게 되었다. 그러나 접근하기 쉬워진 것은 업계 잡지, 케이블 채널, 웹 사이트 등 특수한 매체들뿐이다. 그 때문에 과학 기술 뉴스가 지극히 세분화되었다. 미국의 과학 커뮤니케이터들은 그러한 이해방식은 바람직하지 않다고 두 세대에 걸쳐 지속적으로 주장해왔다. 그러나 그런 지적에 아랑곳하지 않고 과학은 다시 일상적인 경험에서 분리되어 비밀스럽고 추상적인 것이 되어가고 있다.

이러한 경향이 가까운 미래에도 계속되면 인쇄매체의 공간과 방송시간 사이의 갈등이 격화할 것으로 전망된다. 만약 미디어에서의 보도 항목이 대중문화와 경제에 치중한다면, 과학 보도의 질과 양은 희생될 수밖에 없다. 그리고 '제한적인 영역'의 프로그램 편성 경향이 계속된다면 일반적인 과학 뉴스는 1960년대와 1970년대에 누렸던 인기를 되찾을 수 없을 것이다. 실제로 과학 저널리스트는 '뉴스레터의 전문가'가 되어버릴 우려가 있다. 사회 전체를 위해서 과학 연구의 방향이나 지원을 결정하는 지적 엘리트나 '인사이더'라고 하는 영향력 있는 소수 그룹만을 위해 기사를 쓰기 때문이다.

물론 커뮤니케이션 기술 그 자체가 너무 급속히, 예측 불가능하게 변화하고 있기 때문에 '명백하고 확실한 것'에 대한 예측은 분별없는 행위이다. 그러나 한 가지 분명한 것은 최근 매스미디어의 변화는 시민의 대변자, 저널리스트, 과학자에게 새롭고 효과적인 커뮤니케이션 수단을 마련하는 좋은 기회를 제공하고 있다는 것이다

문제는 미국의 과학 저널리스트들이 이 잠재적인 힘을 자신만을 위해서가 아니라 사회의 요청에 부응하도록 이용할 수 있을까 하는 점이다.

22장 독자적인 길을 가는 ≪뉴사이언티스트≫

앨런 앤더슨(Alun Anderson)

세계의 대중용 과학 주간지

≪뉴사이언티스트≫는 세계 유일의 대중적 국제 과학 주간지이다. 1956년에 런던에서 창간되어 현재 발행 부수는 13만 5,000부에 이르며, 전 세계에 75만 명의 독자가 있고, 웹 사이트에는 매월 약 150만 명이 방문한다. 런던 본사 외에 보스턴, 샌프란시스코, 토론토, 브뤼셀, 시드니, 멜버른에 지사가 있다.

매주 영국·국제판, 오스트레일리아판(1989년 창간), 미국판(2002년 창간)의 세 종류를 발행하고 있는데, 70명 이상의 과학 기자와 편집자가 일하고 있으며 이는 아마도 세계에서 가장 큰 과학 기자·편집자 네트워크일 것이다. 게다가 출판·영업·광고 등의 부서가 있으며, 총 매출액은 연간 3천만 달러를 넘는다.

물론 ≪타임≫이나 ≪뉴스위크≫와 같이 거대 부수를 자랑하는 국제 시사주간지나 기타 월간지들과 비교하면 ≪뉴사이언티스트≫의 규모는 훨씬 작다. 그러나 '전문성이 있는 주간지' 시장에서는 나름대로 건투하고 있으며, 국제적으로도 성공하고 있다고 말할 수 있다. 현재 세계의 거의 모든 지역에서 독자 수가 꾸준히 증가하고 있다.

성공하는 조건이란 무엇인가

작은 규모의 ≪뉴사이언티스트≫가 성공한 원인은 어디에 있을까? 본사의 간부는 "매주 노력하고 있기 때문"이라고 말할 것이다. 물론 직원들은 모두 우수하고 훌륭하게 일하고 있다. 그러나 잡지 스스로 매우 높은 목표를 내걸어 어려운 경쟁을 이겨온 것도 사실이다. 이 경쟁은 다른 잡지와의 판매 경쟁은 아니다. 또 어떻게 하면 독자가 돈을 쓸 것인가 하는 경쟁도 아니다. 독자에게 얼마나 시간을 할애하도록 하는가의 경쟁이다. 평균적으로 ≪뉴사이언티스트≫ 독자는 잡지를 읽는 데 일주일에 약 한 시간을 소비하고 있다. 독자 입장에서는 그 한 시간 동안 텔레비전을 보거나, 음악을 듣거나, 친구 아니면 가족과 외출하거나, 다른 잡지를 읽을 수도 있다. 경쟁에서 이기려면 잠재적인 독자가 소비할 어느 한 시간보다 즐거운 한 시간을 제공해야 한다.

그러기 위해 ≪뉴사이언티스트≫와 성공을 바라는 모든 대중 과학 잡지에 필요한 것은 자신을 엔터테인먼트 산업의 일부로서 인식하는 것이다. 즉, 오락을 제공하는 것이다. 그것이 성공하기 위한 제일의 조건이다.

또 다른 성공 조건은 적절한 비즈니스 모델이다. ≪뉴사이언티스트≫

의 수입원은 잡지 판매, 대형 광고(자동차, 전기제품 등의 광고), 구인 광고의 세 가지다. 잡지 지면뿐만 아니라 웹 사이트에도 구인 광고가 게재되기 때문에 ≪뉴사이언티스트≫는 과학 분야의 구인 광고 매체로서 인기가 있다. 구인 광고는 잡지의 각국어 판과 유럽, 미국, 오스트레일리아·싱가포르의 포털 사이트에 게재된다.

　출판·판매·영업 전략은 복잡하면서도 끊임없이 변화하고 있다. 그 흐름을 아는 것은 매우 중요하지만, 이 점에 대해 자세하게 설명하는 것은 이 글의 목적과는 맞지 않는 것 같다. 대신 여기에서는 앞서 언급한 '한 시간을 차지하기 위한 경쟁'으로 논점을 되돌리고자 한다. 이 일을 담당하는 것은 ≪뉴사이언티스트≫에서 일하는 저널리스트·편집자·디자이너들이다. 그들에게 요구되는 것은 과학을 전달하는 것이 아니고, 과학의 즐거움을 전달하는 것이다. 그것을 위해 기사 이상으로 디자인이 중시되고 있다.

　좋은 디자인은 불가결하다. 모든 독자는 TV의 화려한 영상에 익숙하다. 또 미녀를 비롯한 욕망을 부추기는 것들로 가득 찬 화려한 패션잡지나 남성 잡지도 주변에 많이 있다. 흰 가운을 입은 대머리 연구원이 실험 기구에 둘러싸인 어수선한 실험실에 있는 사진(실제 상당수 과학자의 모습이기도 하지만)으로는 '한 시간의 경쟁'에서 이길 수 없을 것이다. 그러한 과학자들의 머릿속에 있는 것에서 재미를 찾아야 한다. 따라서 과학의 설레는 즐거움을 포착한 멋있는 사진이나 일러스트 사용은 빠뜨릴 수 없다.

　≪뉴사이언티스트≫는 그 점을 중시하여 디자인에 심혈을 기울여왔다. 기사만이 아니라 외주 일러스트나 사진, 통신사의 사진이나 컴퓨터 그래픽(CG)을 충분히 사용하여 페이지를 구성한다. 이를 위해 네 명의 디자이너와 두 명의 사진 조사원, 두 명의 CG 아티스트를 전속으로 고용

하고 있다. 일러스트에 투자하는 예산은 연간 50만 달러 이상의 고액이다. 팔리는 잡지 만들기에는 독자의 귀중한 시간을 획득하려는 열정뿐만 아니라 이런 적절한 비즈니스 모델이 필요한 것이다.

≪뉴사이언티스트≫의 독자는 모든 연령대에 걸쳐 있다. 독자의 65%가 남성이지만, 25세 이하의 독자층에서는 남녀의 비율이 같다. 독자의 평균 연령은 30대 전반이다. 이 연령대의 독자를 끌어오기 위해 디자인이나 기사의 스타일에 항상 변화를 추구해왔다.

대다수의 독자는 과학에 대해 어느 정도 지식이 있다. 과학을 배운 적이 없는 독자는 25~30%뿐이다. 이러한 점에서는 우리는 신문기자보다 일하기 쉽다고 말할 수 있을 것이다. 과학에 관한 기본적인 사실을 설명하지 않아도 되기 때문이다.

독자를 즐겁게 하는 것도 중요하지만, 그것을 위해 구체적으로 무엇을 할지 어떻게 알 수 있을까? 우선 중요한 것은 자신의 직감을 믿는 것, 그리고 일에 대한 열정을 소중히 하는 것이다. ≪뉴사이언티스트≫에서 일하는 우리 동료의 상당수는 독자와 유사한 학력과 경력을 갖고 있다. 스태프 대부분이 이공계 출신이며, 박사 학위를 가진 사람도 많다. 우리가 재미있다·이상하다·즐겁다고 생각하는 화제는 아마 독자에게도 그럴 것이다. 물론 우리는 치밀하게 기사의 구성을 궁리하고, 첫 문장 하나로 독자를 끌어들일 만큼 멋있고 흥미를 돋우는 표제를 붙이는 등, 저널리즘에 필요한 모든 기술을 구사해야 한다. 물론 반드시 정확해야 하며, 윤리 기준을 준수해야 한다. 이것은 굳이 말할 필요도 없는 것이다.

제작과정에서는 직감도 어느 정도 유용하다. 그러나 객관적인 반응도 중요하다. 그 중 하나가 정기적으로 열리는 독자와의 간담회다. 또한 시장 조사를 이용해서 기사에 대한 독자의 호감도 조사도 하고 있다. 그러나 가장 중시하는 것은 매주의 판매 부수다.

　잡지의 절반은 신문 가판대나 서점에서 팔리고 있다. 영국에서는 이렇게 팔리는 것이 대략 4만 부이다. 가장 매출이 많을 때는 5만 부까지 증가하기도 하고 적을 때는 3만 4,000부 정도에 그치기도 한다. 주마다 1만 부의 차이는 수익에 큰 영향을 끼친다. 1년으로 환산하면 250만 달러나 되기 때문이다.

표지와 표제의 중요성

　잡지 매상에 가장 중요한 역할을 하는 것은 표지다. 표지를 보면 내용도 대략 알 수 있다. 독자가 재미있어할 만한 소재를 표지로 가져와서 적극적으로 광고한다면 매출을 늘릴 수 있다. 반대로, 흥미 있는 내용이 없거나, 있다고 해도 표지로 잘 광고하지 못하면 매출도 줄게 된다. ≪뉴사이언티스트≫의 모든 스태프는 매주 판매 부수에 끊임없이 주의를 기울이고 있다. 매주 좋은 표지를 만들어야 하는 편집장과 아트 담당 편집장에게 가해지는 중압감은 상당한 것이다.

　좋은 표지를 만들려면 표지의 영향력을 과학적으로 분석하는 것이 매우 중요하다고 본다. 이를 위해 잡지 판매점에서 사람들의 행동을 비디오로 녹화하여 표지 디자인이 독자의 구매 욕구에 어떤 영향을 주는지 분석했다. '표지의 과학'으로 얻은 성과는 다음과 같다. 다른 잡지보다 눈에 띄도록(다른 모든 잡지는 독자의 한 시간을 두고 다투는 경쟁자다) 표지의 문자와 디자인은 대담하고, 밝고, 멀리서도 잘 보이도록 해야 한다. 그러면 지나가던 독자도 멈춰 서서 표지를 보기 때문이다. 일반적인 독자는 표지를 스쳐 지나가면서 보고 간다. 하나의 표지에 시선을 두는 시간은 평균적으로 불과 1.5초에 지나지 않는다. 그만큼 짧은 시간에 내용에 흥미를 갖고, 잡지를 집어 들어 내용을 보고 싶어 하도록 해야 한다. 반대로 말하면, 거기까지 도달하면 대부분은 구매하게 된다. '성공'이라고 할 수 있는 것이다.

1.5초 만에 독자를 끌어들이려면 다음과 같은 점이 중요하다. 기사의 내용을 완전하게 노출하지 않아도 독지가 관심을 둘 만한 표제, 그리고 더 알고 싶어 하는 표제. 독자는 그런 표제의 잡지를 구입할 것이기 때문이다. 그러나 독자가 관심이 있을 만한 화젯거리를 다룬다 하더라도 그것을 적절하게 표제로 만들기는 쉽지 않다. ≪뉴사이언티스트≫의 독자는 중국식으로 말하자면 '양(陽)'과 '음(陰)'의 두 가지 종류로 나누어지기 때문이다. '양'의 독자는 보통 남성이며, 우주론이나 우주, 첨단 기술, 과학의 수수께끼, 양자 물리학, 블랙홀 등의 화제를 좋아한다. '음'의 독자는 여성이 많고, 생물학이나 진화론, 심리학 등 '부드러운' 과학을 좋아한다. 성공하는 표지의 상당수는 '양·음' 작전을 사용하고 있다. 주 표제로 '양'의 화제를 채택하고(전술한 것처럼 남성 독자가 여성 독자보다 많기 때문에), 큰 부표제로 '음'의 화제를 채택한다. 사진이나 그림을 걸맞게 조합하면 어느 쪽으로나 눈에 띄게 세련된 분위기를 자아낼 수 있다. 그러면 잡지도 팔리게 된다. 다음 쪽에 성공과 실패 사례를 각각 두 개씩 모두 네 개의 표지를 실었다(〈그림 22-1〉). 한눈에 차이를 알아볼 수 있다고 생각한다.

물론 매력적인 표지를 만드는 것은 성공에 필요한 하나의 조건에 지나지 않는다. 그러나 독자로부터 환영받을 방안을 지속적으로 연구하는 것이 중요하다. 이것은 잡지 구독자를 늘리고자 웹 사이트와 잡지를 어떻

〈그림 22-1〉 잡지 판매 부수 비교

①, ②는 ③, ④보다 훨씬 많이 판매되었다. 높은 판매 부수를 유지하면 1년에 250만 달러의 수익 증가를 기대할 수 있다. 다만, 그것을 매주 계속하는 것은 여간 힘든 일이 아니다.

게 연계시킬 것인지, 적절한 시기에 적절한 화제를 어떻게 선택하는지, 독자에게서 구독 갱신을 받고자 어떤 노력을 하는지, 광고주와 어떻게 협상해야 하는지 등의 다른 문제에도 적용될 수 있다. 모두 혁신적인 잡지 만들기를 계속하기 위한 중요한 과제들이다.

그러나 무엇보다도 중요한 것은 '적절한 비즈니스 모델'과 '독자를 이해하고 그들을 기쁘게 해주고 싶다는 열정'이다. 지난 수년간 시장에서 사라진 많은 과학 잡지는 출판과 저널리즘에 필요한 이 두 가지 기본을 소홀히 했기 때문에 실패한 것이다.

23장
과학 잡지 ≪PM≫의 성공 비결

볼프강 괴데(Wolfgang C. Goede)

≪PM≫지의 탄생 경위

대중 과학 잡지 ≪PM≫의 성공은 다음의 세 집단이 원활한 파트너십을 유지했기에 가능했다.

① 과학적 발견이나 신비의 세계와 일반인들의 세계 사이에 다리를 놓으려는 높은 관심과 동기가 있는 유능한 저널리스트들
② 낡은 상식에 사로잡히지 않은 새로운 타입의 필자들과 자신의 가치 있는 지식을 공유하는 선견지명 있는 과학자들
③ 이 실험의 성과를 존중하고, 새로운 타입의 잡지 ≪PM≫을 사는 많은 일반인

≪PM≫의 첫걸음은 1970년대 중반으로 거슬러 올라간다. 뮌헨에서 ≪엘테른(Eltern, 부모)≫이라고 하는 잡지를 편집하던 게르하르트 무슬라이트너(Gerhard Moosleitner)는 부모와 자식 모두에게 어필할 수 있는 새로운 잡지 개발을 주문받았다. 그와 동료들은 열심히 논의했다. 이 프로젝트에는 조건이나 제한은 일절 없었다. 다만 혁신적인 접근 방법이 요구되었다. 예를 들어 '인쇄된 모형 열차'와 같은 비전이다. 그 결과 새로운 잡지가 태어났는데 그것은 너무 독특한 것이었다. 마케팅 담당자는 '페터 무슬라이트너(Peter Moosleitner)의 재미있는 잡지'라고 표현할 수밖에 없었다. 페터 무슬라이트너의 첫 글자를 딴 것이 바로 'PM'이다. '페터'라고 하는 퍼스트 네임은 만들어낸 것이며, 라스트 네임과 잘 어울렸기 때문에 붙인 것이다.

≪PM≫지의 놀라운 성장

1978년 2월 창간호 표지에는 손가락으로 셈을 하는 원숭이를 등장시켜 "원숭이는 지금부터라도 인간이 될 수 있는 것일까"라는 표제를 붙였다. 이 표지는 상당히 혁신적이었는데, 표제 기사는 침팬지의 뇌가 가진 힘에 관한 한 우수한 연구를 다룬 것이었다. 결과는 대성공이었다. 발행 부수는 금세 15만 부를 넘었으며, 1970년대 말에는 3배로 뛰어올랐다. 그 사이에 ≪PM≫은 여덟 개의 자매지를 창간했다. 바로 ≪PM 히스토리(역사)≫, ≪PM 프라겐운트안트보르텐(Q&A)≫, ≪PM 레트리크트레이너(웅변방법 훈련사)≫, ≪PM 로직트레이너(논리법 훈련사)≫, ≪PM 크리에이티브트레이너(창의력 훈련사)≫ 등이다. 이 PM 패밀리 전체의 2003년

판매량은 매월 100만 부에 이르렀는데, 이는 뮌헨에 있는 독일박물관의 연간 방문자 수에 상당한다. 독일박물관은 독일에서 가장 규모가 크고 인기 있는 과학 기술 박물관이다.

꿈속의 이야기처럼 시작된 이 잡지는 다른 국가들에서도 똑같이 성공하여 유럽 전체에 걸친 일반 과학 잡지의 제국을 구축했다. 이 잡지들은 모두 함부르크에 본사를 둔 그루너+야르(Gruner+Jahr)의 각국 지사에서 출판되고 있다. 그루너+야르는 세계적인 미디어 회사인 베르텔스만의 자회사이다. 각국어판은 독일판과는 완전히 독립되어, 각 나라의 문화와 독자의 취향에 맞추어 구성된다. 1980년대 초에 ≪사만테레스(이것이 재미있

〈그림 23-2〉 러시아에서 출판된 ≪포커스≫

다)≫가 프랑스에서, ≪무이인테레산테(매우 재미있다)≫가 스페인에서 발간되었다. 후자는 스페인 최대 규모의 잡지 가운데 하나가 되었다. 또 멕시코에서 칠레에 이르는 라틴 아메리카의 많은 나라에도 판로를 확대하여, 브라질에서는 포르투갈어판의 ≪스펠인테레센티(매우 재미있다)≫가 창간되었다.

그 후, 새로운 잡지 창간의 두 번째 단계에서는 잡지명에 '재미있다'는 사용하지 않고, '포커스'라는 이름을 붙였다. 가장 성공한 것은 이탈리아판 ≪포커스≫로, 판매 부수는 월 80만 부 정도이고 약 500만 명의 독자에게 읽히고 있다. 이 잡지는 유명 기업과 격식 있는 브랜드의 광고를 게재하여 매우 큰 이익을 올리고 있다. 이에 용기를 얻은 잡지사는 폴란드에 진출했다. 발행 부수 20만의 폴란드판 ≪포커스≫는 동유럽 시장과 구공산권 진출의 길을 열었다. 2003년 2월에는 판매망 확보에 큰 어려움이 있었음에도 러시아판 ≪포커스≫가 모스크바에서 발간되었다. 이렇게 해서 뮌헨에서부터 블라디보스토크, 그리고 리마까지 ≪PM≫의 아이디어는 사반세기에 걸쳐 세계로 퍼졌다.

유럽에서 ≪PM≫그룹 전체의 월간지 발행 부수는 300만 부가 넘는다 (독자는 대략 1,000~1,500만 명으로 추정). 1845년에 농민들의 회보로 시작한 가장 오래된 과학 잡지 중 하나인 ≪사이언티픽아메리칸≫의 세계 판매량은 100만 부 수준이다.

≪PM≫지의 편집 방침

≪PM≫에는 소재·편집 방법·지면 구성을 결정하는 특별한 절차나 규정은 없다. 오히려 국내적으로나 국제적으로 편집자에게 큰 재량권이 있어 독자적으로 잡지를 구성할 수 있다. 즉, 각국에서 발간되는 잡지의 내용은 각각 다르며, 독일의 편집자든 다른 나라의 편집자든 간에 자신이 재미있다고 생각하는 것, 호기심을 불러일으키는 것, 도전적인 것을 스스로 찾아내야 한다. 자신의 상식과 창조력을 살려서 내용을 구성해가는 것이다. 이러한 독자성 때문에 다른 회사가 ≪PM≫을 흉내 내지 못하는 것이다.

물론 편집 조건을 설정하기 위한 범위는 있다. 문장은 매우 흥미로우면서도 사물의 본질을 평이한 말로 설명해야 한다. 추상적인 과학연구를 쉽게 설명하는 것은 매우 어려운 일이다. 무슬라이트너는 기사를 조리 있게 구성하지 못하는 동료에게 늘 이렇게 말한다. "컴퓨터에 대해 설명하려 한다면, 내부로 비집고 들어가 탐험하면 된다." 따로 언급할 필요도 없겠지만, 그 기사에는 잘 구성된 줄거리와 명료한 메시지가 필요하다. 그리고 사진은 반드시 기사에 부합해야 하며, 기사의 매력을 더욱 높이는 최고의 것이어야만 한다. 큰 표제는 독특한 것으로, 캡션은 명료한 것으로 하고 레이아웃은 세련되어야 한다. 표지는 독일에 있는 11만 9,000개의 삽지 판매점에서 수백 개가 넘는 다른 잡지들 가운데에서도 눈에 잘 띄어야 하며, 짧은 순간에 해당 호의 주요 기사를 파악할 수 있도록 해야 한다.

잡지 내용은 마법 상자와 같은 것이다. 사실을 바탕으로 감정과 시각에 호소하는 것이어야 한다. 예컨대 최신의 자동차, 항공·우주 테크놀로지, 우주와 양자 세계에서의 새로운 발견 같은 다이나믹하고 파워풀한 기사 다음에는 자연과 동물·식물에 관한 조용하고 아름다운 연구 기사들, 인간의 본질에 대한 깊은 통찰, 그리고 심리학과 역사에 관한 기사를 배치한다. 그 범위는 천국에서 지옥, 신에서 악마까지로 확대된다. 과학이 뚜렷하게 눈에 띄지 않도록 하는 한편으로, 그 배후에 있는 지적인 모험, 대립하는 가설의 드라마, 긴장 상태, 싸움, 승리와 패배, 그리고 인간적·사회적 문맥을 제시해야 한다. 이러한 접근은 독자에게 방향성을 갖게 하여 매료시키기도 하지만, 어떤 사람들에게는 관심을 잃게 하기도 한다. 그래서 '공상 잡지'라고 하기도 하는 것이다. 그러나 사실은 인간의 발명, 테크놀로지의 진보, 과학 진보의 역사 속에 ≪PM≫ 기사의 특징이 되는 모든 요소가 포함되어 있다. 어떤 혁신가도 어느 정도의 확신이나 성공에 대한 보증 없이는 터무니없는 상상의 길에 발을 내딛지 않을 것이기 때문이다.

≪PM≫의 새로운 시도

≪PM≫은 과거 25년간 새로운 유행의 선도자였다. 예를 하나 들자면, ≪PM≫은 공룡 이야기가 큰 테마가 된다는 것을 알고 있었다. 그것은 스티븐 스필버그가 〈쥐라기 공원〉을 통해 세계적인 열광을 일으키기 훨씬 전의 일이었다. 당시 뮌헨에 있는 아내의 유치원에 다니는 다섯 살짜리 아이들은 20~30가지에 이르는 다양한 공룡들의 이름을 기억했다. 이런 사실에서 착안하여 ≪PM≫이 와이셔츠와 양복을 갖춰 입은 한 마리의 공룡이 "현대인은 자신의 원시적 유산에 얼마나 자극을 받고 있을까?"라며 진화에 대해 묻는 표지를 만들었을 때, 젊은이들이 그것을 보고 물리학이나 화학에 관심을 두게 되었다.

≪PM≫은 처음부터 새로운 테크놀로지를 추구하는 동시에, 그것을 쉬운 말로 일반인에게 설명했다. ≪PM≫은 항공기를 레이더에 잡히지 않게 하는 미국의 스텔스 기술을 소개한 최초의 미디어이다. 또한 아인슈타인의 상대성 이론에 대한 기사를 정기적으로 채택하여, 이해하기 어려운 모든 부분을 철저하게 설명한 보기 드문 잡지 중 하나이다. 중력에 관한 다음과 같은 표제 덕분에 50만 부가 판매되는 큰 성공을 거두기도 했다. "가속도의 힘과 신비: 1g=즐겁다, 10g=아프다, 100g=치명적, 1,000,000g=세계를 바꾼다." 최근 ≪PM≫은 천체 물리학 분야의 기사로 크게 성공했다. 스티븐 호킹의 우주구조에 관한 최신 이론을 알기 쉽게 설명하고, 종교적이라고도 할 수 있는 우주 먼 곳으로의 여행에 독자들을 초대하기도 했다.

1980년대에는 계속되는 냉전과 개인용컴퓨터, 전자 기술이 다양한 주제를 제공해주었다. 그와 동시에 환경운동 지지자들이 증가하면서 테크놀로지가 가져오는 이익에 대해 회의적이 되었다. 그 당시 독일의 과학

〈그림 23-3〉 공룡이 넥타이를 맨 ≪PM≫ 표지

저널리즘은 ≪게토≫와 같은 매우 특수한 출판물 속에 포섭되어 존재하고 있었으며, 매스미디어에 등장한 것은 극소수에 지나지 않았다. 그러한 상황 속에서 ≪PM≫은 성공할 수 있었다. 그것은 "이것이 과학이다"라고 소리 높여 말하지 않고, 새롭고 매력적인 방법으로 과학을 전달하는 데 성공했기 때문이다. 왜 그런 방법을 채택했을까?

　많은 사람이 과학이라고 하면 학교에서 경험한 재미없고 따분했던 기억을 떠올리고는 무의식중에 외면해버린다. 이 사람들을 '과학의 배'에 타게 하려면 일단 '배'의 이름을 알리지 않는 편이 좋다. 마지막으로 매우 중요한 것은 ≪PM≫이 독일의 과학 커뮤니케이션 분야의 낡은 전통에 의지하고 있다는 것이다. 예를 들어 최초의 남미 탐험가 가운데 한 명인 알렉산더 폰 홈볼트(Alexander von Humboldt)는 1827년과 1828년에 베를린에서 자신의 발견에 대해 대중강연을 했다. 1888년에는 베를린에 우라니아협회[1]가 설립되었다. 이 단체의 목적은 연극을 통해 '지구가 어떻게 형성되었는가'라고 하는 테마에 대한 과학 지식을 보급하는 것이었다. 이것이 초기 사이언스센터의 탄생이었다. 독일은 이것을 유럽 전역과 미국에까지 수출했다.

독일의 다른 과학 잡지

그 이후로 독일은 어려운 경쟁에 돌입하게 되었으나 계속해서 과학 커뮤니케이션의 발상지로 자리매김했다. 그렇지만 《사이언스》와 《네이처》는 전문성이 매우 높은 독자층에게만 어필하고 있다. 《사이언티픽아메리칸》은 유연성이 부족한 잡지 만들기를 하고 있고, 어느새 '낯선 사람'처럼 된 지 오래다. 《뉴사이언티스트》는 아마 세계에서 가장 잘 만들어진 과학 잡지일 것이다. 과학적인 동시에 대중성도 있으며 매우 깊이 있는 부분도 있다. 지적이면서 유머가 가득한 표제나 예술적인 일러스트로 즐겁게 해준다. 하지만 유감스럽게도 이 잡지는 영어권 외로 진출하려고 한 적이 없고, 독일에서도 공항과 철도역 내지는 몇몇 도서관에서만 볼 수 있다.

《내셔널지오그래픽》은 미국 잡지로는 이례적인 성공 사례로, 평판

---

1) (역주) 1888년에 천문학을 비롯한 자연과학을 널리 소개할 목적으로 결성된 단체.

이 무척 좋다. 그래서 그루너+야르는 1990년대 말 이 잡지의 유럽 출판권을 획득했다. 이 잡지는 스페인, 프랑스, 네덜란드, 폴란드, 독일 등에서 성공했으나 현재 시련에 직면하고 있다. 각국 판의 편집진이 원본인 미국판에 크게 의존하여 편집상의 자유가 거의 없기 때문이다. 독일에서의 고고학적 발견이 표지를 장식한 것은 이례적인 일이었다. 그렇지만 제작진이 새로운 시장을 발굴하여 거기에 알맞은 상품을 개발했다는 점은 매우 창조적이었다. 독일판 ≪내셔널지오그래픽≫은 어린이를 위해 2개국어로 제작된 특별판을 발행했다.

그루너+야르는 교묘한 수법으로 독자적인 경쟁을 촉발시켰으나, 각국의 전통적인 대중 과학 잡지에는 큰 영향을 끼치지 못했다. 프랑스에서는 ≪시안스에비(과학과 생활)≫가 수십 년에 걸쳐서 널리 읽히고 있으며, ≪사만테레스≫나 ≪내셔널지오그래픽≫과 공존하고 있다. 이탈리아에서는 ≪포커스≫의 그늘에 가려져 있지만 꾸준히 노력 중인 ≪뉴턴≫이 존재하고 있으며, 두 잡지 모두 독특한 프로필을 갖고 있다. ≪뉴턴≫은 일본에서 태어난 잡지이다. 그다지 알려지지 않은 스칸디나비아의 출판사는 1990년대 초 ≪일러스트레이티드사이언스≫를 유럽 각국에서 출판했으나 실패했다. 번역에만 의지한 과학 잡지는 매우 유명한 것이 아니면 독자에게 받아들여지기 어렵다.

또 하나의 유사한 시도는 2003년 여름에 시작되었다. 매사추세츠 공과대학의 권위 있는 ≪테크놀로지리뷰≫를 독일어로 읽을 수 있게 된 것이다. 이것은 테크놀로지와 산업을 연결하려는 의욕적인 시도로 발간된 것이지만, 최신 통계에 의하면 3천 부 이상은 팔리지 않았다. 이는 독일이 현재 과학 저널리즘 붐의 중심에 있다는 사실이 무색할 정도의 수치이다. 어쨌든 경제 붕괴와 2001년 9월 11일의 동시 테러 사건 이후 독일 출판 업계는 제2차 세계대전 이래 최대의 위기에 처해 있지만 과학 잡지는 매우 잘 팔리고 있다. 이에 대해 ≪PM≫ 그룹의 발행자로 새로운 과학 잡지의 창안자인 한스-헤르만 스프라도(Hans-Hermann Sprado, 페터 무슬라이트너의 후계자)는 "어려운 시대에는 사람들은 방향성을 요구한다. 과학은 그것을 제공할 수 있다"라고 설명한다. 사실 21세기에는 과학과 기술이 전례 없이 우리의 생활을 지배할 것이다. 그러나 사람들이 유전 공학을 비롯한 과학의 진보가 진정으로 기대할 만한 것인지 의심하기 시작했다. 새롭게 설립된 세계과학저널리스트연맹의 규약은 다음과 같이 선언했다. "과학 저널리스트는 사람들이 새로운 테크놀로지의 의미와 그것이 자신의 생활에 미치는 영향을 이해해서 그 연구를 수용할지 거부할지를 판단할 수 있도록 정보와 지식을 제공하고 사람들을 계발해야 한다." 과학은 정치보다 중요한 것이 되고 있으며, 민주주의적 절차 속에 포함될 것이 틀림없다. 이러한 이유에서 과학 저널리즘은 특히 유럽의 중심지에서 번성할 것이다.

과학 잡지의 새로운 움직임

30개 이상의 텔레비전 방송사와 신문 다수가 과학과 기술에 관한 특집을 매일 다루고 있다. 정치 잡지의 표지에 과학 기사를 게재하면 판매량이 증가했고, 여성 잡지는 과학을 테마로 한 칼럼을 정기적으로 게재하기 시작했다. 독일의 한 출판사는 2004년에 새로운 과학 잡지를 창간한다고 발표했다. 또한 3월부터 ≪마타도르(투우사)≫를 잡지 판매대에서 살 수 있게 되었다. 이것은 현대판 ≪플레이보이≫로 섹스, 라이프스타일, 스포츠, 그리고 테크놀로지를 주제로 구성되어 있다. 또 다른 기업가는 ≪Knowledge for the Years≫를 출판했다. 이것은 귀로 듣는 과학 잡지로, 디스크에는 역사 문서·담화·음악도 들어 있다. ≪CD Knowledge≫지는 자가운전자와 여행자를 대상으로 하고 있지만 창간호에서는 올림픽을 특집으로 다룰 예정이다.

이러한 잡지들의 '어머니' 중 하나가 ≪PM≫이다. 과거 25년간 ≪PM≫은 과감한 구성을 시도했을 뿐 아니라 호마다, 기사마다, 쪽마다 자신을 만들고 계속 수정해왔다. '너무 거대해져서 움직임이 둔해지면 그것으로 끝이다'라는, 한때 전지전능했던 공룡이 남긴 교훈을 잊지 않는 것이다.

24장
세계의 과학 저널리스트는 연대한다

다카하시 마리코(高橋眞理子)

세계연맹 설립이 선언되다

2002년 11월 27일 브라질 상파울루시 근교의 상호세 도스 캄포스(São Jose Dos Campos)에서 열린 제3회 과학저널리스트세계회의에서 세계과학저널리스트연맹(WFSJ)의 설립이 선언되었다.

세계과학저널리스트연맹은 세계 과학·기술·건강·의료·환경 저널리스트들의 조직을 대표하는 비영리·비정부 조직이다. 저널리스트의 권리를 보호하고 과학자와 시민 사이의 다리가 되어, 시민사회와 민주주의의 원리에 입각한 새로운 과학 저널리즘의 문화를 확산시키고자 하는 단체이다. 창설 멤버 중 하나인 콜롬비아의 리스베스 포그(Lisbeth Fog)는 "이것은 과학 저널리스트를 보호하기 위한 조직이 아니다. 공유할 만한 경험을 바탕으로 과제를 함께 짊어질 세계의 과학 저널리스트들을 위한 조직이다. 신흥국에의 혜택은 새로운 지식을 습득하고, 자국의 과학과 기술을 세계에 알릴 기회를 가지는 것이다"라고 말한다.

연맹에까지 이르게 된 첫걸음은 1992년 도쿄에서 시작되었다. 2월에 미나토구(港區)의 일본학술회의(日本學術會議)에서 제1회 과학저널리스트세계회의가 열렸다. 유네스코의 제안에 따라 일본의 과학 저널리스트들이 조직위원회를 만들어 행사를 준비했다. 그 당시 일본 국내의 과학 저널리스트 조직은 아직 존재하지 않았다. 이 행사의 조직위원회가 모태가 되어 '일본과학기술저널리스트회의'가 탄생한 것이 1994년 7월이다.

제1회 회의에는 31개국에서 165명이 참석했다. 자크 이브 쿠스토(Jacques Yves Cousteau)가 '지구의 미래와 과학 저널리스트의 역할'이라는 제목의 기조 강연을 하고, 3일간에 걸쳐서 각국의 과학 보도 사례발표와 더불어 문제와 과제를 둘러싼 토론이 진행되었다. 마지막 날 채택된 '도쿄선언'에서 유네스코에 대한 여섯 개의 권고 사항이 발표되었다.

① 과학저널리스트협회가 존재하지 않는 곳에는 설립을 권장한다.
② 과학저널리스트협회 간의 교류를 심화시켜 세계적인 네트워크를 만들고자 노력한다.
③ 대학의 커리큘럼에 과학 저널리즘을 도입하도록 촉구한다.
④ 단기간의 연수 프로그램을 지속적으로 운영한다.
⑤ 과학 저널리즘의 진흥을 위해서 국제적 상(賞)의 설립을 검토한다.
⑥ 앞으로도 이런 종류의 회의를 개최한다.

도쿄에서 부다페스트로

7년 후, 도쿄선언의 6번째 권고가 실행되었다. 유네스코는 국제학술연합회의(ICSU)와 공동으로 1999년 6월 말 헝가리 부다페스트에서 '세계과학회의'를 개최했다. 155개국에서 1,800명의 정부 관계자, 과학자, NGO 관계자 등이 참석한 큰 행사였다. 이어서 제2회 과학저널리스트세계회의가 부다페스트 공과대학에서 열렸다.

유럽과학저널리스트협회연합(EUSJA)과 헝가리과학저널리스트클럽이 주최 측으로 합류했으며, 모두 29개국에서 146명이 참석했다. 노벨상을 받은 미국의 물리학자인 레온 레더맨(Leon Max Lederman)이 과학 저널리스트의 역할에 대해서, 영국 왕립연구소의 뇌과학자 수잔 그린필드(Susan A. Greenfield)가 과학계몽가로서 성공하는 비결에 대해 강연했다. 제1회 회의와는 다르게 인터넷을 둘러싼 논의가 눈에 띄게 증가했지만 과학 저널리즘을 둘러싼 환경은 크게 변함이 없는 것 같았다. 헝가리의 한 참가자는 "사회주의 시대에 중시되었던 과학 저널리즘이 민주 사회가 되면서 약화되었다. 언론보도의 자유를 얻은 미디어는 과학에 별로 관심을 보이지 않는다"라고 한탄했다. '부다페스트선언'에서는 다음의 여덟 가지 권고 사항이 채택되었다.

① 과학 저널리스트는 독립적인 입장에서 정확하고 명쾌하게 보도할 책임이 증가하고 있음을 인식한다.
② 과학 저널리스트는 과학과 기술에 주목할 뿐만 아니라, 사회적·정치적 배경이나 그것들을 구성하는 수단에 대해서도 주목하고 보도한다.
③ 과학 저널리스트는 언어의 벽을 넘는 과학 기술의 특징을 인식하여

다른 국가나 문화로부터의 보도를 확대하려고 노력한다.

④ 편집자나 방송 편성자는 이 분야의 저널리스트에게 충분한 공간, 방송 시간, 스태프를 제공한다.

⑤ 인터넷에서 영어 이외의 언어에 의한 정보 유통을 늘린다.

⑥ 인터넷상의 정보는 항상 품질, 정확성, 객관성 등을 모니터한다.

⑦ 유네스코는 과학 저널리스트 세계연맹의 설립 및 국내·국제단체의 설립을 지원한다.

⑧ 유네스코는 과학 저널리스트의 양성에 힘을 쓴다.

여기에서 처음으로 '세계연맹'이라고 하는 말이 나왔다. 하지만 아직은 꿈같은 존재였다.

기반을 굳힌 도쿄 회의

2001년 10월, 도쿄만의 인공섬인 오다이바(お台場)에 그즈음 개관한 일본과학미래관에서 국제과학기술저널리스트회의('도쿄 2001')가 열렸다. 이 행사는 '일본과학기술저널리스트회의'와 일본 정부의 외곽 단체인 '과학진흥사업단'이 공동개최했다. 유네스코는 관여하지 않았기 때문에 과거 두 번의 세계회의와는 다른 것이 되었지만, 국외 참가자의 상당수는 이전 세계회의에 참여한 사람들이었다.

일본과학미래관(日本科學未來館)의 모리 마모루(毛利衛) 관장을 비롯한 여러 사람이 특별 강연을 했는데, 4개의 세션으로 나뉘어 지구 환경 문제나 광우병 등에 대한 저널리즘 본연의 자세에 대해 논의했다. 이 행사에는 모두 10개국에서 250명이 참가했다. 공식 일정의 사이사이에 세계연맹의 설립에 대한 협의가 마키노 겐지 일본과학기술저널리스트회의 회장을 중심으로 이루어졌다. 2002년 브라질 회의까지 연맹의 헌장안을 만든다거나 이메일로 의견을 모으는 것 등이 합의되었다. 재원 마련이 큰 문제였지만 누구도 좋은 아이디어는 없었다. 어쨌든 각자 할 수 있는 것부터 해보자는 데 동의했다.

유럽과학재단이 사무국으로

2002년 2월 23일, 브라질의 상호세 도스 캄포스에 있는 대학의 회의장에 세계연맹 설립 준비위원들이 모였다. 의장은 유럽과학저널리스트협회연합의 회장인 베르너 하돈(Wernher Haddon)이 맡았다. 브라질 회의를 준비한 파비올라 데 올리비에라(Fabiola de Oliviera), 부다페스트 회의의 책임자였던 이스트반 팔루가이(Istvan Palugyai), 도쿄 2001의 책임자였던 마키노 겐지, 인도인으로 국제환경저널리스트연맹 회장을 맡은 대릴 데몬테(Daryl DeMonte), 중국 신화통신의 장옌(姜岩), 아르헨티나에서 오랫동안 과학 저널리스트로서 활약한 마틴 펠리페 우가르테(Martin Felipe Ugarte), 독일 과학 잡지 ≪PM≫의 편집장 볼프강 괴데, 그리고 제4회 세계회의 개최국인 캐나다에서 잔 마크 플레리(Jeanne M. Fleuri)와 베로니크 모린(Véronique Morin) 등이 참가하여 헌장(憲章)의 각 구절을 꼼꼼히 논의했다.

유럽과학재단의 정보커뮤니케이션 담당 젠 데제(Jens Degett) 부장은 사무국을 프랑스 스트라스부르에 있는 유럽과학재단에 두고자 하는 의

〈그림 24-1〉 과학저널리스트세계회의

제3회 과학저널리스트세계회의에서 세계과학저널리스트연맹 설립을 논의하는 각국의 참가자들.

사를 표명했다. 다음 날인 24일에는 조금 늦게 도착한 국제과학저술가협회(ISWA)의 제임스 코넬(James Cornell) 회장도 참석하여 헌장을 가다듬는 작업이 계속되었다. 이른바 과학 저널리스트뿐만 아니라 과학 저술가나 편집자, 방송프로그램 제작자, 필름 비디오 프로듀서, 대학이나 연구소의 홍보 담당자 등 과학 기술 관련 커뮤니케이션에 종사하는 사람을 폭넓게 포함할 것, 각국의 협회나 국제단체를 묶는 우산식 조직으로 할 것, 협회가 없는 국가의 저널리스트는 ISWA 등의 국제단체에 가입하여 그 단체가 연맹에 참가하는 것으로 활동할 수 있도록 할 것 등의 원칙들이 기탄없는 논의를 거쳐 굳어져 갔다.

이사는 7명으로 하며, 총회는 3년마다 한 번씩 개최한다. 회원이 되려면 이사회가 정한 회원위원회의 3분의 2 이상의 찬성과 총회의 승인을 받는다. 회비 미납 회원은 투표권을 잃는다. 총회 기간 외에 결정해야 할 문제가 생겼을 경우에는 이메일에 의한 투표를 한다. 회신기간은 8주로 하고 과반수가 응답한 경우에 한해 의결이 효력을 가진다. 연맹은 여섯 개 이상의 단체가 회원이 되는 것을 정식 결정했을 때 발족한다. 규약의 세부사항도 이사진 전원이 참가한 논의를 통해 결정되었다. 이사는 다음 과 같이 정해졌다. 회장 베로니크 모린(캐나다), 부회장 리스베스 포그(콜롬비아), 부회장 베르너 하돈(스위스), 회계 담당 다카하시 마리코(高橋眞理子, 일본), 총무 담당 프라카슈 카날(Prakash Khanal, 네팔), 무임소 이사 제임스 코넬(미국), 이사 이스트반 팔루가이(헝가리) 이상 7명이다.

브라질에서 캐나다로

이렇게 해서 2월 27일에 "제3회 과학저널리스트세계회의 26개국 320명의 참가자는 1992년(도쿄)과 1999년(부다페스트)에서 개최된 세계회의의 권고를 근거로 하여, 세계과학저널리스트연맹(WFSJ)의 설립을 선언한다"라고 하는 '상호세 도스 캄포스 선언'이 채택되었다.

맨 처음 가입을 신청한 것은 중국이었다. 신화통신의 장옌에게서 '중국과학저널리즘협회가 가입하기로 결정했다'라는 이메일이 바로 연초에 날아왔다. 일본과학기술저널리스트회의는 2003년 5월 20일의 총회에서 가입을 결정했다. 일본의학저널리스트협회도 5월 27일에 열린 총회에서 가입을 결정했다. 그 후 국제과학저술가협회, 유럽과학저널리스트협회연합, 아일랜드과학저널리스트협회, 콜롬비아과학저널리즘협회, 캐나다과학저술가협회 등이 연이어 가입함에 따라 연맹이 정식으로 발족했다.

2004년 10월에 캐나다의 몬트리올에서 열린 제4회 과학저널리스트 세계회의에 맞추어 세계연맹의 제1회 총회가 열렸다. 다양한 국가의 다양한 환경과 다양한 입장에서 과학 저널리즘에 종사하는 사람들이 세계연맹을 만들겠다고 하는 생각을 공유하고 실현했다. 이러한 움직임이 일본의 과학 저널리스트들에게 활력을 준 것은 틀림없다. 각국에서의 과학 저널리즘의 활성화라고 하는 연맹의 목적 중 하나는 벌써 완수되었다. 더구나 세계의 과학 저널리즘의 활성화에 그 역할을 얼마나 완수할 수 있는 것인가 하는 것은 아직 불분명하다. 그러나 과학자에게 사회적 책임을 완수하도록 요구하려면 우리도 과학 저널리스트로서의 사회적 책임을 완수해야 할 것이다. 세계연맹은 과학 저널리스트 간에 서로 돕는 것뿐만 아니라, 과학 저널리즘을 통해 더 좋은 세계가 실현되기를 바란다. 그것을 위해 자신은 무엇을 할 수 있는가, 또 일본은 무엇을 해야 하는가를 한 사람 한 사람이 생각하고 행동으로 옮기기 바란다.

칼럼 미국은 무서운 국가

10여 년 전 취재로 워싱턴에 머물던 중, 핵관리연구소의 폴 레벤탈 (Paul Leventhal) 소장으로부터 "5분이라도 좋으니 만나고 싶다"라고 전화가 왔다. 그는 포드재단 등 23개 재단으로부터 자금지원을 받아 일본과 독일이 플루토늄을 사용하지 못하도록 하는 일을 하고 있었다. 어떻게 내 전화번호를 알게 되었는지 궁금했지만, 일단 시내의 번화가에 있는 그의 사무실로 갔다. 그는 "다음 주 수요일에 재미있는 뉴스가 나올 것"이라고 말했다.

바로 '일본 도카이무라에 있는 시설에서 원자폭탄 10개에 해당하는 분량인 70kg의 플루토늄이 행방불명되었다'라는 뉴스였다. 그날은 금요일이었다. 5일 후에 일본 신문에 이 뉴스가 대서특필되었다. 워싱턴에서도 관계자들 사이에 2~3일간 화제가 되었다. 내가 썼더라면 특종이 되었을지도 모른다. 진지하게 받아들이지 않았던 것이 실패의 원인이었다.

사실 '행방불명'이라고 하는 것은 옳지 않다. 정확하게는 '홀드업(hold up)'이라고 하여, 재처리 시설 내벽에 부착된 플루토늄이 전체 수치에 영향을 끼쳐 표면상 수치가 맞지 않는 것뿐이다. 그가 이것을 언론에 제보한 저의는 '일본은 핵무장을 하지 않으며, 핵물질의 계량 관리를 제대로 하고 있다고 하지만 실제는 이 정도 수준밖에 안 된다'는 것을 세상에 밝히는 데 있었다. 이 뉴스의 소스는 국제원자력기구(IAEA)의 한 사찰 관계자였다.

안전보장 담당 대통령 특별보좌관은 "IAEA의 사찰로 의심스러운 사항이 드러나면 일본의 플루토늄 이용을 정지시킬 수 있다"라고 밝혔다. 이처럼 일본은 미국의 엄중한 감시하에 놓여 있는 것이다.

- 나카무라 마사오(中村政雄), 전 ≪요미우리신문≫

6부 좌담회: 과학 저널리즘의 현장에서

──────────────────── ▌ 좌담회 참석자 ▐ ────────────────────

사토 도시오(佐藤年緒) 전 지지통신 편집위원(사회)

다키 준이치(瀧順一) ≪니혼게이자이신문≫ 과학기술부 부장

모토무라 유키코(元村有希子) ≪마이니치신문≫ 과학환경부 기자

오오시마 히로요시(大島弘義) ≪도쿄신문≫ 과학부 기자

좌담회: 과학 저널리즘의 현장에서

　　사토 도시오(佐藤年緒)　오늘은 언론사의 현직 과학부 기자와 편집위원 분들을 모시고 평소 일하면서 느끼셨던 것들, 고생했던 일이나 기뻤던 일 등을 허심탄회하게 이야기하는 시간을 마련했습니다. 이 자리가 앞으로 과학 저널리스트를 목표로 하는 분들에게 전하는 의미 있는 메시지가 될 수 있기를 바랍니다. 저는 지지통신사의 편집위원을 거쳐 지금은 이곳 저널리스트회의 사무국에서 일하고 있습니다. 오늘 좌담회의 사회를 맡게 되었습니다. 먼저 다키 씨부터 지금 하시는 일과 자기소개를 부탁합니다.

과학부에서 일해보니

　　다키 준이치(瀧順一)　≪니혼게이자이신문≫의 과학기술부 편집위원 (2004년 4월 1일로 과학기술 부장)으로 일하고 있습니다. ≪니혼게이자이신문≫의 경우, 과학기술부의 취재 범위는 다른 신문사와 달리 산업기술 분야에 치우쳐 있습니다만, 저는 기업 연구소나 대학 연구소, 또 과학기술 정책을 담당하는 관청 등을 폭넓게 취재하고 있습니다. 하지만 역시 산업계를 중심으로 다루고 있는 느낌이에요.

모토무라 유키코(元村有希子) 저는 ≪마이니치신문≫의 과학환경부에서 일한 지 4년째입니다. 자신이 쓰고 싶은 주제를 선택해서 취재하고, 그리고 시간을 가지고 기사를 차분히 쓰고 싶다는 생각에서 과학부를 희망했습니다. 그러나 막상 들어가 보니 생각과 달리 정말 분주한 나날이었습니다. 마치 세탁기 속에 넣어져 빙빙 돌고 있는 것 같은 느낌입니다. 담당 분야는 의학, 생명과학, 과학기술 정책 등입니다. 기자 누구나 무엇이든 다 할 수 있다는 것이 ≪마이니치신문≫ 과학환경부의 장점이지요.

오오시마 히로요시(大島弘義) ≪도쿄신문≫의 오오시마라고 합니다. 저는 과학부에 들어간 지 벌써 12년이 지났군요. 우리는 부장 이하 4명 뿐이기 때문에 문부과학성을 중심으로 모든 취재를 다 맡아야 하는 상황입니다. 매일 흥미로운 주제를 찾아다니고 있습니다.

사토 경력을 보니까 문과를 나오신 분도 있고, 이과를 나오신 분도 있네요. 전공에 따라 각기 다르겠습니다만, 저널리즘의 세계에 들어와서 어느 순간 과학을 담당하게 된 것이겠지요. 자연스럽게 과학 분야를 담당하게 된 어떤 요인이 있었습니까?

다키 저는 문과 정경학부 출신이지만, "왜 지금 과학을 담당하고 있는가"라는 질문을 받으면 결국 과학을 좋아했다고 할 수 있지요. 어렸을 때 나고야시(名古屋市)에서 살았는데, 집에서 걸어서 5분에서 10분 정도 거리에 있는 나고야시 과학관의 플라네타리움에 자주 다녔습니다.

과학기술부에 들어간 이유는 개별 기업의 취재나 개별 관청의 취재보다는 세상을 바꾸는 근본적 힘을 취재하고 싶었기 때문입니다. 젊은 시절부터의 희망이었지요. 또 기본적으로 과학을 좋아한다는 것을 새삼 그때 깨달았는지도 모르겠어요.

사토 모토무라 씨는 사회부에 있으면서 과학부에 매력을 느끼게 된 이유가 있었습니까?

모토무라 사회부의 취재기법은 일부의 조사보도를 제외하면 기본적으로는 '사건대기'형 입니다. 사건이 발생하면 출동하듯이 뛰쳐나가 취재를 하지요. 그리고 현장취재 후 작성하는 기사는 '현장 상황이 매우 충격적이었다'라든가 '평화로운 휴일의 참극이었다' 등의 상투적 표현으로 끝나는 경우가 많습니다. 순식간에 100m 달리기 경주를 끝내는 듯한 느낌이지요. 타이트한 긴장감이 주는 즐거움도 있지만, 그런 단발적 경험만으로 끝내서 되는가 하는 아쉬움도 있어서…….

예를 들어, 경제는 모든 사회를 관통하는 것이니만큼 경제의 관점에서 사회를 바라보는 것도 재미있지 않을까 생각했습니다. 이렇게 경제처럼 무엇인가 뿌리 같은 것을 만들고 싶다고 생각했습니다. 1996년 과학부가 과학환경부로 개편되었는데, 말하자면 '환경'도 사회를 바라보는 하나의 방식이지요. 과학환경부는 그러한 '확고한 기반'이라고 하는 이미지가 있었습니다.

실제로 그 이미지는 맞는다고 생각합니다. 사내에서도 다른 부서로부터 끊임없이 다양한 부탁과 질문이 들어옵니다. 예를 들어 '사린(Sarin, 유독성 가스)이 뭐야?'라든가, 스스로 조사해보면 알 수 있을 것 같은 간단한 것까지. 그리고 BSE(광우병)에 관해서도 과학적인 관점에서 써달라는 요청이 오거나……. 그런 의미에서 과학부는 작지만 몹시 존재감이 있는 부서라고 생각하고 지금도 잘 선택했다고 생각하거든요.

다키 과학부도 100m 경주 같은 부분이 있군요. 하지만 니혼게이자이의 경우는 조금 달라요. 우리는 100m 경주는 잘하지 못한다고 생각해요. (웃음) 사회부를 경험한 사람들로 구성된 부서와 그렇지 않은 부서 사이에는 순발력의 차이가 있을 것이라고 생각합니다.

오오시마 신문은 매일매일 나와야 하는 것이므로 당연히 순발력이 필요합니다. 그런 의미에서 과학부는 양쪽 모두에 다 해당한다고 할 수 있습니다. 조금 뒤로 물러서서 일단 '오늘, 내일'이란 사고를 중단하고, 차분히 공부하고 시간을 두고 상세하게 쓰는 방법도 가능합니다. 바로바로 원고를 만드는 순발력과 한 걸음 물러선다고 하는, 그 양쪽 모두를 할 수 있지요.

다키 따라서 다양한 인재들을 받아들이기 쉽다는 것이지요. 즉, 100m 경주에 자신 있는 사람이나 마라톤이 자신 있는 사람 모두 과학부 안에서 자신의 역할을 할 수 있지요.

한신·아와지 대지진 취재

사토 과학 담당 기자로 취재를 경험하면서, 전형적인 사건이나 뉴스를 취재하면서 힘들었던 일, 어려웠던 일 또는 기뻤던 일 등 여러 가지가 있으시지요?

다키 한신·아와지 대지진 발생은 저 개인에게 정말 큰 사건이었습니다. 그때 지진학자들은 무력감 속에 심한 트라우마를 갖게 되었다고 생각하거든요.

사토 예지할 수 없었던 것에 대해서 말이지요?

다키 지진학(地震學)을 전공해서 사회에 유용하게 활용할 수 있으리라고 생각했던 사람이 많다고 생각합니다만, 그럼에도 6,000명이 넘는 사람이 죽었습니다. 그 때문에 엄청난 허무감을 느꼈던 것은 아니었을까……. 마찬가지로 토목건축 분야의 전문가들도 그토록 많은 교량 등이 붕괴된 것에 대해 상당한 충격을 받았을 것으로 생각합니다. 아마추어인 내가 보아도 왜 무너졌을까 하는 허무함. 우리들이 사는 도시나 근대 문명이 이렇게 간단하게 무너져 버리는가 하는 측면이 많이 있었어요.

작년쯤부터 정부가 지진방재 정보를 빈번하게 전달하고 있습니다. 물론 이것이 정책적으로는 이해가 되지만, 자칫 판 구조 경계지역에서 발생하는 지진에만 관심을 돌리게 하는 문제가 있었지요. 물론 도카이(東海)나 난카이(南海)나 간토(關東)도 무섭지만, 일본에서 정말로 무서운 것은 어디에서나 발생할 수 있는 판 내부의 지진인 것입니다. 도카이나 난카이의 과열된 언론보도를 볼 때마다, '그렇지 않은 것도 있는데……' 하고 늘 생각합니다.

과학 보도는 양면적이지요. 크게 보도하여 주의를 환기시키는 것이 중요한 것은 분명하지만, 그 때문에 다른 것을 못 보게 되는 경우가 종종 있고, 그것이 무섭다고 생각합니다.

오오시마 저는 한신·아와지 대지진 때 사회부 기자로 현지에서 피난소를 취재하면서 "흙더미 속에서 발견된 시계가 사고시각을 가리키며 그대로 멈춰 있었다"라는 기사를 쓰곤 했습니다. 한 달 후에는 아직 시신을 찾지 못한 가족들이 사라진 집의 흔적을 열심히 찾고 있는 것을 취재했습니다. 과학부에 있으면 새삼스레 과학이나 기술이라고 하는 것은 사람을 위해서 있는 것이라는 생각을 하게 됩니다. 예지라고 하는 것도 확률이란 이야기지요.

사토 지방마다 지진의 발생 확률을 발표하도록 되어 있지요.

오오시마 이번 홋카이도 도카치(十勝) 앞바다의 경우, 향후 30년 이내 지진이 발생할 확률이 60%였지요. 그런데 불과 6개월 만에 지진이 발생했던 것입니다. 30년 내 발생률이 60%라고 했는데 불과 6개월 만에 일어났다는 것을 이해하기는 매우 어렵습니다. 일반 사람들은 아마도 대부분 10년 내에는 발생하지 않을 것이라고 생각할 것입니다.

모토무라 내일일지도 모르고 30년 후 일지도 모른다고 하면 어떻게 기사를 쓰라는 것인지요? 몹시 당혹스럽습니다.

과학보도의 어려움

사토 한신·아와지 대지진 후, 당시 ≪고베신문(神戶新聞)≫ 사회부장이었던 하시다 미쓰오(橋田光雄) 씨가 과학기술저널리스트회의가 주최한 "대지진과 보도" 심포지엄에 참가해서 이야기하셨습니다. 그것은 약 20년 전에 '고베에서도 직하형(直下型) 지진의 우려가 있다'는 기사를 1면 톱으로 소개했지만, '아무런 방재대책도 끌어내지 못했다. 그러한 기사를 쓴 것조차 잊고 있었다'며, 매스미디어의 책임을 절감한다고 매우 아쉬워하셨습니다. 결국 이곳이 위험하다고 말하는 예방적인 기사를 얼마나 정확히 쓰고 있는가가 가장 우리들의 마음에 걸리는 것이지요.

저도 기상청을 담당하고 있었을 때 반성할 만한 것이 있습니다. 구시로(釧路) 근해에 지진 활동의 공백 지역이 있었는데, 앞으로 이곳이 위험할 수 있다는 지진 전문가의 의견이 있었습니다. 그것은 항상 매우 애매한 표현이었던 탓이기도 해서 결국 기사화하지 않았는데, 그 3개월 후인 1993년 1월에 역시 지진이 발생했습니다. 그리고 운젠·후겐타케(雲仙·普賢岳)의 화쇄류(火碎流)에 대해서도 용어만 사용하였을 뿐 그 위험성을 충분히 전달하지 못했습니다……

모토무라 후겐타케 이야기라면, 저도 그때 후쿠오카 관구 기상대를 담당했었어요. ≪마이니치신문≫은 화쇄류 때문에 동료 세 명을 잃었습니다. 1991년 5월 20일경, 언론들은 '용암 돔(dome)이 빠르게 성장하고 있고, 그것이 마치 장미꽃같이 갈라져 있다'며 그 모습을 헬기에서 촬영했습니다.

그때 학자들을 중심으로 곧 장마가 오기 때문에 토석류(土石流)가 걱정된다고 하는 의견이 제기되었습니다. 화산재가 쌓이는데 비가 내리면 토석류 발생이 우려된다는 것입니다. 그러자 매스미디어의 관심은 토석류에 집중되었습니다. '토석류다, 토석류다'라며 산 한쪽에 카메라를 설치해놓고 기다리고 있었습니다. 처음에 작은 화쇄류가 일어났을 때 "모토무라, 화쇄류라고 하는데 이게 무엇입니까?"라고 물어오더군요. 사전을 찾아보니 '열기가 신칸센(新幹線)보다 빠른 속도로 흘러내리는 것'이라고 쓰여 있었습니다. 그렇다면 이것은 큰일이라고 생각해서 규슈대학교의 교수님에게 전화했습니다. "음…… 그건 이탈리아의 폼페이 화산에서는 그랬지만, 일본은 조금 다를 겁니다"라고 하시더군요. (웃음) 즉, 아무도 화쇄류를 제대로 알지 못했다는 거지요.

오오시마 화쇄류라는 용어를 모두 몰라서…… 무슨 일이 벌어질지 아무도 알지 못했다?

예견하지 못해서 사후 보도

모토무라 용어는 알고 있었지만 얼마나 무서운 것인지는 몰랐거든요. 자료에 보면 화쇄류에 말려들 경우 포기해야 한다고 쓰인 경우도 있었고…… 무책임하다고 생각했지요. 한편으로는 그런 일이 일어날 거라고 아무도 상상조차 하지 못했어요. 그런데 6월 3일에 취재하던 기자들이 화쇄류에 말려들고 만 겁니다. 학자도 매스미디어도 모두 큰 무력감을 느꼈어요. 토석류에만 주의하고 있었던 겁니다. 제가 할 수 있는 것은 아무것도 없었습니다. 마찬가지로 이바라키현(茨城縣) 도카이무라(東海村)

원자력발전소에서의 임계사고 때도 임계사고가 발생한 적이 없었기 때문에 아무도 몰랐고, 모르기 때문에 모두 가까이 갈 수 있었던 겁니다. 그것이 얼마나 위험한 일인지 상상할 수조차 없었기 때문에 실제로 큰 사고가 발생할 뻔했습니다.

사토 예견이나 예방, 경고라고 하는 것이 중요하지만, 실제로는 좀처럼 하기 어렵습니다. 자연재해나 천재지변 혹은 최근의 온난화 문제가 모두 마찬가지입니다. 기사를 쓰는 측에서도 답답할 따름이지요. 한신·아와지 대지진 때, 저는 데스크로서 담당 기자의 원고를 보고 있었습니다만, 처음에는 지진을 일으킨 활단층의 균열을 찾아내는 데에 대한 특종 경쟁이었습니다.

모토무라 대국(大局)적인 상황 속에서도 그런 사소한 경쟁이 필요한 것인지 생각하기도 합니다만, 그것은 신문의 본성이지요. 역시 세세한 부분에 주의하게 되는 점이 있습니다.

오오시마 그것은 아마도 과학부나 사회부 모두 똑같을 겁니다. 대상이 조금 차이가 날 뿐이지 동일한 대응을 했을 것입니다. 각 신문사의 몇백 명이나 되는 기자가 똑같이 행동하고 있었습니다.

다키 그것에 비하면 오히려 프리랜서 저널리스트나 잡지 등에서 나중에 지진 재해를 종합적으로 다룬 기획기사가 많이 나왔다고 봅니다. 물론 신문사도 사건을 정리한 것이 많이 있습니다만……

기자들의 작은 기쁨

사토 힘들었던 이야기나 반성할 부분들이 계속 나왔습니다만, 과학 기자로서 즐거움이나 묘미는 어떤 것이 있습니까? 좋았거나 잘했다고 생각하는 이야기 부탁합니다.

오오시마 그것은 취재분야와 관계없는 것이 아닐까요? 사소한 단서로 취재하게 된 기사가 뜻밖에 큰 반향을 얻어 독자로부터 전화가 많이 걸려 왔다거나 하는……. 어떤 의미에서는 특종에 속한다고 할 수도 있겠지만…….

사토 그럼 관점을 다르게 해서 한 꼭지라든지.

오오시마 그렇게 자랑할 수 있는 것은 아직 없지만…… 최근에 반향이 있었던 것은 문부과학성이 만든 『어린이 과학기술 백서』에 부록으로 붙어 있던 '유전자 놀이카드'입니다. 이것이 재미있다고 생각해서, 석간 사회면의 머리기사로 실었지요. 지면이 비어 있었기 때문에……. 나중에 꽤 반향이 있었다고 들었습니다. 묘미일 것까지는 없지만, 이런 작은 것들이 쌓여가면서…….

사토 다른 사람들이 간과하는 것, 무시하는 것에 대해 정당한 평가를 하고 전달한 것이군요.

다키 사소한 사례인데 이야기해도 괜찮을까요? 어제 우연히 NHK 뉴스를 보았어요. 그랬더니 어딘가 동물원에서 '보스(boss) 원숭이'란 말을 안 쓰겠다고 하더군요. '아, 재미있는 이야기다'라고 생각했지요. 이것이 기사가 되지 않을까 싶어, 바로 인터넷을 살펴보았지요. 과학부의 습성이죠. (웃음) 신문기사를 검색한 것이에요. 그랬더니 1994년쯤에 ≪니혼게이자이신문≫에서 썼던 거에요. 보스 원숭이라고 하는 용어를 사용하지 않겠다는 기사. 누구 기사인지 보았더니 제가 쓴 기사였어요. (웃음)

모토무라 잊고 있었나 보죠?

다키 잊고 있었지요.

사토 '이것은 전에 어디선가 들은 적이 있다'는 생각이 난 것이지요.

오오시마 타사보다 먼저 쓴다고 하는, 역시 그런 기쁨이 있지요.

다키 사소한 것이지만 남보다 먼저 알아내서, 먼저 소개한다고 하는 것도 정말 작은 프라이드이지요.

사회의 목탁이 되다

모토무라 그렇지만 미디어는 사회의 목탁이니까 아무렇지도 않은 것을 '아무렇지도 않게 보이지만 꽤 중요하다. 조금 생각해보자'라고 해야 한다고 생각하거든요. 작년에 나는 그러한 생각을 했던 적이 있습니다.

AID(Artificial Insemination of Donor, 비배우자 간 인공수정)라고 하는, '제공 정자(提供精子)'로 태어난 아이들이 지금 1만 명 있습니다만, 그중에 한 분을 우연히 알게 되어 어떻게 소개해야 하나 고민했습니다.

당사자의 괴로운 심정이라고 하는 것은, 생식보조 의료 역사에서 필연적으로 나타나게 되는 '예기치 못한 부작용'이라고 할 수 있지요. 아이를 갖고 싶지만 남자 쪽에 문제가 있는 부부와 그런 사람들을 도우려는 의사가 있어서 다른 남자의 정자를 받아 인공수정을 하게 된 것입니다. 여기에 관계된 사람들은 모두 선의에서 했던 것입니다. 그런데 반세기가 지나고 나니 1만 명이나 되는 사람들이 복잡한 마음을 안고 살아가게 된 것이지요. 이런 사실이 있다는 것을 제대로 알려야 한다고 생각하고 AID 로 태어난 사람과 인터뷰를 했습니다.

처음은 신문 건강면 기획기사의 한 소재였습니다. 그렇지만 너무 알려지지 않는다고 생각해서 아예 1면으로 올렸더니 신문사 내외의 반향이 대단했습니다. "이런 일이 있단 말인가?"라고. 이제까지 이런 사실을 모르는 사람이 많았던 거예요. 결국 큰 이슈가 되었어요.

이런 것이 사회의 작은 목탁이 되는 것이라고 생각합니다. 그 후 AID 를 연구하는 사람들에게 문의가 많이 갔다고 하는데, 절반 이상이 언론사 기자들이었다고 합니다. (웃음) 조금 외로웠지만, 연못에 작은 돌을 던진 듯한 기쁨이었습니다.

다키 매년 1만 명이었어요?

모토무라 그것은 체외수정으로 태어난 사람들이 그렇다는 것이고, AID로 태어난 아이들은 누계로 1만 명이 된다고 합니다. 모두 사춘기를 맞이하거나, 나이가 많은 경우 30세 정도가 되었습니다.

사토 자신의 부모는 누구인가라는 고민인가요?

모토무라 부모는 절대 말해주지 않으니까요. 예를 들어, 아버지에게 유전병이 발병되면 아이는 의심하지요? 자신에게도 유전되는 것이 아닌가 하고. 그래서 캐물었더니 아버지의 피는 물려받지 않았다는 것을 알게 되는 것이지요. 또 사춘기가 되고 혹은 의대에 가게 되어 시험 삼아 혈액 진단을 해보았다, 그리고 가족도 살펴보았더니 아무리 따져봐도 혈액형이 맞지 않는 것부터 알게 됩니다. 본인에게는 몹시 괴로운 일입니다. 세계는 지금 출생의 비밀에 대해 알 권리를 인정해야 한다는 추세입니다만, AID 태생 사람들의 경우 이제 와서 무슨 이야기를 하느냐고 하는 답답함이 있는 것입니다.

사토 반대로 정자를 제공하는 측은 자신의 아이가 혹시 어디엔가 살아 있는 것에 대한 고민은 없을까요?

모토무라 오히려 그런 고민을 가지고 있으면 좋겠다고 저는 생각합니다. 인터뷰한 사람들은 "나의 진짜 아버지는 나를 모르고, 내가 태어난 것도 모르고, 정자를 제공한 것조차 잊고 있다"라며 괴로워했습니다. 그 '존재의 고민'이란 정말로 슬픈 것 같습니다. 그것을 그 사람의 입장에서만 쓰는 것이 아니라, 아무도 대답할 수 없기 때문에 힘들다고 하는 현실을 우리는 기사로 써야 합니다.

오오시마 윤리의 문제라고 할 수 있을지도 모르지만, 이번 착상 전 진단의 사례처럼 의료기술의 발달에 윤리가 따라가지 못하는 상황은 일본의 전통이나 역사와도 관련이 있습니다.

사토 과학 기자도 과학 기술만을 취급하고 있을 수 없는 시대가 다가오고 있습니다.

모토무라 밝은 미래만을 말할 수 없게 된 시대인지도 모르겠습니다.

지나친 노벨상 관련 보도

사토 과학 기자의 취재 영역은 지진 외에 복제인간, 노벨상, 지구온난화, 유전자 스파이 사건 등 여러 가지가 있습니다. 이런 다양한 주제들에 대해 여러분은 어떤 일관된 관점을 가지고 취재하시는지요?

모토무라 고민하면서. (웃음)

다키 노벨상은 고민하지 않지요? 너무 요란하게 보도하는 느낌이 있고, 상금 이야기 같은 것도……. 정말 속상하지만 사생활 영역에 들어가지 않을 수 없는 부분이 있고……. 연구자의 가족구성 정도는 상관이 없을지 모르지만 어렸을 때는 어땠다는 둥…….

모토무라 노요리(野依) 씨가 상을 받았을 때, 발표 순간에 회사 홈페이지의 사진자료실에 노요리 씨의 결혼사진까지 올라와서 놀랐어요. (웃음) 그런 것까지는 필요 없다고 생각했는데…….

그렇지만 '미끼를 던진다'라고까지 하면 별로 어감이 안 좋습니다. 예컨대 노벨상 관련 보도를 올바르게 전달하려고 하다 보면 몹시 어렵고 이해하기 어려운 뉴스가 됩니다. 그런데 수상자의 인품이라든지, 어린 시절에 영향을 받은 인물이라든지, 과학자가 된 계기 등을 덧붙여서 일반인에게 읽어준다면 그것도 하나의 방법이라고 생각합니다. 너무 개인적인 내용에만 치중하는 것은 문제지만, 균형감각은 필요하다는 생각입니다.

오오시마 그때까지는 균형감각이 있었는데, 다나카 고이치 씨 때 무너졌습니다.

다키 분명히 그때까지는 상을 받은 분들 자신이 어느 정도 예측하고 있었다고 할까. 받아야 할 분들이 받았고 게다가 대체로 일정한 지위에 오른 분들이었습니다. 그러나 다나카 씨의 경우 갑작스러운 것이었기 때문에 약간 혼란스러운 느낌이 있었어요.

모토무라 많이 혼란스러웠습니다. 다나카 씨는 "나는 엔지니어이며, 계속 연구자로 있고 싶다. 그런데 나의 작업을 국민의 몇 %나 이해할 수 있는가"라고 하시더군요. "모든 것을 설명하라고까지는 말하지 않겠지만, 적어도 내가 단백질 해석의 어떤 부분을 밝혀냈기 때문에 받았다고 하는 정도는 알고 있었으면 좋겠다"라고. 그런데 언론보도는 "취미는 카메라"라든가 "철도 마니아다"라는 것에만 초점을 맞춥니다.

오오시마 "1등 열차를 탈 수 있어서 기뻤다"든가.

모토무라 그런 것만 기사로 내니까 괴롭다고 말하더군요. 분명히 본인에게는 그런 불만이 있을 수 있다고 생각해요.

자신의 잣대와 센스가 중요하다

사토 기존의 노벨상 보도는 수상자를 예상하고, 연구 실적이나 인품 등에 대한 예정 원고를 준비하는 부분에서 많은 고생과 노력이 있었다고 생각합니다. 다나카 씨 같이 예상치 못한 인물이 나오면 게임처럼 한꺼번에 많은 인원을 투입해야 하는 상황이 되겠군요.

모토무라 그렇습니다. 1초라도 빨리 상대방에게 도착해야 한다는, 마치 장애물 경쟁 같은 것이지요. 노벨상이란…… 이렇게 말하면 비난을 받을지도 모르지만, 과학 기자의 축제라고 생각합니다. 어느 정도 준비를 한다는 것에서부터 선거와 유사하지만, 해프닝이 있을 수 있다는 점이 재미있고, 그 해프닝을 잘 전달하는 것이 '솜씨'라고 생각합니다.

오오시마 반대로 일본인은 노벨상밖에 평가하는 기준이 없다고도 할 수 있겠군요. 그것은 일본에 영어 학술지가 없는 것으로부터 시작되지요. 그러니까 ≪네이처≫, ≪사이언스≫에 의존해 기사를 쓴다거나…….

다키 ≪네이처≫, ≪사이언스≫ 등의 저널에 의존하는 속성이 연구자

뿐 아니라 미디어에도 흔히 있다는 말인가요?

모토무라 미디어가 가장 그런 체질 아닙니까?

다키 저널이 중요한 척도가 된 것은 약간 반성해야겠지요. 그럼, 다른 어떤 척도가 있을까요? 기자 개인의 센스인가요?

오오시마 센스와 취미입니다. 실은 거기서부터 재미있는 기사가 나온다는 것이죠, "이런 기사 써보았다"는 식으로. 이런 언론인 모임에서 자랑해도 별로 소용없겠지만. (웃음) 사실은 그 부분에서 노력해야 한다는 생각은 있습니다. 예를 들어 같은 자료가 배부되어도 나만 아는 부분이 있었다든지, 그러한 부분에서 자랑하고 싶다는 생각이 있습니다.

다키 조금 전의 『어린이 과학기술 백서』 이야기는 사실 그렇게 생각해요. 다른 기자가 눈치채지 못한 것을 채택해서 화제가 된 것은 매우 기쁜 일이고, 그것이 모든 것의 시작이지요.

다양한 인간관계를 구축한다

사토 선견지명이라고 할까. 어떤 연구자를 연구보조원 시절부터 주목하여 소개했는데, 그 사람이 큰 성과를 내서 유명해지는 경우가 종종 있지요?

오오시마 그럴 때는 정말 기뻐요. 과학 기자는 기본적으로는 '응원하는 입장'이니까. 상황에 따라서는 당연히 비판도 합니다. 하지만 속으로는 응원하고 있기 때문에 연구자와 사이가 가까워지고 '그것 참 재미있네' 라고 생각해서 기사화한 연구가 좋은 성과를 내기도 하거든요.

모토무라 "이과계백서〔理系白書〕"란 연재기사는 연구자 발굴을 겸한 것이었어요. 발굴이라고 하면 아주 잘난 척하는 것처럼 보이지만, 이 사람은 대단하다, 흥미롭다, 멋지다라는 사람이 너무 많았기 때문에 그 연재가 시작된 거예요. 거기에서 다룬 젊은 연구원이나 강사(講師)들의 성장을 열렬히 응원하고 싶은 기분이 듭니다.

다키 그 '누군가'를 만난 것에 의해 자신의 지식이나 감성이 풍부해지는 경우도 있지 않습니까? 이 사람을 만나서 다행이라고 직감적으로 느끼게 되는 사람. 상대가 훌륭하든지 그렇지 않든지 간에 상관없이……. 그 만남 자체의 기쁨 같은 것은 과학에 한정되지 않고 저널리즘에 종사하는 모두에게 공통되는 기쁨이지요. 이런 재미있는 사람을 만나서 오늘은 다행이었다는 느낌을 가지고 회사에 돌아가는 것은 저널리스트의 큰 기쁨입니다.

모토무라 연구자와 신문기자는 그런 점에서 공통되는 것 같습니다. 일이 재미있어서 장시간 일을 하게 될 때가 있거든요. 동기(動機)가 대가(代價)보다 우선 되는 경우가 있지요?

다키 있지요. '하는 일 자체가 재미있기 때문에 보답을 받지 못해도 괜찮다'는 경우를 제외하고, 그다지 금전적인 대가라든지 사회적 보상을 요구하지 않고서도 충분히 만족하는…….

사토 취재과정을 통해 인식이 확산되고, 세계가 넓어지며, 지혜가 축적되는 기쁨을 얻을 수 있습니다.

다키 그 결과를 변변치않은 문장이지만 사회에 전달하게 됩니다. 게다가 나의 기쁨을 모두가 이해하게 되면 그것은 기쁨이 배가되는 것이다. 우선 자신이 기쁘고, 타인이 기뻐하면 더 기쁘고……. 개인적으로는 이러한 느낌 때문에 행복한 직업이라고 생각하거든요. 경제 분야에서도 정말로 좋은 경영자를 만났을 때, 그러니까 머리 좋은 경영자, 혹은 인격적으로 훌륭한 경영자가 매우 잘 조직을 운영하는. 그런 사람을 만나서 좋았던 경험이 실제로 있었어요.

단지 통역이 아닌 시대가 온다

모토무라 과학 기자는 '해설자'라고 흔히 말하지만, 알기 쉽게 쓰는 것과 함께 과학의 독해 방법을 제시하는 안내자 역할도 필요하다고 생각하거든요. 알기 쉽게 쓰면 된다는 것이 아니라, 어떤 뉴스를 어떤 측면에서 어떻게 파악하는지 제대로 기사화하는 것이 중요합니다. 예를 들어 '향후 30년 내에 0.2%'라는 지진 확률. 이것을 어떻게 이해해야 하는가를 제대로 기사화해야 합니다. 그냥 '0.2%'라고 쓴다면 미흡하지요. 그러한 부분을 늘 고민하면서 일하고 있습니다.

오오시마 역사적으로 해설자적 역할이 강조되어온 측면은 없습니까?

다키 1980년대까지는 그랬다고 생각해요. 즉, 어려운 것을 쉽게 쓰는 일이라는 느낌이 있었어요. 1990년대에 그것은 일종의 한계가 된 것이 아닐까 해요. 그래서 과학부가 연이어 변화했다고 생각합니다. ≪마이니치신문≫과 ≪아사히신문≫ 모두 부서의 명칭을 변경하거나 내용을 바꾸는 등 변화를 시도한 것은 이유가 있겠지요. 과학을 계몽한다는 관점에서 과학면을 계속 만드는 것으로는 독자의 요구에 응할 수 없다든가, 원래 과학을 보도하는 것은 그러한 것이 아니라는 것을 깨달았다든가. 그래서 최근의 변화가 일어났다고 생각합니다. 그러한 의미에서는 건전한 방향으로 향하고 있으며, 독자의 요구에 더 적절한 것으로 하려는 노력들이 강화되고 있다고 생각합니다.

사토 최근에는 '사이언스 커뮤니케이터'라는 말을 쓰고 있습니다. 커뮤니케이션은 쌍방향의 정보 전달이 역시 필요하니까 수용자 측의 생각을 어떻게 연구자에게 전달할지를 포함해서, 양쪽의 모든 면을 이해해야 한다는 것이지요. 그것은 해설자와는 다르며, 또한 발표자 측만이 아닌 다른 관점, 즉 비판의 힘이라고 하는 것이 필요하게 되었다고 생각합니다.

과학자의 아군인가, 적군인가

모토무라 연구자의 감시자이며, 동시에 지원자이기도 하다는 느낌입니다. 너무 쉽게 말하는 것일지도 모르지만. (웃음)

오오시마 연구자와 기자는 입장이 다르죠. 굳이 연구자의 아군 혹은 적군인지를 이야기하라면, 때로는 아군이고, 때로는 적군도 될 수 있다고 생각합니다.

사토 과학부 기자의 명함을 내밀면 '아군'이라고 생각한다고 어떤 기자가 말한 적이 있어요.

오오시마 그것은 사회부 기자만이 비판적인 질문을 한다고 생각하는 사람이 뜻밖에 많다는 것입니다. 나 자신은 "너는 아군이 아닌가"란 말을 들은 적은 없는데, "예? 과학부 기자도 그런 것까지 질문하시나요?"라는 말은 들은 적이 있습니다.

모토무라 그리고 "그 연구결과가 어떤 쓸모가 있나요?"라고 물으면 싫어하는 사람이 역시 많더군요. 기초분야를 연구하는 사람들은 특히 더 싫어할 거라고 생각하면서도, 감히 묻는 경우도 있어요. 나름대로는 두 가지 의미가 있는데, 하나는 그러한 것이 있으면 기사 앞부분에 배치하여 강조할 수 있다는 점. 그것은 독자의 관심 사항이니까 말이지요. 또 하나는 연구자가 그러한 마인드를 조금이라도 가지고 있었으면 하는 생각이거든요. 세금을 쓰면서 연구하고 있기 때문이라고 생각하는 것은 아니지만, 그 정도의 마인드는 가져야 하는 것이 아닌가 하고 생각합니다. 이것을 싫어하는 사람도 있다고 생각하지만요. (웃음)

사토 역시 한 번 정도는 말하지 않으면 안 되고, 또 연구자도 한 번은 그런 질문을 받지 않으면 안 되는 것이지요.

다키 기초분야 연구의 경우에는 그것이 도움이 되냐고까지는 묻지 않지만, 적어도 그 연구가 우리 일상생활 혹은 삶의 방식에 어떤 의미를 부여하는가 하는 점은 생각해주었으면 해요. 그 사람의 생활에 의미가 있는 것은 잘 아는데, 다른 사람들의 생활에 어떤 의미가 있는지를……

과학 기자가 되고 싶은 사람들에게

사토 마지막으로 과학 저널리스트를 목표로 하는 사람들에게 한마디씩 해주시지요.

오오시마 실은 과학부 기자도 사회부 기자와 마찬가지예요. 어떤 기사를 쓸까 하는 것은 재미있다고 생각하는 것과 괘씸하다고 생각하는 것, 이 두 가지 모두지요. 나이에 관계없이, 기삿거리를 찾아내는 감각을 어떻게 훈련할지……. 그러한 과정에서 과학 기술에 대한 감각이 탁월한 사람이 과학 기자로서 좋은 기사를 쓸 수 있고, 역시 우수하다고 하는 것이지요. 기자회견에서 "왜 그럴까?"라고 늘 의구심을 갖고 화를 내거나, 기뻐하거나, 재미있어하는 등 적극적으로 참여하고 감정을 표현하는 사람. 그런 사람이 들어오면 좋지요. 이과계, 문과계 등은 관계없다고 생각합니다.

모토무라 무엇이든지 좋으니까 자신의 전문 분야와 기준을 갖고 있으면 됩니다. 더불어 상식과 이해력과 글쓰기 능력. 역시 저널리스트는 쓰고 전달하는 일이 중요하기 때문에 작문을 소홀히 하면 안 됩니다. 즉,

'언어구사능력'이라고 생각합니다. 그리고 한 시간 정도의 시간 내에 상대방의 세계를 대강이라도 파악할 수 있는 이해력. 자기 전문 분야가 있다고 해도 그것은 크게 도움이 되지 않는 경우가 대부분입니다. 전공 분야는 단지 기반이 된다고 생각하고, 이과든 문과든 크게 상관없이 하나만 있으면 됩니다. 그래서 자부심과 긍지가 없는 사람은 조금 어려울지도 몰라요. 그렇지만 기본적으로 언어능력은 필요하다고 생각합니다.

다키 과학 저널리스트만이 아니라 신문사에 입사하면 대부분의 사람이 듣게 되는 것으로 "상식이나 보통 사람의 감각을 소중히 하라"는 말이 있습니다. 그것은 대단히 중요하다고 생각합니다. 물론 그것만 가지고는 기자가 아닌 보통 사람이 되어버리기 때문에 역시 전문성은 필요합니다. 그 전문성은 역사를 아는 데서 나오는 거라고 생각합니다. 예를 들어 지금 이런 휴대전화의 최신 기술을 아는 것도 중요할지 모르지만, 그것보다 이런 것이 나오게 된 배경, 즉 오늘날까지의 일상생활에 대한 이해가 없으면 왜 이런 것이 나오게 되었는지 모르는 것이지요.

어떤 지식이나 기술도 단독으로 존재하는 것이 아니고, 흔히 말하듯이 피라미드 위에 서 있는 것이지요. 그러니까 신문기자인 경우 역사적인 관점이 필요하다고 생각합니다. 과학부만이 아니에요. 사회부·경제부도 과거 몇 년, 몇백 년, 몇천 년간이라는 시간 감각 속에서 지금 일어나고 있는 사상(事象)을 보는 감각이 필요하다고 생각합니다. 그런 것에 전혀 흥미를 갖지 못하는 사람은 매일 100m 달리기를 하면 된다고 생각하겠지만, 그것만으로는 과학부 기자에게는 적합하지 않다는 느낌이 듭니다. 그리고 뭐가 있을까……. 글쓰기 능력이 필요한 것은 틀림없지요. 여기까지 하겠습니다. 너무 잘난 척하는 것 같아 그만하지요. (웃음).

사토 허들을 너무 높게 설정하면 아무도 뛰어넘지 못하게 되지요.

다키 누구든지 할 수 있다고 하면 지나친 말이 될지 모르지만, 나는 슈퍼맨이나 초인도 아니고, 동시에 열심히 공부하는 사람도 아니라고 생각해요. 보통 사람이지요.

오오시마 저도 그렇게 생각해요.

모토무라 과학 저널리스트라고 하는 것이 아직 정확히 정의되지 않은 상태이니까, 스스로 만들어간다고 하는 기분입니다. 저는 저 나름의 저널리스트관이 있고, 여러분과는 또 차이가 있겠지요. 그래서 새롭게 들어오는 사람은 자기 나름의 목표를 추구할 수밖에 없다고 생각합니다.

사토 호기심을 가지고 전문가들에게 하나하나 질문할 수 있는 용기. 이것은 과학에만 한정되는 것은 아니라고 생각합니다만. 특히 젊을 때는 "모릅니다"라고 말할 수 있는 용기도 필요하지요.

오오시마 '3년간은 질문할 수 있다'는 말을 들었어요. 뭐든지 질문할 수 있는 것은 시작하고 3년 동안이라는. 프라이드나 경험이 방해가 되어 물을 수 없는 이야기가 많이 있어요.

다키 그렇지만 이만큼 세상 변화가 빠르면 언제든지 모르는 일이 생기지 않습니까? 예를 들어 특허법의 이야기라든지 '착상 전 진단'이라든지……. 아는 사람이 있으면 모르는 사람도 많다. 늘 새내기라고 할 수 있기도 해서 나이를 전혀 안 먹는 느낌이 들지요.

오오시마 인터넷으로 알아보거나, 곧바로 전화를 걸거나 혹은 달려가는 부지런한 움직임이 필요하지요. 계속 배운다든지, 노력한다든지……. 그렇게 근사한 것은 아니지만.

모토무라 근사한 것은 아니지만, 그렇게 할 수밖에 없는 것이지요.

사토 겉을 꾸미지 않고, 늘 도전하는 정신. (웃음) 아직도 하실 이야기가 많이 남으셨겠지만, 이제까지의 이야기가 젊은이들에게 의미 있는 메시지가 되었기를 바라면서 좌담회를 마치도록 하겠습니다. 귀중한 이야기 감사합니다.

좌담회를 듣고

좌담회에서는 신문사 과학부 기자 세 명이 종사자로서의 생각을 이야기해주었다. 그러나 신문사 이외에도 출판사나 방송사 등에서 과학을 전달하는 일을 하는 사람도 많다. 최근에는 연구소나 대학에서도 독립 법인화와 동시에 홍보 담당자들의 역할의 비중이 커지고 있다. 신문사 이외의 분야에서 일하는 세 사람이 이 좌담회에 언급되지 않았던 관점을 보충해주었다.

활동 공간을 확대하여 육성 구조를 갖추자

시마다 요지(島田庸嗣), 이화학연구소(理化學研究所)

사회와 과학을 연결하기 위해 과학 저널리스트가 수행해야 하는 역할은 크다. 좌담회에 참가한 기자들이 각각 뜨거운 열정을 품고, 과학을 전달하려고 하는 것에 감명을 받았다. 그렇지만 과학 저널리스트로서의 지위를 얻을 수 있는 사람은 현재 일본에서는 그렇게 많지 않다. 나는 신문기자로서 약 2년간, 그 후 이화학연구소 홍보실의 보도 담당자로서 약 4년을 보냈다. 스스로 과학 저널리스트를 목표로 하는 처지에서 중요하게 생각하는 것은 과학 저널리스트의 활동하는 공간을 넓히고, 육성 구조를 정비해야 한다는 것이다.

　과학 저널리즘을 국민에게 과학의 최첨단 정보를 전한다, 또는 과학을 알기 쉽게 전달한다고 정의한다면, 과학 저널리스트가 활약할 수 있는 장소는 신문사 등 매스미디어에만 있는 것은 아니다. 이화학연구소를 비롯해 많은 연구기관이나 대학에서는 자체 수행하는 연구내용에 대한 국민 이해도를 높이기 위해 기자회견이나 홍보잡지 등을 통해서 적극적으로 연구성과 등을 알리고 있다. 이들이 제공하는 정보의 질을 향상시켜 더 효과적인 홍보 활동을 펼치려면 사회와 과학을 중개하는 과학 저널리스트로서의 감성이 필요함은 두말할 필요도 없다. 과학 저널리스트의 활동 공간인 연구기관도 많이 주목받아야 한다고 생각한다.

　과학 저널리스트의 육성도 중요한 과제이다. 저널리스트로서 기초적인 능력은 연수 등을 통해 익히는 것일지 모르지만, 더욱 실천적인 능력은 기사를 쓰고 발표하고 비평을 받아야만 익힐 수 있다. 이전에는 많은 과학 잡지가 존재해서 과학 기사가 주목받을 기회가 자주 있었다. 그러나 현재는 신문의 과학면 등에 한정된다. 이러한 상황에서 주목되는 것이 앞에서 말한 연구기관의 홍보잡지이다. 홍보잡지는 연구 성과의 소개뿐만 아니라 과학에 대한 계발 활동도 담당하는 경우가 많기 때문에, 과학 저널리스트를 지향하는 사람들의 인큐베이터가 될 수 있다. 신문사 과학부를 목표로 하는 것이 과학 저널리스트의 왕도인지 모르겠지만, 다른 일을 하는 사람들에게도 매스미디어에서 활약할 수 있는 길이 있다면 좋을 것이다. 단련된 저널리스트가 가장 필요한 곳은 역시 신문이다. 연구기관의 홍보 활동 등에서 뛰어난 능력을 발휘한 사람에 대해 신문사 과학부가 지면 일부를 할애하여 활동 공간을 제공하는 것, 또 일시적으로 기자로서 받아들이는 것이 과학 저널리스트 육성을 위해서 중요하다고 생각한다.

일본 과학 저널리즘이 발전하려면 과학 기자와 연구자, 또 연구기관에서 홍보와 계발 활동에 종사하는 자, 과학 저널리스트를 목표로 하는 젊은이 등 다양한 사람들 사이에서의 논의가 필요하다. 또한 국민에 대한 정확한 과학 지식 보급을 위한 큰 틀이 구축되는 것을 기대하고 있다.

'문과' 출신이 '이과' 책을 만든다는 것

아카이와 나호미(赤岩なほみ), ≪아사히신문≫ 서적 편집부

좌담회에서 과학 기자가 이과 출신인지 문과 출신인지 논의되었지만, 이른바 '이과계'가 아닌 나는 자연과학의 소양이 전혀 없다. 게다가 ≪아사히선서(朝日選書)≫라는 시리즈물을 담당하는 서적 편집자인 나는 기자와는 달리 계속적으로 특정 분야를 뒤쫓는 것도 아니다. 그러니까 지식이 없다는 것은 일반 사람과 똑같고, 따라서 프라이드도 없어서 전문가를 향해 극히 초보적인 질문을 하는 것이 전혀 부끄럽지 않다. 예를 들어, 천문대 모 교수와 나 사이에 이런 대화를 주고받았던 적이 있다.

나 스바루 망원경은 대단히 높은 산꼭대기에 있습니다만, 그러면 통은 대단히 길겠지요?

교수 ???

나 상당히 긴 통이 아니면 산기슭의 관측소로부터 들여다볼 수 없을 것 같습니다. 어떻게 만들었나요? 유지와 보수도 큰일이지요?

교수 ······ 지금은 ······ 아니 100년 정도 전부터 망원경은 '들여다보'는 것이 아니고, '사진을 찍어 관측하는' 방식으로 되어 있습니다만······.

서적 편집자는 스스로 취재를 하지 않고 원고도 쓰지 않는다. 저자(연구자)에게 의뢰한 원고를 책으로 만들어내기까지는 상상도 못한 세세한 작업이 산적해 있지만, 그에 관한 것은 생략한다. 그리고 과학과 사회를 잇는 역할은 신문이나 잡지와 공통된다고 해도 방법은 상당히 다르다. 가장 큰 차이는 '연구자인 저자의 입장을 전면적으로 받아들이는 것'이다. 물론 아무 연구나 무조건 지지하는 것은 아니다. 원고를 의뢰한 시점 혹은 의뢰하기 전에 이미 편집자의 판단력이 발휘되기 때문이다.

의뢰를 마치면 다음은 저자의 세계를 가능한 한 알기 쉽게 표현하기 위한 '이야기'를 저자와 함께 생각한다. 테마를 결정하거나 읽기 쉬운 서술 방법을 결정하는 데 전문지식이 없다는 것이 반드시 마이너스 요인으로 작용한다고는 생각하지 않는다.

덧붙여, 대부분의 사람은 '천문학 전문가는 아니지만 세일즈는 프로이다' 식으로 과학과 완전히 다른 분야에서 일가를 이루고 있다. 바람직한 서적이란 그러한 사람들에게 전문지식을 넘어서는 무언가를 주는 것이다. 그것을 위해 전문지식 이외에 무엇이 필요한가, 그 문제를 얼마나 깊이 생각하고 자신의 것으로 하고 있는지······. 이것은 저자나 편집자 모두의 과제이다.

잘난 척하듯 말했지만, 내가 일을 계속할 수 있는 것은 연구자가 '비전문가는 어디까지 알고 있고, 또 어떤 것을 알고 싶어 하는가'라는 만족할 줄 모르는 호기심이 있고, 어떤 빗나간 질문에도 진지하게 대응해주기 때문이라고 생각한다.

영상 표현에 중요한 '소화력'

야나기다 아키코(柳田明子), 일본 TV 디렉터

좌담회에서는 영상 미디어의 과학 저널리즘적 관점이 생략된 것처럼 보였으니 이에 대해 나름의 의견을 말해보겠다. 나는 8년간 의료나 과학 프로그램과 관련된 일에 종사했다. 취재 대상을 과학의 눈으로, 언어뿐만 아니라 영상으로도 전달하는 것이 나의 역할이다.

텔레비전에서도 – 좌담회에서 주고받은 내용대로 – 취재 현장에서 필요한 것은 이과계의 지식이나 전문성이 아니다. 중요한 것은 '소화력'이라고 생각한다. 즉, 제작자는 탐욕스러울 정도의 조사를 통해 사전에 취재 대상을 깊이 생각하고 충분히 이해하는 것이다. 영상은 활자와 달리 시청자에게 생각할 시간을 부여하기 어려운, 말하자면 '유동식' 같은 측면이 있다. 그러니까 제작자는 충분한 소화력을 가지고 작업에 임하는 것이 필요하다고 절감하고 있다.

더욱이 시청자에게 선명하고 강렬한 인상을 주는 것은 영상이 가진 무기이며, 그것은 개별 제작자의 감수성에 의존하는 경향이 크다. 한 사례를 소개하면, 4년 전 한 과학 프로그램에서 호타루이카(반딧불 오징어)가 왜 빛을 내는지를 취재하게 되었다. 식탁의 오징어와 달리 실제로 바닷속에서 살아 있는 모습, 하물며 발광하는 모습은 본 적이 없었다. "왜 빛을 내는가"라는 제목을 내건 이상, 이번에는 위(胃)로 소화할 수 있는 내용을 과학의 눈을 통해 전달해야 한다는 의무감이 들었다.

호타루이카는 눈과 발, 그리고 몸 전체의 피부에 각각 역할이 다른 발광기를 세 종류 가지며, 그중에서도 피부 발광기는 자신의 윤곽을 숨기는 카운터셰이딩(counter shading) 역할을 한다. 낮에는 바다 깊숙한 바닥에 숨고 밤이 되면 먹이를 찾으러 해면 가까이 올라오므로, 호타루이카는 포식자인 물고기들로부터 표적이 되기 쉽다. 그래서 달빛에 비춘 모습과 비슷하도록 빛을 발사하여 자신의 윤곽을 숨긴다는 것이다.

그 생태를 영상으로 보충하고 표현하는 것은 쉬운 일이 아니었다. 마침 같은 시기에 과학 프로그램계를 이끄는, 완벽한 장비를 갖춘 서로 다른 두 개의 팀이 같은 주제를 놓고 경쟁하게 되었다. 예산과 제작일수가 한정된 우리 팀과 어느 정도 여유가 있는 다른 팀과는 촬영 여건의 격차가 컸기에 나는 조금 비참한 기분이 되었다. 하지만 그런 기분을 억누르고, 또 거친 바다의 뱃멀미와 싸우면서 어떻게든 예정대로의 스케줄을 완수했다.

완성된 작품은 나름대로 만족할 만한 것이었으며, 예정대로 방송되었다. 게다가 문부과학대신상(文部科學大臣賞)을 수상하는 영예까지 얻었다. 되돌아보면 그러한 성과를 얻을 수 있던 이유는 장비에 의존하지 않고 그 지방 출신인 한 스태프가 제공하는 호타루이카의 생태에 대한 정보를 중심으로 프로그램을 구성했기 때문이다. 그 이후로 나는 '내용을 모두 소화한 다음에 영상화한다'는 것이 가장 중요한 과제라는 생각으로 하루하루 취재 활동에 임하고 있다.

칼럼 노벨상 에피소드

　지금 생각해봐도 식은땀이 흐른다. 노벨상 시상식의 사전행사에 초대받아 참석했던 날이었다. 수상자도 함께한 오찬 자리에서 노벨상 관련 기사의 보도가 화제로 떠올랐다. 일본인이 수상하면 1면 머리기사가 되며, 유력 후보에게는 미리 기자가 따라붙는다는 등 일본의 과열 취재 분위기를 이야기했다. 그때, "유력 후보를 어떻게 알 수 있나요?"라고 묻는 사람이 있었다. 나중에 알고 보니 그는 노벨 물리학상 심사위원이었다. 물리학 기초도 모르는 기자가 심사위원장을 가르친 것이다.

　노벨상의 권위를 유지하려면 항상 세계의 주목을 받고 신문과 과학 잡지 등에서 크게 취급되는 것이 중요하다고 스웨덴 과학아카데미의 책임자로에게서 들은 적이 있다. 이를 위한 홍보전략도 정평이 나 있다. 이 날 만찬회에『과학의 종말』의 저자 존 호건(John Horgan)과『노벨상을 획득한 사나이』의 저자 게리 토브스(Gary Taubes)를 초대한 것도 그 일환이었을 것이다. 다만 당시 과학계의 화두였던『과학의 종말』에 대해 노벨 물리학상을 수상한 데이비드 리(David Lee) 박사가 만찬회의 인사에서 '과학에 종말은 없다'며 존 호건과 맞서는 장면도 있었다.

　여하튼 일본에서의 노벨상 보도행태에 참석자 모두 흥미로워했다. 그러나 최근 일본인의 3년 연속 수상으로 노벨상에 익숙해진 것도 사실이다. "일본인이 노벨상을 받아도 그날의 다른 중요한 뉴스가 톱으로 올라가지요." 지금이라면 이렇게 설명할 것이다.

- 쓰지 아쓰코(辻篤子), ≪아사히신문≫

7부 일본 과학 저널리즘의 역사

• 일본 과학 저널리즘의 역사

일본 과학 저널리즘의 역사

다케베 슌이치(武部俊一)

미군은 1945년 8월 6일, 히로시마에 원자폭탄의 일종인 우라늄 폭탄을 투하했다. 또한 3일 후 나가사키에는 또 다른 종류의 원자폭탄인 플루토늄 폭탄을 투하했다. 연이은 원폭 투하에 일본은 곧 항복했고 태평양전쟁은 끝났다. 이 두 발의 원자폭탄은 많은 희생자를 낳은 한편, 종전을 앞당겼다. 또한 '원자력 시대'의 도래를 예고했을 뿐 아니라, 과학의 숨은 저력과 무서움을 느끼게 했다.

일본 과학 저널리즘의 첫걸음은 여기서부터라고 할 수 있다. 그러나 당시 원자력이라는 신기술을 알기 쉽게 설명할 수 있는 저널리스트는 없었다. 전 세계적으로 원폭 취재를 경험한 것은 미국 정부의 특별 허가를 받고 뉴멕시코주 앨라모고도(Alamogordo)에서의 원폭 실험에 관한 르포를 쓴 《뉴욕타임스》의 윌리엄 로렌스 기자 정도였다.

제한된 원폭 보도

히로시마 원폭 투하 다음 날, 일본군의 최고통수기관인 대본영(大本營)은 다음과 같이 발표했다. "1. 지난 8월 6일 히로시마시는 적군 B-29 폭

일본 과학저널리즘의 역사   319

격기의 공격에 의해 상당한 피해를 입었다. 2. 적군은 이번 공격에 신형 폭탄을 사용한 것으로 추정되며 현재 조사하고 있다."

각 신문은 이 발표를 크게 보도하였으나, 신형 폭탄에 대해서는 '낙하산으로 투하되어 공중에서 폭발'이라는 설명뿐이었다. 다음 날에는 '화상 우려, 반드시 방공호로 대피'라는 방공총본부의 지시가 덧붙여졌다.

현지조사를 시행한 니시나 요시오(仁科芳雄) 박사(이화학연구소)의 발표를 보도한 14일의 기사가 과학기사다운 첫 번째 보도였다. ≪아사히신문≫ 등은 "우라늄 원자핵이 분열할 때 발생하는 에너지를 이용하며, 가장 작은 것이 화약 2만에 해당한다"고 표현했으며, 방사선에 대해서도 설명했다.

종전 직후에는 피폭지역의 참상을 전하는 기사가 각지에서 잇달았다. 그러나 반미감정의 고조를 염려한 대일점령군사령부(GHQ)는 9월 19일에 원폭 관련 보도를 제한했다. 이어 22일에는 방사성 원소나 핵분열성 물질의 분리에 관한 연구를 금지했다. 미국의 원폭 영향조사에 일본 정부도 협력했으나 언론매체들은 이 사실을 알지 못했다.

원자력에 대한 저널리스트의 관심은 당분간 다른 것으로 돌려지게 되었다. 그 사이 냉전이 깊어지면서 핵무기 개발 경쟁은 격화되어갔다.

과학입국과 잡지 붐

요즘 과학 기자들은 귀가 아플 정도로 '과학입국'이란 슬로건을 자주 듣는데, 이미 종전 직후의 신문에 그것이 실려 있었다. 문부대신 마에다 다몬(前田多門)은 "우리들은 적국의 과학에 졌다. 이것은 히로시마시에 투하된 한 개의 원자폭탄에 의해서 증명된다"라고 과학입국의 의지를 드러냈다. 기자회견에서는 "단지 원자폭탄을 능가하는 것이 아니라 더 큰 것을 쌓아 올려가고 싶다"라며 기초과학에 역점을 두겠다는 의향을 나타냈다.

≪니혼산업경제신문≫(≪닛케이신문≫의 전신)은 1945년 12월 13일자 1면 톱으로 농업의 기초과학연구소를 설치한다는 농림성(農林省)의 계획을 보도했다. 이러한 정부의 자세와 새로운 시대의 변화를 원하는 독자의 기대에 부응하여 일반인용 종합 과학 잡지가 잇달아 창간되었다.

전쟁 전부터 발행되던 ≪과학지식(科學知識)≫, ≪과학화보(科學畵報)≫, ≪과학(科學)≫, ≪과학아사히(科學朝日)≫를 비롯하여 1945년 말 ≪과학의 친구(科學の友)≫가 나온 것을 시작으로, 1946년 ≪국민의 과학(國民の科學)≫, ≪과학의 세계(科學の世界)≫, ≪과학과 예술(科學と藝術)≫, ≪과학공론(科學公論)≫, ≪자연(自然)≫, ≪문화인의 과학(文化人の科學)≫, ≪과학사조(科學思潮)≫, ≪과학원(科學園)≫ 등이 잇달아 창간되었다. 아직 신문에 과학면이 없었기 때문에 과학 분야의 인쇄매체는 잡지의 독무대였다. 그러나 이 상황은 오래가지 못했으며, 전후 부흥기에 창간된 과학 잡지 중 1980년대까지 유지된 것은 다양한 뉴스와 평론을 자랑하는 ≪자연≫뿐이었다.

신문의 과학란은 1950년 ≪아사히신문〉에서 학예란에 포함되는 형태로 처음 등장했다. 곧이어 ≪닛케이신문≫도 매주 1회 "과학과 기술"란을 마련했다. 주 1회의 정기적 과학면 게재는 1953년에 ≪아사히신문≫이 시작했는데, 이 면은 오쿠다교 노리히사(奧田敎久) 등 학예부에 있던 과학 기자들이 담당했다.

종전 직후의 과학 뉴스는 1948년의 레분도(禮文島) 금환일식과 1949년 유카와 히데키(湯川秀樹)의 노벨상에 큰 지면을 할애했다. 과학 기자가 뉴스의 현장에서 직접 취재에 나서는 경우는 아직 드물었다. 논쟁적인 주제로는 지진 예지설이나 인공수정이 지면을 장식하고 있었다.

비키니섬 수폭 실험과 원자력 예산 파문

1954년 봄, 원자력 시대를 다시 한 번 실감하게 하는 사건들이 잇따랐다. 3월 1일, 미국이 수폭 실험을 시행한 비키니 환초 해역에 일본의 참치 어선 제5후쿠류마루(第五福龍丸)호가 있었다. 그것이 16일자 ≪요미우리신문≫의 특종기사인 '일본인 어민 23명 원자병'으로 이어졌다. 이 기사는 1면 톱을 정치뉴스에 양보하고, 사회면의 준톱으로 게재되었다. 그럼에도 반향은 매우 컸으며, 원폭과 수폭 금지 운동을 촉발하는 한편, 각 언론사가 과학 취재에 눈 뜨는 계기가 되었다. 야이즈(燒津)에 소재한 ≪요미우리신문≫ 통신부의 아베 미츠야스(安部光恭) 기자가 피폭정보를 수신했고, 이를 원자력 연재를 담당하던 도쿄의 기자가 전달받아 기사화한 것이다.

제5후쿠류마루호가 피폭을 받은 그 시기에, 중의원 예산위원회에서 첫 원자력 예산이 통과되었다. 개진당(改進黨)의 나카소네 야스히로(中曾根康弘) 등은 예산 수정의 최종 단계에서 갑자기 '원자로 제조 보조비'라는 명목으로 2억 3,500만 엔을 추가했다. 갑작스러운 예산추가에 학계는 크게 반발했다. ≪아사히신문≫은 사설을 통해 원자력 정책의 근본 방침은 논의하지 않은 채 예산 결정이 진행되었다고 비판했다. 그러나 나카소네 등은 "학자가 잠자고 있기 때문에 돈뭉치로 뺨을 세게 때려주었다"고 주장했다.

그것 때문이었는지 일본학술회의는 다음 달 총회에서 '자주(自主), 민주(民主), 공개(公開)'라고 하는 원자력삼원칙을 결의하여, '평화적 이용'을 목표로 하는 원자력개발이라고 표명했다. 이어서 국회에서는 「원자력기본법」, 「원자력위원회설치법」, 「원자로규제법」, 「과학기술청설치법」 등 원자력 관련 8개 법안이 초당파적으로 단숨에 처리되었다. 원자력 시대가 서둘러 시작된 것이다.

우주개발 경쟁으로 국제무대로

로켓의 굉음이 일본 안팎에서 들려왔다. 언론사들이 과학보도본부나 과학부를 창설하기 시작한 것도 이 시기이다. 그것과 때를 맞춰, 1957년 10월 소련이 인공위성 스푸트니크 1호를 발사하여 우주개발의 문을 열었다. 4년 후에는 보스토크호로 가가린의 우주비행을 실현했다.

충격을 받은 미국의 케네디 대통령은 '1960년대 말까지 달에 인간을 보내겠다'고 선언함으로써 미·소는 우주에서의 패권장악을 위한 경쟁을 시작했다. 과학 기자들은 아폴로 계획 등으로 인해 국제무대에 나서게 되었다.

정보통신기술의 발달로 영상 미디어의 영향력은 한층 더 커졌다. 아득한 우주선이나 행성 탐사선으로부터 전달된 신호가 컴퓨터로 처리되고 위성통신을 통해서 순식간에 각 가정의 브라운관에 나타나게 되었다. 첨단기술이 구체적이고 선명한 이미지로 다가왔다.

한편, 국내에서는 각지에 화학 콤비나트(kombinat)나 중공업의 플랜트가 설치되어, 경제의 고도성장을 지탱하게 되었다. 그 이면에서는 대기오염, 수질오염, 소음, 악취 등이 국민 건강을 위협하고 있었다. 그것들을 총칭한 '공해'라는 말이 날마다 신문지면과 브라운관에 등장했다.

공해 취재의 주역은 사회부 기자였다. 대형 소송사건이 된 미나마타병(水俣病), 이타이이타이병(イタイイタイ病), 욧카이치천식(四日市喘息) 등의 취재에서도 과학부 기자의 역할은 제한적이었다. 이것은 과학 기자가 게을러서라기보다는 아직 취재조직이 갖추어지지 않은 탓이었다. 당시 과학 기자는 급속히 발전하는 과학기술의 최전선을 쫓는 것이 고작이었다고 생각된다. 좀 더 일찍 과학 저널리즘이 충실해져서 현장을 연결하는 취재가 이루어졌다면 희생자 수를 줄일 수 있었던 것은 아닌가 하는 아쉬운 감정이 든다.

1962년부터 512회에 걸쳐서 ≪마이니치신문≫에 연재된 "학자의 숲(學者の森)"은 높이 평가되었다. 저자 후지타 노부카쓰(藤田信勝)를 보조하는 취재 그룹에 과학 기자들도 참가하고, 일본의 학문지상주의 세계를 넓고 깊게 파고든 읽을거리였다.

우주로부터 지구 · 인간으로의 전환

아폴로 우주선에 의한 달 착륙을 완수한 미국에서는 과학기술의 관심이 지구·해양이나 인간 환경으로 옮겨지게 되었다. 우주나 원자력 등의 거대기술은 시민의 엄격한 감시의 대상이 되었으며, 공해 문제는 지구환경 보전 운동으로 이슈화되었다.

인구증가, 오염, 자원 고갈을 예견한 로마클럽의 보고서 「성장의 한계」는 지구의 미래에 대한 우려를 가져다주었다. 또한 우주에서 찍은 지구의 영상을 통해 '우주선 지구호'를 실감할 수 있게 되었다. 이런 상황에서 저널리스트들은 과학기술의 부정적 측면에도 관심을 두게 되었다. 1972년 스톡홀름에서 개최된 유엔 인간환경회의에서는 과학 기자도 주역이 될 수 있었다.

1970년대 초 '기술평가(technology assessment)'라는 개념이 미국으로부터 도입되었다. 이것은 연구개발에 착수하기 전에 문제점을 밝혀내는 기법이다. 미국과 달리 일본에서는 제도로서 정착되지는 못했지만, 그 개념은 산업계의 연구 개발이나 과학 저널리스트에게 상당한 영향을 끼쳤다. 1997년 제정된 「환경영향조사법」이 그 좋은 예이다.

의학이나 행동과학의 발달로 인간의 유전자나 정신을 조작할 수 있는 시대의 도래에 대한 우려도 등장했다. 1971년에 《마이니치신문》은 과학 기자가 중심이 되어 "신(神)에 대한 도전"을 연재했으며, 《아사히신문》 역시 과학부가 연간 기획시리즈 "마음"을 연재했다. 이렇게 해서 과학 기자의 활동 범위는 점차 넓어졌다.

그때까지 과학면의 주요 취재대상에 포함되던 분자생물학은 유전자 변형 기술의 실용화와 함께 의료나 유전자 공학의 흔한 기삿거리가 되었다. 여기에 체외수정이나 생식세포의 조작도 더해져 인간이 생물 진화의 섭리를 넘어 신을 모방하는 것에 대한 논쟁이 벌어지기 시작했다.

우주 다음의 첨단기술은 해양분야로, 1970년대 초 해양개발 붐이 일어났다. 대륙붕의 석유개발이나 해저 거주 기지 '시토피아(seatopia) 계획' 등이 화제가 되었지만, 대형 유조선에 의한 해양오염이나 심해자원의 영유권 문제 등은 큰 문제였다. 저널리스트의 관심은 그것들을 국제적으로 관리하는 유엔 「해양법조약」이나 심해 조사선에 의한 과학적 성과로 제한되었다. 지금은 심해저 굴착선 '지구'호에 의한 지구 내부의 탐사가 주목받고 있다.

평화 목적에서 정찰 목적까지

일본의 우주개발은 1955년 문부성이 예산 5,740만 엔을 배정하면서 시작되었다. 개발의 주체는 도쿄대학교이며, 천문 관측이 목적이었다. 기상예보, 통신 등 실용 목적의 정지위성을 목표로 하는 우주개발사업단은 1969년에 설치되었다.

초기부터 한정된 자금과 인재를 효율적으로 활용하기 위해서 사업주체의 '일원화'를 요구하는 여론과 논평이 있었지만, 두 곳에서 각각 별도로 연구개발이 계속되었다. 그러나 이후 문부성과 과학기술청이 문부과학성으로 통합됨에 따라 2003년 이 두 곳이 합병하여 우주항공연구개발기구(JAXA)가 출범하였다.

「우주개발사업단법」이 제정되는 과정에서 국회에서는 '우주의 개발 및 이용에 관한 활용은 평화 목적으로 한정한다'는 결의가 채택되었다. 일본은 '평화 목적'의 정의가 무엇인지 추궁당했는데, 정부는 '비군사(非軍事)'라고 답변했다. 강대국들은 우주를 군사적 목적으로 개발해왔는데, 일본은 평화원칙을 지키면서 자체 기술을 육성하겠다고 한 것이다.

그러나 미국이 달 착륙에 성공한 해에, 겨우 제1호 인공위성 '오수미(Osumi)'의 발사를 실현시킨 일본의 기술 수준은 속히 우주로 진출해서 위성을 이용하고자 했던 사람들에게는 절망적이었다. 1970년에 책정된 우주개발계획에서는 실용위성의 로켓개발은 '자체 개발'에서 '기술 도입'으로 방향을 수정했다. 미국의 토어 델타(Thor Delta) 로켓의 기술을 구매했다. 그렇게 해서 태어난 N 로켓은 1975년부터 순조롭게 발사되었지만, 로켓 내부에는 일본인 기술자가 손댈 수 없는 '블랙박스' 부품이 많이 들어 있었다.

미국 의존에서 벗어난 순일본 H2 로켓 발사에 성공한 것은 1994년의 일이었다. 그러나 1998년, 1999년 연이어 실패하고, 후속의 H2A 로켓도 2003년에 실패했다.

'비군사'란 원칙은 관철되었는가? 1983년 발사된 통신위성 '사쿠라 2호a'를 자위대가 이오토우(硫黃島)1)와의 전화 연락에 사용한 것이 쟁점이 되었다. 1989년 민간통신위성 '슈퍼버드 A'에는 방위청의 군사통신용 중계기가 탑재되었다. '이미 일반화된 기술을 자위대가 이용하는 것은 평화 목적의 취지에 반하지 않는다'는 것이 정부의 일관된 견해였다.

그리고 2003년 봄에는 '정보수집 위성'이라는 이름의 정찰위성 두 기가 발사되었다. 정부가 도입을 결정한 1998년에 ≪아사히신문≫, ≪마이니치신문≫ 등이 사설로 반론을 제기했지만, 국회에서도 거의 논의가 이루어지지 않은 채 점진적으로 군사적 이용이 진행되고 있다. 미국과 공동으로 개발하려는 미사일 방위 계획은 우주기술의 군사적 이용 그 자체가 아닌가?

원자력을 둘러싼 논조의 다양성

평화적 이용을 주창하고만 있으면 별다른 이의제기가 없었던 원자력 개발의 요람시대는 1960년대에 끝났다. 1970년대에 들어와서 환경 의식의 높아짐에 따라 부지 선정이 진행되고 있던 원자력발전소에 대한 비난

---

1) (역주) 도쿄도 오가사와무라에 속해 있는 이곳은 '이오지마'로 불렸으나, 2007년 주민들의 요청으로 명칭이 바뀌었다. 일본 국토지리원 홈페이지에 그 내용이 기재되어 있다(http://www.47news.jp/CN/200706/CN2007061801000526.html).

여론도 높아져 갔다. 두 번의 석유위기를 통해서 원자력발전에 대한 기대가 높아졌지만, 동시에 원자력선 '무쓰호' 문제 등을 둘러싼 원자력 행정에 대한 불신감, 원자로나 방사성 폐기물에 대한 안전성 불안, 인도의 핵실험으로 분출되기 시작한 핵확산의 염려가 높아져, 평화적 이용도 핵무기와 분리하여 생각할 수 없게 되었다.

그에 따라 원자력발전 중단이나 탈원자력발전을 요구하는 운동이 일어났다. 원자력발전을 추진하는 쪽은 풍부한 홍보 예산으로 이에 맞섰다. 그러한 상황 속에서 어느 한 쪽에만 귀를 기울이는 보도나 출판물도 등장했다.

1980년대 후반부터 원자력발전은 지구온난화 방지 대책으로서 화석연료의 대체 에너지라는 측면에서 기대를 받았다. 그러나 체르노빌 원전 사고 이후 일본 내에서도 사고나 불상사가 잇달아 원자력에 대한 불안이나 불신은 해소되지 않았다. 전력 자유화 정책 속에서 원자력발전의 경제성, 원자력 시스템의 비용에 대한 의문도 제기되었다.

1970년 이후의 논쟁 이슈를 열거해보면, '핵확산 금지조약(NTP)에 대한 대응(1976년 비준)', '방사선조사 식품(1972년 감자 인가)' '후쿠시마시에서 첫 원자력발전공청회(1973년)' '방사성 폐기물 재처리를 위한 일·미 교섭(1977년, 혼합 추출 방식으로 타결), '캐나다형 중수로(1979년, 통산성의 전원 개발 도입 계획을 원자력 위원회가 거부)', '국제 핵연료 사이클 평가(1980년, 일본 등의 플루토늄 이용을 용인)', '무쓰, 폐선인가 존속인가?(1984년, 실험용으로 계속 사용하기로 타결)', '플루토늄 국제 수송(1992년)', '방사성 폐기물 해양 투기(1993년)', '러시아의 핵물질 밀수 사건(1994년)', 'NTP 연장 문제(1995년, 무기한 연장)', '동력로 핵연료개발사업단의 개혁(핵연료사이클개발기구 개편, 이윽고 일본 원자력연구소와 합병)' 등이다. 지금도 진행 중인 이슈로는 '핵연료 사이클(재처리·고속증식로·플루서멀)', '방사성 폐기물 처리·폐기', '탈원자력발전인가, 현상 유지인가, 증설인가', '국제열핵융합실험로(ITER)' 등이 있다.

각 신문 사설에서의 핵연료 사이클에 관련된 주장도 다양하다. 예를 들면, "우리나라에서는 빠뜨릴 수 없는 선택사항인 것을 인식해야 할 것이다"(《산케이신문》), "그것은 중요한 선택 사항이지만, 결코 금과옥조(金科玉條)는 아니다"(《니혼게이자이신문》), "사용이 끝난 핵연료를 직접 처분하는 선택사항도 있을 수 있다"(《마이니치신문》), "고속증식원형로 '몬쥬'의 의의, 그리고 장래가 정당하게 평가되기를 기대하고 싶다"(《요미우리신문》), "사용한 연료의 전량 재처리라는 족쇄를 없앤 데다가 여러 가지 선택사항에 대해서 경제성이나 자원의 절약량, 안전성, 핵확산 방지 등의 측면을 검증해야 한다"(《아사히신문》) 등.

원자력발전 그 자체에 대해서도, 전체 전력수요의 30% 이상을 의존하는 상황에서 줄일 것인가 늘릴 것인가? 그에 대한 대처 방법은 가지각색이다. 의견의 다양성은 건전한 일이다. 반론을 겸허하게 받아들이고 충분히 논의해야 한다.

과학 저널리즘을 넘어서

과학이 국제정치를 움직이게 된 것은 1980년대 중반쯤부터다. 오존층의 관측으로부터 빈 조약을 거쳐 몬트리올 의정서(특정 프레온 규제)까지, 일산화탄소의 측정으로부터 기후변화기본조약을 거쳐 「교토의정서」(온실기체 배출량 삭감)에 이르는 움직임 등이 그것을 나타내고 있다.

의료기술의 발달로 생명의 시작인 '생식'과 마지막인 '죽음'의 시점에서, 풀기 어려운 문제가 차례로 발생하고 있다. 체외수정 과정에서 동반되는 수정란 동결이나 대리모, 생명유지장치에 수반하는 뇌사 장기이식이나 존엄사 등 생명윤리 문제가 제기되고 있다.

컴퓨터, 인터넷, 휴대전화 등 정보기술이 세상을 바꾸어 누구나 언제 어디에서든지 컴퓨터를 사용할 수 있는 '유비쿼터스' 사회가 다가오고 있다. 이러한 과학·기술의 시대에 더욱더 인간이나 사회의 관점에서 바라보는 보도가 요구된다. 그것은 과학 저널리즘의 제한된 울타리를 넘어 활약해야 하는 것은 아닐까.

마지막으로 '원폭'으로 돌아와서, 핵무기를 폐기하는(최소한 국제적으로 관리하는) 것도 일본의 과학 저널리스트의 사명임을 잊지 말아야 할 것이다.

칼럼 　보드카는 방사능 제거약!

"방사능 제거약은 어느 정도 가지고 갈까요?" 통역을 담당하는 여성의 질문에 반사적으로 "그런 것도 있나요?"라고 물었다.

체르노빌 원자력발전소 사고의 피해지역에 처음 간 것은 사고 발생 4년 후인 1990년 여름이었다. 모스크바에서 현지로 가기 전에 나눈 대화에서 알게 된 방사능 제거약의 정체는 바로 보드카였다. 보드카는 몸 안의 방사능이 빨리 배출되게 한다 ─ 현지 사람들은 아직도 그렇게 믿고 있다.

사실 제거약은 절실히 필요했다. 식사는 "방사능이 들어가 있다고 생각합니다만……"이라는 말과 함께 나온다. 우유공장에서는 오염 수치에 눈이 휘둥그레졌다. 전문가는 "공기 중이나 지표에는 암의 원인이 되는 핫 파티클(hot particle, 방사능 미립자)이 있습니다"라고 한다. 폐로 흡입되었을 것으로 생각되는 플루토늄 등의 미립자를 가래와 함께 토해내려고 흡연량을 늘린 동료도 있었다. 건강에 좋은 건지 나쁜 건지…….

우크라이나의 나로지치 지구에서는 모든 주민의 피난 작업이 추진되고 있었다. 축산시험장에서 가축의 기형 출산을 취재 중에 시험장 소장이 "우리 모두 방사능을 제거하자"고 하며 들고 나온 것은 플라스크에 들어 있는 소독용 에탄올. 보드카는 품절이었다. 알코올 100퍼센트. 먹으면 입 안에 불이 붙는 느낌이었다. 나 혼자만 물을 타서 희석해서 마셨다.

보드카는 분명히 효과가 있었다. '서류 미비'를 이유로 취재대상 지역의 출입을 몇 번이나 거부당했지만, 술병을 안고 다시 가면 문이 열리는 일이 한두 번이 아니었다.

한 달가량 체재하고 나서 귀국 후 전신계측기(whole body counter)로 측정한 결과 상당한 방사능 축적이 확인되었다. 배설을 통한 체내 방사능의 반감기는 약 90일이라고 들었다.

　　　　　　　　　　　　　　　- 다케우치 게이지(竹內敬二), 《아사히신문》 논설위원

지은이

1장 마키노 겐지(牧野賢治)

1934년 아이치현 오카자키생

1959년 오사카대학교 이학부 대학원 석사과정
수료

1959년 마이니치신문사 입사, 편집위원(과학·
의학 담당)을 거쳐 현재 도쿄이과대학교 교수

2장 호사카 나오키(保坂直紀)

1959년 도쿄생

1985년 도쿄대학교 대학원 이학계 연구과 박
사과정 중퇴

1985년 요미우리신문사 입사, 동북총국, 쓰쿠
바 지국 등을 거쳐 현재 과학부 기자

3장 와타나베 준이치(渡部順一)

1960년 후쿠시마현 아이즈와카마쓰생

1983년 도쿄대학교 이학부 천문과 졸업. 도쿄
천문대, 국립천문대 홍보보급 실장을 거쳐 현
재 자연과학연구기구 국립천문대 조교수. 총합
연구대학원대학(總合研究大學院大學) 조교수

4장·14장 시바타 데쓰지(柴田鐵治)

1939년 도쿄생

1959년 도쿄대학교 물리학과 졸업

1959년 아사히신문사 입사. 논설위원(과학·교
육 담당), 과학부장, 출판국장 등을 거쳐 현재
국제기독교 대학교 객원교수

5장 기타무라 유키타카(北村行孝)

1950년 미에현 추시(津市)생

1974년 전기통신대학교 전기통신학부 물리공
학과 졸업

1974년 요미우리신문사 입사. 사회부, 과학부,
논설위원을 거쳐 현재 도쿄 본사 과학부장

6장 오가와 아키라(小川明)

1949년 아이치현 가스가이생

1973년 교토대학교 이학부 대학원 석사과정
수료

1975년 교도통신 입사. 현재 편집위원, 논설위
원(과학·의학 담당)

7장 고이데 고로(小出五郎)

1941년 도쿄생

1964년 도쿄대학교 농학부 수산학과 졸업

1964년 NHK 입국. 해설위원을 거쳐 현재 오오
쓰마 여자대학교 교수, NHK 해설위원

8장 하야시 가쓰히코(林勝彦)

1943년 도쿄생

1965년 게이오기주쿠대학교 문학부 철학과
졸업

1965년 NHK 입국. 도쿄대학교 첨단과학기술
연구센터 객원교수를 역임하고 현재 NHK 〈엔
터프라이즈21〉 책임 프로듀서

332

9장 다카기 유키오(高木靭生)

1947년 도치기현 아시카가생

1972년 와세다대학교 이학부 연구과 석사과정
수료

1972년 니혼게이자이신문사 입사. 편집위원,
과학기술부장, 닛케이사이언스 등을 거쳐 현
재 닛케이사이언스 대표이사

10장 오고세 다카시(生越孝)

1946년 니가타현 도카마치생

1968년 도쿄농공대학교 공학부 섬유과 졸업

1968년 고단샤 입사. 현재 학술도서 출판부장

11장 모리야마 가즈미치(森山和道)

1970년 에히메현 우와지마생

1993년 히로시마대학교 이학부 지학과 졸업

1993년 NHK 입사. 프로듀서를 거쳐 현재 과학
저술 프리랜서

12장 이노우에 요시유키(井上能行)

1955년 오이타현 벳부생

1977년 교토대학교 이학부 지질학 광물학과
졸업

1977년 주니치신문사 입사. 과학부장을 거쳐
현재 도쿄신문(주니치신문 도쿄 본사) 편집국
데스크

13장 세가와 시로(瀨川至朗)

1954년 오카야마현 오카야마생

1977년 도쿄대학교 교양학부 교양학과 졸업

1978년 마이니치신문사 입사. 워싱턴 특파원,
편집위원을 거쳐 현재 과학환경부 부장

15장 이노우에 마사오(井上正男)

1948년 후쿠이현 후쿠이생.

1978년 교토대학교 이학부 대학원 박사과정
수료

1978년 호코쿠신문사 입사. 논설위원을 거쳐
현재 호코쿠종합연구소 주임 연구원 겸 호코
쿠신문 논설위원

16장 아오노 유리(靑野由利)

도쿄생

1997년 교토대학교 이학부 대학원 박사과정
수료

1980년 마이니치신문사 입사. 현재 논설위원
겸 과학환경부 편집위원

17장 사토 도시오(佐藤年緒)

1951년 가나가와현 카와사키생

1975년 도쿄공학대학교 공학부 사회공학과 졸업

1975년 지지통신사 입사. 편집위원을 거쳐 현
재 환경·과학 저널리스트.

18장 이지마 유이치(飯島裕一)
1948년 나가노현 우에다생
1970년 홋카이도대학교 수산학부 증식학과(增殖學科) 졸업
1972년 시나노마이니치신문사 입사. 문화부 등을 거쳐 현재 편집위원(의학·과학담당)

19장 도리이 히로유키(鳥井弘之)
1942년 도쿄생
1969년 도쿄대학교 대학원 공학계 연구과 석사과정 수료
1969년 니혼게이자이신문사 입사. 논설위원을 거쳐 현재 도쿄공업대학교 원자로공학연구소 교수

20장 요코야마 히로미치(橫山裕道)
1944년 미야기현 센다이생
1969년 도쿄대학교 대학원 이학계 연구과 석사과정 수료
1969년 마이니치신문사 입사. 과학환경부 부장, 논설위원을 거쳐 현재 슈쿠토쿠대학교 교수

21장 제임스 코넬(James Cornell)
미국 해밀튼대학교 문학학사, 보스톤대학교 과학석사. 지방지 기자를 거쳐 1963년부터 2000년까지 보스턴 소재 스미소니언협회 천체 물리학 천문대에서 출판과 홍보를 담당. 현재 국제과학저술가협회 회장.

22장 앨런 앤더슨(Alun Anderson)
≪네이처≫ 도쿄지국장, ≪사이언스≫ 등을 거쳐 현재 ≪뉴사이언티스트≫ 편집장. 지금까지 수차례 영국잡지편집자협회의 '우수 편집자'에 선정. 2000년에는 오스트레일리아 신문의 '우수 사상가 100명'에 선정됨

23장 볼프강 괴데(Wolfgang C. Goede)
1951년생. 뮌헨 거주. 대학교에서 정치학과 커뮤니케이션학을 공부(석사)했고, 현재 ≪PM≫의 과학 뉴스 편집자. 보쉬(Bosch)재단의 과학 저널리스트 양성 프로그램의 연구자이기도 함

24장 다카하시 마리코(高橋眞理子)
도쿄생
1979년 도쿄대학교 이학부 물리학과 졸업
1979년 아사히신문사 입사. 과학부, ≪과학아사히≫ 편집부를 거쳐 현재 논설위원(과학기술·의료 담당)

과학 저널리즘의 역사
다케베 슌이치(武部俊一)
1938년 오사카부 오사카생
1961년 도쿄대학교 교양학부 교양학과 졸업
1961년 아사히신문사 입사. 과학부 부장, 논설위원을 거쳐 현재 프리랜서 저널리스트

옮긴이

박성철(朴性哲)

서울생. 서강대학교 화학과를 졸업한 후, 대기업에서 근무하다 전공을 바꿔 서강대학교 대학원 신문방송학과 석사과정에 입학. 동 대학에서 석사, 박사학위를 받은 후 국회 과학기술정보통신분야 입법정보연구관을 거쳐 현재 한국전파진흥원 (KORPA)에서 방송분야 정책연구를 하고 있다. 논문으로 「한국과 미국의 최근 헬스커뮤니케이션 연구 경향에 관한 기술적 분석」, 「과학자에 대한 청소년의 이미지」가 있으며, 저서로 『과학커뮤니케이션론』, 『과학보도와 과학저널리즘』, 『뉴스의 미래』 등이 있다.

오카모토 마사미(岡本昌己)

오사카생. 일본 호세이(法政) 대학교 문학부 지리학과 통신교육과정 재학 중 서강대학교 신문방송학과로 편입하면서 한국 생활 시작. 동 대학원 신문방송학과 석사학위를 받은 후 한국의 IT 기업에서 일하다가, 다시 서강대학교 신문방송학과 박사 과정에 입학해서 현재에 이르고 있다. 논문으로 「일본 역사 교과서 문제 관련 일본 신문보도의 차이와 변화」가 있으며, 저서로 『8월 15일의 신화』(공역)가 있다.

한울아카데미 1244

과학 저널리즘의 세계

ⓒ 박성철·오카모토 마사미, 2010

엮은이 ǀ 일본과학저널리스트회의
옮긴이 ǀ 박성철·오카모토 마사미
펴낸이 ǀ 김종수
펴낸곳 ǀ 도서출판 한울
편집책임 ǀ 이교혜
편집 ǀ 박근홍

초판 1쇄 인쇄 ǀ 2010년 3월 19일
초판 1쇄 발행 ǀ 2010년 3월 31일

주소 ǀ 413-832 파주시 교하읍 문발리 507-2(본사)
      121-801 서울시 마포구 공덕동 105-90 서울빌딩 3층(서울사무소)
전화 ǀ 영업 02-326-0095, 편집 02-336-6183
팩스 ǀ 02-333-7543
홈페이지 ǀ www.hanulbooks.co.kr
등록 ǀ 1980년 3월 13일, 제406-2003-051호

Printed in Korea.
ISBN 978-89-460-5244-4 93070

* 책값은 겉표지에 표시되어 있습니다.

이 책은 MBC재단 방송문화진흥회의 지원을 받아 출간되었습니다.